传世励志经典

力行而后知真

王夫之励志文选

王夫之 著

穆军全 编

中华工商联合出版社

　　古往今来，所有的成功者，他们的人生和他们所激赏的人生，不外是：有志者，事竟成。励志并非粘贴在生命上的标签，而是融汇于人生中一点一滴的气蕴，最后成长为人的格调和气质，成就人生的梦想。无论从事哪一行，有志不论年少，无志枉活百岁。

图书在版编目（CIP）数据

力行而后知真：王夫之励志文选 /（清）王夫之著；
穆军全编. --北京：中华工商联合出版社，2015.11
　　ISBN 978-7-5158-1478-0

　　Ⅰ.①力… 　Ⅱ.①王… ②穆… 　Ⅲ.①王夫之（
1619～1692）-哲学思想-研究 　Ⅳ.①B249.25

中国版本图书馆 CIP 数据核字（2015）第 247489 号

力行而后知真
—— 王夫之励志文选

作　　者：王夫之
编　　者：穆军全
出 品 人：徐　潜
策划编辑：魏鸿鸣
责任编辑：林　立
封面设计：周　源
营销总监：曹　庆
营销推广：万春生
责任审读：李　征
责任印制：迈致红
出版发行：中华工商联合出版社有限责任公司
印　　刷：汇昌印刷（天津）有限公司
版　　次：2015 年 12 月第 1 版
印　　次：2022 年 1 月第 4 次印刷
开　　本：710mm×1020mm　1/16
字　　数：300 千字
印　　张：19.25
书　　号：978-7-5158-1478-0
定　　价：42.00 元

服务热线：010－58301130
销售热线：010－58302813
地址邮编：北京市西城区西环广场 A 座
　　　　　19－20 层，100044
http://www.chgslcbs.cn
E-mail：cicap1202@sina.com（营销中心）
E-mail：gslzbs@sina.com（总编室）

序

　　为了给《传世励志经典》写几句话，我翻阅了手边几种常见的古今中外圣贤大师关于人生的书，大致统计了一下，励志类的比例，确为首屈一指。其实古往今来，所有的成功者，他们的人生和他们所激赏的人生，不外是：有志者，事竟成。

　　励志是动宾结构的词，励是磨砺，志是志向，放在一起就是磨砺志向。所以说，励志不是简单的立志，是要像把刀放在石头上磨才能锋利一样，这个磨砺，也不是轻而易举地摩擦一下，而是要下力气的，对刀来说，不仅要把自身的锈磨掉，还要把多余的部分都要毫不留情地磨掉，这简直是一场磨难。所有绚丽的人生都是用艰难磨砺成的，砥砺生命放光华。可见，励志至少有三层意思：

　　一是立志。国人都崇拜的一本书叫《易经》，那里面有一句话说："天行健，君子以自强不息。"这是一种天人合一的理念，它揭示了自然界和人类发展演化的基本规律，所以一切圣贤伟人无不遵循此道。当然，这里还有一个立什么样的志的问题，孔子说："士不可以不弘毅，任重而道远。"古往今来，凡志士仁人立的都是天下家国之志。李白说：大丈夫必有四方之志，白居易有诗曰：丈夫贵兼济，岂独善一身，讲的都是这个道理。

二是励志。有了志向不一定就能成事，《礼记》里说："玉不琢，不成器。"因为从理想到现实还有很大的距离。志向须在现实的困境中反复历练，不断考验才能变得坚韧弘毅，才能一步一个脚印地逐步实现。所以拿破仑说：真正之才智乃刚毅之志向。孟子则把天将降大任于斯人描述得如此艰难困苦。我们看看历代圣贤，从世界三大宗教的创始人耶稣、穆罕默德、释迦牟尼到孔夫子、司马迁、孙中山，直至各行各业的精英，哪一个不是历经磨难终成大业，哪一个不是砥砺生命放射出人生的光芒。

三是守志。无论立志还是励志都不是一朝一夕、一蹴而就的，它贯穿了人的一生，无论生命之火是绚丽还是暗淡，都将到它熄灭的最后一刻。所以真正的有志者，一方面存矢志不渝之德，另一方面有不为穷变节、不为贱易志之气。像孟子说的那样："富贵不能淫，贫贱不能移，威武不能屈。"明代有位首辅大臣叫刘吉，他说过：有志者立长志，无志者常立志，这话是很有道理的。

话说回来，励志并非粘贴在生命上的标签，而是融汇于人生中一点一滴的气蕴，最后成长为人的格调和气质，成就人生的梦想。不管你做哪一行，有志不论年少，无志空活百年。

这套《传世励志经典》共收辑了100部图书，包括传记、文集、选辑。为励志者满足心灵的渴望，有的像心灵鸡汤，营养而鲜美；有的就是萝卜白菜或粗茶淡饭，却是生命之必需。无论直接或间接，先贤们的追求和感悟，一定会给我们带来生命的惊喜。

徐　潜

前　言

　　王夫之（1619—1692），明清之际思想家，字而农，号薑斋。王夫之是中国明末清初时期的思想巨人之一。他以"六经责我开生面"的精神，批判陆王，改造程朱，抨击佛老，吸收墨法，继承儒家传统文化的精髓，建立了一个博大精深的思想体系。他不但在哲学、史学、伦理学等方面有卓越的理论建树，而且在诗学、美学方面也给后人留下了一份非常丰富的珍贵遗产。

　　王夫之所生活的年代正当我国社会经济发展史和思想文化发展史上"海徙山移"的转折时期。随着这种时代的变动，王夫之的一生也经历了亡国、破家、被害、流亡等艰难的过程，然而他始终不屈不挠，坚贞不渝，切实做到了"历忧患而不穷，处生死而不乱"。王船山的励志精神主要体现为以下三个层面：

　　首先，强烈的爱国主义精神。王船山生于明末清初，船山不仅自身参与斗争举兵抗清，事败后投奔南明政权，以图反清复明。当发觉南明政权无力回天之后，他避居山野，著书立说论说夷夏之辨，总结历代王朝盛衰的教训，以寻求民族复兴之良策。他后半生倾注极大心血著《读通鉴论》，书中对中国历史上一切反侵略战争以及领导这种战争的历史人物，如秦始皇、汉武帝等，都给予了高度的肯定和褒奖。

其次，批判创新的治学精神。王船山以"坐集千古之智"的恢宏气魄，吸取中华民族悠久的传统文化的精华，并且能以"入其垒，袭其辅，暴其恃而见其瑕"的批判精神对古代思想史上不同流派的思想进行分析和批判。他提出"道因时而万殊"的改制思想，强力批判自汉代以来长期统治中国思想界的"天不变道亦不变"的教条，为中国近代的变法维新实践提供理论依据。

最后，知行合一的求实致用精神。知行的一致是王夫之认识论的核心。他始终要求将内在的思想外化为积极的事功，修身是为了认识客观规律，改造自然与社会，达到齐家治国平天下的目的。学是为了用，知是为了行。他认为学问不只是讲习讨论可以获得，而必以践履为主，只有实践才能出真知。

目 录

散　篇

1. 毋自欺也。如恶恶臭①，如好好②色，此之谓自谦③。故君子必慎其独也

【题解】

　　王夫之强调人要保持"诚意"。在王夫之看来，"意"固然是来源于"心"，但"意"如果稍有不正，就流入"妄"，就会违背道德规范，所以人们必须保持诚意的状态，而正心就是从本原上保持诚意。这里王夫之提到的"心"，是一种哲学意义上的本体论，中国哲学强调天人合一的理念，所以心也就是宇宙，是天理，而在人身上的体现就是心。王夫之之所以着重探讨"心"与"意"的关系，在于以陆九渊、王阳明为代表的心学与以朱熹为代表的理学在关于此问题上有不同看法，而王夫之似乎有意调和二者的不同。王夫之认为，君子小人都是"恶恶臭"，而"好好色"，区别在于君子与小人的内心追求不同，小人以利欲为好，而君子则以义理为好。之所以如此，并非在于小人没有本心，而

是因为其顺从习俗，不知道善恶，而君子则始终保持"慎独"的状态，明辨善恶。

【原文】

惟意不必如其心之正，故于独而必慎以诚焉。

夫好恶咸正，而凡意皆如其心，不可恃心而任意也，犹不可恃身而忘心也。

传者释正心之在诚意者曰："今咸④谓意从心生尔，而夫人恒有心外之意，其孰能知之！"

夫意生于心之灵明，而不生于心之存主。灵明，无定者也。畏灵明之无定，故正其存主以立闲。而灵明时有不受闲之几⑤，背存主以独发，于是心意分，而正之力且穷于意。知此，可以释先诚其意之说矣。

意流于妄，往往自忘其身，即偶尔慨然有慕义之想，亦动于不自知，皆非自也。唯心则据为我之必然，而人不能夺，是其为体也，自成者也。心定于贞，坦然可白于物，即一往自任，为不轨之志，亦不禁物之共喻，固非独也。唯意则乘乎事之未形，而人固莫测，是其为几也，独知者也。

夫既欲正其心矣，则其自体可信也，而独几则未可信也，素所好者正矣，忽一意焉而觉其可不好，素所恶者正矣，忽一念焉而觉其可不恶。始则若可不好、可不恶而忘其心；因而顺之，则且姑勿好，姑勿恶以暂抑其心；习而流焉，则且恶其所好、好其所恶以大移其心。非但抑之移之为欺其自体也，当其忘之，已蔑心而背之欺之矣。使其意稍静，而心复见焉，则必有歉然不自足之实，盖己欲正其心，固未有于好恶失常之余，能无愧无馁而慊然快足者也。

　　然则欲使心之所信为可好者，随意之发，终始一秉彝⑥之好而不容姑舍；心之所持为必恶者，随意之发，终始一谨严之恶而不容姑忍，则自慊矣。此不容不于俄倾之动几持之也，故君子于此慎之也。

　　欲正其心矣，秉一心以为明鉴，而察万意以其心之矩，意一起而早省其得失，夫孰欺此明鉴者！惟正而可以诚，惟其诚而后诚于正也。欲正其心矣，奉一正以为宗主，而统万意以从心之令，意随起而不出其范围，夫孰欺此宗主者！必有意乃以显心之用，必有心乃以起意之功也。此之谓慎，此之谓诚，此之谓欲正其心者先诚其意也。

【注释】

　　①恶：讨厌；恶：难闻的；臭：同"嗅"指气味。

　　②好：喜欢；好：形容词，美好的。

　　③谦（qiè）：通"慊"，满足。

　　④咸：都。

　　⑤几：苗头；预兆。

　　⑥秉彝：持执常道。

2. 小人闲居为不善至慎其独也

【题解】

　　君子与小人在人性上是没有差别的。君子、小人都是以"诚"为本体，但区别在于，小人在闲居的时候，就会放松对自己的要求，做出各种邪恶的事情，所谓"处心积虑之成乎恶"。然而当小人见到君子的时候，就会反思自己的行为，为自己的错误感到内疚。君子之所以为君子，是因为君子无论是独处还是与他人相处的时候，都始终如一地按照道德规范行动，此即是儒家所强调的"慎独"。王夫之认为"慎独"依靠"独知"来保持，所谓"故君子以为小人之掩著，诚之不可掩也莫危于意，意抑有时而见天心焉；莫审于心，心抑有时而待救子意焉；莫隐于意，意且有时而大显其怵惕羞恶之良焉。则独知之一念，其为功也亦大矣哉"！

【原文】

小人而亦有其诚，君子益重用其独。

夫小人知有君子而用其掩著焉，意有时而贤于心也。独知不可昧[①]，能勿慎乎！

且君子之心本正者也，而偶动之几，物或动之，则意不如其心，而意任其过。小人之心则既邪矣，而偶动之几，或动以天，则意不如其心，而意可有功。意任其过，而不容不慎；意可有功，而又何能弗慎乎！

今夫小人之闲居，未尝有触，而意不生其怀，必为之恶以无所不至者，有待以逞，皆其畜志已坚者也。心之邪也，岂复知天下之有君子，岂知有善之可著，不善之当掩哉！而既见君子矣，心不知其何所往也，意不知其何自生矣；厌然[②]矣，掩不善矣，著其善矣。则小人之意，有时而贤于其心也多矣。处心积虑之成乎恶。虽人皆灼[③]见，而掩著不足以盖其愆[④]；而有触斯警之不昧其良，唯己独知，而掩著亦不示人以其迹。呜呼，此岂可多得于小人哉！

习俗之竞于恶而熏心以罔觉也，一君子静讷凝立于其侧，夫孰知其为君子，夫孰知君子之侧不善之不可著而必掩者，则且悉其肺肝以与君子谋不忌也，则且暴其肺肝以骄君子不忌也，乃至恶之所未至，肺肝之所未有，而故为矜张恐喝之辞以动摇君子不忌也。如是而后其诚亡矣。牿亡之久，意无乍见之几，则迷复之余，心有怙⑤终之势矣。

故君子以为小人之掩著，诚之不可掩也莫危于意，意抑有时而见天心焉；莫审于心，心抑有时而待救于意焉；莫隐于意，意且有时而大显其怵惕羞恶之良焉。则独知之一念，其为功也亦大矣哉！

意不尽如其心，故同藏于中而固各有其取舍；意不必如其不善之心，故所持在志而尤择善于动几。使小人之意一如其心也，则允矣其为禽兽矣。然则君子之正心而不加以诚意也，则亦不觉而流于非僻⑥矣。故慎独之功，尤勿勿⑦焉，以意者过之府，而抑功之门也。

【注释】

①昧：蒙昧。

②厌然：闭藏貌。孔颖达疏："厌然，闭藏其不善之事。"

③灼（zhuó）：明亮。

④愆（qiān）：罪过；过失。

⑤怙（hù）：同"户"，依靠，仗恃。

⑥非僻：邪恶。

⑦勿勿：来自于孟子"勿忘勿助"，指人要放任本心，不可恣意妄为。

3. 有朋自远方来，不亦乐乎

【题解】

王夫之在这里讨论的内容为"乐"。按照王夫之的分析，快乐分为两种，一种是欲望的快乐，一种是义理的快乐，即孟子所谓"理义悦我心"。在王夫之看来，学习的快乐，与朋友相处的快乐，都属于义理的快乐。虽然对于道的学习过程是苦闷孤独的，但是一旦学有所成，则必定"喜悦"，所谓"学而时习之，不亦说乎"，而更高兴的是可以将此道与朋友分享，达到"乐"的状态，所谓"有朋自远方来，不亦乐乎"？值得注意的是，王夫之这里强调的朋友包括君臣关系，这是对君主专制下的君臣关系的一种突破。君臣如同朋友一样，以义理为乐，则君主不会贪图权势，而大臣则不会贪图功禄，俱以圣贤之乐为自得。

【原文】

学者所性之乐，于朋来得之焉。

夫朋自远方来矣，于斯时也，乐何如邪？非好学不知之尔。

夫子为明善而复初者言曰：学者性之复；而情，一性也，有说几焉，抑有乐几焉。

说，故百物不失于己；乐，故善气不违于天下。此非意动而有欲、意得而有喜之情所得与也。彼虽或当于理，而不足以盈，不足以永也。故学者之情以乐为至也。

前之无所慕，后之无所期，乍然遇于心，而身世各得，觉天下之无不可协吾意者，此何几也？于事无所忤①，于心无所逆，涣然②以亡疑，而神志日生，觉见闻之无往不利者，此何几也？

夫有朋自远方来，不亦有其然者乎？

当其信道也，亦未冀其不孤也，然道孤而心亦困矣。此一日者，不知困者之顿舒也，意者天原有此和同而化之神，《礼》、《乐》、《诗》、《书》以导其机而相感，不靳③之于独知独觉以必相摩荡乎，则虽后此之或欣或厌未之或知，而不易此日之畅然矣。当其立德也，固未计其德之无隐也，然德隐而志亦菀矣。此一日者，不知菀者之已宣也，意者吾固有此同生并育之诚，神动天随以协一，大明夫可知可能而共相昭著乎，则后此之以裁以成不知有倦，而只以如此际之欣然矣。

故朋之于学，有悦者焉，有愤者焉；其悦也与之俱说以乐观其通，其愤也利用其愤以乐观其复，斯殆"天地变化草木蕃"之情与？天下之耳目皆吾之聪明也，聪明盈有两间，而耳目之愉快何如哉！吾之于朋，有可使闻者焉，有未可使遽闻者焉；其可闻者动而与我相助以利道之用，其未可闻者静而与彼相守以养物之机，斯殆"美利利天下不言所利"之藏与？天下之心思皆吾之条理也，条理不迷于志意，而心思之欣遂何如哉！

帝王之有天下也，非以乘权而施政教为乐，而以道一风同释其忧勤之念。君子之得大行也，非以遇主而著勋名为乐，而以都俞拜飏④生其喜起之情。有朋自远方来，斯时也，斯情也，而有以异于彼乎？不亦乐乎？

【注释】

①仵：逆，不顺从。

②涣然：离散；消散。

③靳：吝惜，不肯给予。

④都俞拜飏：本用来表示尧、舜、禹等讨论政事时发言的语气，后用

以赞美君臣论政问答融洽雍睦。

4. 孝弟①也者，其为仁之本与

【题解】

这里强调孝悌与仁的关系。《论语》中有子说，"孝悌也者，其为人之本"。王夫之认为，孝悌要本于敬，而不能做作，即要主动为父母，为兄长去分担事情，不要觉得自己能力不足，就被困难所吓倒。同时，这里强调爱有等差，并不主张"博爱"，而是要"亲亲，仁民，爱物"，对于亲人或一般人，与物是要有差别的，但又都要以仁爱为本。

【原文】

君子为仁之道，自孝弟而生也。

夫为仁之道大矣，以孝弟为本，而后其生也不已，故君子之为仁易易也。

有子谓夫言孝弟至君子而殆几乎，至言仁于君子而功抑无穷，乃合而察之，涵泳而思之，情所由贞，性所由显，以执焉而复，推焉而通。相生之绪，诚有其必因者矣。奚以明其然也？

君子之孝弟，有真慕焉，而必持之以敬，非作而致其恭也；气敛于尊亲，则戏渝②而必其不忍。君子之孝弟，期顺亲焉，而必无以有已，非矫以捐其私也；心一于爱敬，则澹③忘而只适其天。是则君子终其身以请事于仁而致其为之之道者，非由此而生与？而岂非其本与？

先难者，为仁之功。子弟之事，不敢言难也，而夙兴夜寐，皇然若不及，怵然若不宁，以警气而听命于心，则阅万物之纤微，历人事之险易，皆若吾身之重负而不容释者。循此以为之，习而安焉耳矣。强恕者，为仁之方。父兄之前，不敢言恕也，而因心求尽，念起而理必致，力竭而不留，以忘形而相应以和，物我之相龃龉④，好恶之相扦格⑤，皆因天之固然而无可逆者。即此而达之焉耳矣。

以累于形者之碍吾仁也，于亏安柏运是而以无欲为本之说尚焉。乃或于以虚，而忘己以忘物，是其为本也，无回易回本者也。形皆性之充矣，形之所自生，即性之所自受。知有己，即知有亲。肫然⑥内守，而后起之嗜欲不足以乱之矣，气无所碍矣。以靳于私者之困吾仁也，于是而以博爱为本之说滥焉。乃其徇物以致其情，而强同以合异，其为本也，二本者也。物与我有别矣，与斯人而同生，尤同生之有实。殊亲于人，乃殊人于物，恻然自觉。而无情之恕置可释于其怀矣，私无所困矣。

不见夫夫人之孝弟者，犯乱之恶消，不知其何以消也，气顺而志自平也。则以知君子之为仁也，孝弟之心一，则心无有不一也，情贞而性自凝也。此所谓本立而道生也。

不可云孝弟仁之本是矣。为仁"为"字，为克己复礼为仁之"为"，又何以别？爱之理"理"字，与韩退之⑦博爱岂同邪？

【注释】

①弟，同"悌"，敬爱兄长。

②渝：改变，违背。

③澹（dàn）：恬静、安然的样子。

④龃龉（jǔ yǔ）：上下牙齿对不齐，比喻意见不合，互相抵触。

⑤扦（qiān）格：有矛盾，或抵触之意。

⑥肫（zhūn）然：敦厚一致貌。

⑦韩退之：韩愈（768—824），字退之，世称韩昌黎，河阳（今河南省孟州市）人，籍郡望昌黎郡（今河北省昌黎县）。长庆四年，因病告假，十二月二日，因病卒于长安，终年五十七岁。韩愈是唐代杰出的文学家、思想家，古文运动的领袖，在中国散文发展史上地位崇高。他是唐代古文运动的倡导者，宋代苏轼称他"文起八代之衰"，明人推他为唐宋八大家之首，与柳宗元并称"韩柳"，有"文章巨公"和"百代文宗"之名。思想上，韩愈崇奉儒学，力排佛老，同时宣扬天命论，认为"天"能赏善罚恶，人只能顺应和服从天命。他提出的"文道合一"、"气盛言宜"、"务去陈言"、"文从字顺"等散文的写作理论，对后人很有指导意义。

5. 或谓孔子曰子奚不为政

【题解】

本则强调了孔子关于为政的观点。《论语》中记载，有人曾经问孔子："子奚不为政?"孔子回答道："书云：孝乎! 惟孝友于兄弟，施于有政。是亦为政。奚其为为政!"王夫之发扬了孔子的观点，认为家庭中孝道也是政治的一种方式，体现了儒家"修身齐家治国平天下"是一以贯之的系统，政治与家庭并不是割裂开来的。在王夫之看来，道德与政治也是合二为一的。天子治理天下也是要"亲其亲，长其长"，这和一般人并无二致。

【原文】

圣人之所答为政之请，绎《书》①而遇之也。

盖孝友者圣人之天，故曰是亦为政也。《君陈》之篇能及此乎，而理则在是矣。

且圣人之大行也，得盛化神，覆②及于天下，其大用昭垂而其藏固未易测也。非有不可测之藏也，天理之流行无土不安，而性之不容已者肫然独至，盖亦昭然于日用之间，而由之者不知耳。

或以为政勉夫子，于夫子亡当也，而有触于夫子之心，乃求所以形似其行藏合一之理，示天下以无隐，爰取《书》而咏叹之曰：

《书》云孝乎！书其有以体孝之诚乎！《书》其有以极孝之量乎！《书》其达孝于政而推行之乎！《书》其该政于孝而包举之乎！今取而绎之，又从而涵泳之，惟孝友于兄弟，人无不可尽而何弗尽也；以是而施于有政，无待于施而无不施也。由此思之，吾将有以自信矣。

循《书》之言而苟为之矣，无有不顺也。晨而定，昏而省，恂恂③而率子弟之恒乎！无形无声而乐遇其天，以翕④以和而因于其性，盖将终日于斯而无有斁⑤也，行焉而无所阻也。奉《书》之言而固为之邪，无容不慎也。不苟訾⑥，不苟笑，夔夔⑦而无一念之违乎！我日斯迈而喜与惧并，我月斯征而心与力诎，盖亦企及于此而有不遑也，勉焉而固无余也。诚如是邪，以为政焉可耳。

世将授我以为，勿容谢焉。天下之亲亲长长与我均焉，而只以无惭于孺慕⑧。言有政也，斯有施也，推而准之，无所于增，奚为其汲汲哉？惟如是也，不为焉抑可矣。我既有所以为，胡他求焉！吾心之不怨不尤有其乐焉，而无可以易吾至性。业有为也，何非政也，近而取之，无有不足，抑可以逌然矣。夫安得谓我曰："子奚不为政乎？"

呜呼！圣人之安，圣人之诚也。漆雕开⑨有其志，而量未充，曾晰⑩有其量，而诚未致。善学夫子者，其颜闵乎！不改之乐，行藏之与孝哉之称，汶上之辞，所谓殆庶者也。

　　窃意夫子之言甚大甚至，兢兢一字不敢妄设，犹恐毫厘千里。旧说为定公①己辰之故而云，恐不相当。且夫子之仕，固定公季斯⑫也。

【注释】

　　①《书》：指《尚书》。

　　②覃（tán）：延长，延及。

　　③恂恂（xùn）：小心谨慎的样子。

　　④翕（hé）：合，聚，和顺。

　　⑤斁（yì）：厌倦，懈怠，厌弃。

　　⑥訾（zī）：同"恣"，恣纵，狂放。

　　⑦夔夔（kuí）：戒惧敬慎貌。

　　⑧孺慕：原意是小孩哭悼追思死去的父母，后来用以指对父母的孝敬，常见孺慕之情。又引申指对其他长者和老师的思慕和怀念，还可表示对祖国的思念之情。

　　⑨漆雕开：漆雕开（公元前540－?），字子开，又字子若，又说作子修。汉族，东周春秋时鲁国人。孔子的学生。在孔门中以德行著称，漆雕氏之儒的创始人，著有《漆雕子》十三篇。

　　⑩曾晰：曾点，字子晰，亦称曾葳。

　　⑪定公：鲁定公，即姬宋，为春秋诸侯国鲁国君主之一，是鲁国第二十五任君主。他为鲁昭公的弟弟，承袭鲁昭公担任该国君主，在位15年。曾于公元前500年在孔子的陪同之下参加齐鲁的"夹谷之会"。

　　⑫季斯：即季孙氏，春秋战国时，鲁国的卿家贵族。作为三桓之首，季孙氏凌驾于公室之上，掌握鲁国实权。三桓，是凌驾于公室的鲁国贵族，出自鲁桓公，包括季孙氏、叔孙氏、孟孙氏。其中，季孙氏的始祖季友，谥成，史称"成季"。

6. 子曰参①乎吾道一以贯之

【题解】

　　王夫之着重论述孔子之道。王夫之重申了孔子关于道"一以贯之"的态度，儒家之所以为儒家，是强调人应当以圣人为目标，并且圣人是可学而至。在儒家看来，孔子固然是唯一的，但是圣人不是唯一的，人人皆可为孔子。而人人之所以能够成为圣人，在于人学习圣人之道"至易至简而可大可久者"，强调人不能离开"道"。最后，王夫之强调"后之学者，争天人，分安勉，将无异于圣贤之言乎！孔曾之旨，勉也，人道也"。

【原文】

　　圣人示大贤以其纯，大贤告门人以其实，明作圣之功也。

　　盖彻乎终始而一，唯戊与物之无不尽其诚也。作圣之功，岂外求之乎？

　　且圣人之学，学者可至也。匪直可至，学焉而必有至也。匪直学者之能至，夫人一念之几，及乎理而协乎心者，皆至也。驯而极之，通乎上天之载；切而求之，达乎尽人之能，唯无所间而已。而特人之以私杂之，中息而不相继，则见为至赜②而不可尽耳。

　　是道也，曾子勉之，盖将得之。

　　夫子告之曰："吾之为道，表里无殊也。初终无间也。学以尽其用，思以极其微。静也见之于参前倚衡，动而达之于天下国家。无不顺焉，无不宜焉，矩无可逾，而土皆安也。无他，不贰以二，不参以三，日新而不忘其故，老将至而不知，日夕相绍而不容于自己。斯则以坤之顺，法乾之健，散见于万事而人皆可与者也，一以贯之。而特仁不足以守之者，未之知焉耳矣。"

于是曾子信焉。门人疑焉，曾子释之曰："夫子之道，迄乎终，无非始也；达乎表，无非里也。尽其心以尽其性，尽其性以尽物之性。才之可竭，竭以诚而不匮；情之可推，推以理而不穷。无有斁③焉，无有违焉，反身常足，而用自弘也。无他，尽者不留，推者不吝，终身而行乎酬酢④，终食而存其诚几，绵绵相续以致其密藏。斯则明以达于礼乐，幽以协乎鬼神，随感以见端而固可共循者也，忠恕而已矣。苟其能勉以勿失焉，而岂其远也乎哉！"

呜呼！此圣人之道所以至易至简而可大可久者也。故曰："至诚无息。"又曰："无终食之间违仁。"

后之学者，争天人，分安勉，将无异于圣贤之言乎！孔曾之旨，勉也，人道也。达天以口口，存乎热之而已矣。

【注释】

①参：曾子，本名曾参（zēng shēn，前505—前435），字子舆，中国汉族人，春秋末期鲁国南武城人。十六岁拜孔子为师，勤奋好学，颇得孔子真传。积极推行儒家主张，传播儒家思想。他的修齐治平的政治观，省身、慎独的修养观，以孝为本的孝道观影响中国两千多年，至今仍具有极其宝贵的社会意义和实用价值。编《论语》，著《大学》，写《孝经》，著《曾子十篇》，后世尊奉为"宗圣"。

②赜（zé）：深奥。

③斁（yì）：厌倦，懈怠，厌弃。

④酬酢（zuò）：酬，主人向客人敬酒。酢，客人用酒回敬主人。宾主互相敬酒，泛指交际应酬。

7. 朝闻道，夕死可矣

【题解】

这章表达"闻道"的难能可贵。孔子认为"朝闻道，夕死可矣"。在王夫之看来，虽然闻道是难能可贵的，但却又是每个人可以做到的，王夫之强调"历乎富贵贫贱患难之涂，皆可以闻道"。王夫之认为，闻道的关键在于信道，就是"诚"。所谓"其信也笃，则其诚也不昧；如其昧也，则唯见夕死之不可，而不闻道之未尝不可也"。

【原文】

必欲闻道者，其心可想也。

夫期之夕死可矣，而道犹不易闻，况其不然者哉！夫子以人之于道，若欲闻之，若不欲闻之，而未尝不自谓且闻道也，乃为言勇于阔道者之心曰："学者之为学，将以何为也？"而皆曰："吾学焉，终日以其身酬酢于百为，终日以其心往来于百虑，而曰姑未即合于道焉。若是者，早已非闻道之心矣。"

今日不闻，而有他日。他日者之能不如今日，何所恃乎？偶有一闻，而犹然未闻。未闻者之能如偶闻，将何期乎？朝以此朝，夕以此夕。意起而若或夺之，气作而若或折之。爱之而不见，为之踟躇①；信之而不审，为之犹豫。夫欲闻道者，岂若是哉！

历乎富贵贫贱患难之涂，皆可以闻道，而抑皆可以俾我之卒迷。即富贵贫贱患难之涂而道在，乃以其故而遂与道离，志乎闻不志乎闻之别也。志乎闻，则富贵贫贱患难以身人之而无不可也。虽然，犹恐其志不决也。极乎博学慎思明辨之力，皆求以闻道，而抑皆或引我之大妄。竭博学慎思明辨之才而道显，乃失其则而终与道违，必于道不必于道之别也。必于道，则博学慎思明辨而唯此之为可也。虽然，犹恐其未必诚也。

则亦将自誓曰："朝闻道，夕死可矣。"乃确乎其自信曰："朝闻道，夕死可矣。"如是而天下之物无可以夺其情矣。物之可歆②可厌者，至于死而皆失其据。夕死而可，未有以不可据之宠辱得丧或易其心者也。如是而天下之说无可以惑其守矣。说之似高似深者，至于死而皆与相忘，夕死而可，未有以可以忘之繁词曲论或动其志者也。

其信也笃，则其诚也不昧；如其昧也，则唯见夕死之不可，而不闻道之未尝不可也。其志也专，则其求也不迫；如其迫也，则期闻于一日，非守死以没身而勿谖也。故欲闻道者必如是，庶乎其于道不远乎！

【注释】

①踟蹰：同"踟蹰"，徘徊，心中犹疑，要走不走的样子。

②歆：喜爱，羡慕。

8. 无为小人儒

【题解】

这是对于儒者的分辨。儒者，有小人儒与君子儒的分别，小人就是所谓的异端，而君子代表了儒家的正统。小人儒只是表面上遵循儒家的观点，但究其实质只是做表面功夫，并不能遵守道德准则。君子与小人的区别在于道德，所谓"君子喻于义，小人喻于利"。王夫之这里特别批判的便是打着儒者的旗号，做的却是小人的行径的"小人儒"。所谓"君子之所尤恶者，唯小人儒耳"。并且王夫之强调了一种社会分工的观点，认为"野人以养君子，以为君子者之必为儒也"，但是如果小人打着儒家的旗号，而接纳国家的俸禄，但其所作所为却侵犯百姓利益，就会引发官民冲突。

【原文】

且志淫而为小人，学僻而为异端，皆君子所必远也。

然于小人也教而治之，于异端也归斯受之，非其所甚戒者焉。

盖小人有掩著之天良，犹知自吾之外有君子，异端有自立之意见，固知自吾之外而有儒。

君子之所尤恶者，唯小人儒耳。为小人矣，而复欲为儒，其有悔心乎？未可保也，而洁己固可与也。为儒矣，而复滥于小人，其无固志乎？且下达焉，而初心或未忘也。

若夫小人儒者，其欲为小人也，是以为儒选于术而得儒焉，甚利便也。春习于弦而亦弦，夏习于诵而亦诵。先王之道，其在我矣。弦之所以弦，诵之所以诵，吾恶从知之，亦焉用知之乎！明王之不作，良有司之不兴，亦且役其名而推之曰儒也。其欲为儒也，乃以为小人号于世而称儒焉，可无忌惮也。文章可闻，而姑剿说之；性道不可闻，而亦妄言之。圣人之教，止于此尔。可闻者之不仅闻，不可闻者之固可闻，天下恶能诘之，吾亦何庸求之！父兄之教不先，子弟之率不谨，固且群相冒而自命曰儒也。

野人以养君子，以为君子者之必为儒也，因移其养君子者以养儒，而小人乘以受之而无惭。耕者劳于陇，工者劳于肆，安坐而享之，且恣于野人之上，而为野人之蠹①。以法绳之，则更为可杀不可辱之说以逃于法，而天下且无如之何矣。君子之辟异端，以君子之为儒也，故孤奉其为儒者以为君子，而小人遂得以附之而自骄。明不知有礼乐，幽不知有鬼神，冥行以趋焉，曾不逮异端之行，而为异端之所贱。以道绌之，则又托于能言距杨墨之徒以自诡于道，而君子抑无如之何矣。

若此者，可为乎？不可为乎？有人之心者，宜于此焉变矣。

孔子时未至如此，然已正名之曰小人儒矣，况如此者乎。赵浚谷②先生不使其子为科举之学，风味可想。

【注释】

①蠹（dù）：蛀蚀器物的虫子。

②赵浚谷：赵时春（1509—1567），字景仁，号浚谷，平凉人。生于明武宗正德四年，卒年不详。著有《赵浚谷集》十六卷，与《平凉府志》，均《四库总目》并行于世。赵时春居华亭多年，著有《惠民渠记》、《复古南门记》、《朝那庙碑记》、《重修灵岩寺记》、《剡山半雾》、《仪山歌》、《夜归仪州》、《登古仪州西城》、《华亭道中》、《华亭雨雾》等诗歌。

9. 子贡①曰如有博施于民

【题解】

这章介绍了圣学异端的辨别。王夫之有感于明朝灭亡时，阳明心学走入了"空荡"的地步，而未能对家国天下产生有益的影响，所以王夫之特别强调实学，即仁德不能流于"空荡"，而一定通过事情体现，所谓"仁者之事，诚于所事"。王夫之特别强调，仁学的正统不是空讲心性，否则就与佛学无异，即走入异端。而孔子赞同管仲的政治功绩，就表明在孔子看来，管仲的所作所为代表了一种仁德的方向。

【原文】

仁效于有方，非虚愿也。

夫博施济众，有其心耳，有其言耳，近譬以立达，皆以实也。此圣学异端之辨也。

且仁之自发，心之动几也，而几不可恃。仁之所函，心之本量也，而量不必充。蹶然而生，觉其皆不容已；廓然而大，觉其固不可穷。然而有所必已而穷矣，犹自以其量之可及、几之偶动者，谓吾志愿之弘深无所诎也。此言仁者之所以流于妄也。

子贡曰："如有博施于民而能济众，可谓仁乎？或谓其徇事以失心，而岂其然乎！"

盖徇心以设一不能然之愿，而曰天下之待吾仁者，以一念摄之而无余也。夫子曰，若此者，将以必之圣，而圣不自必矣；将以病尧舜，而尧舜固自有其不病者也。圣不自必，尧舜可不以为病，则以此为仁者亦必穷而姑已。

虽然，苟欲为仁，岂可有是心哉！生一博施之心，谓恻怛之隐已谢疢于幽明，施之可及而及矣，施虽未及，而待施者已来往于吾心，会万汇之冯生②，咸不离乎一念，拟一能济之心，谓方隅之隔可悉化其畛域③，济之已效而效矣。济虽未效，而能济者早翕受于吾心，极一念之规恢，自毕周于万汇。其究也，以不施言施，不济言济，不仁言仁。愿力之说所以惑天下而废仁之大用以述其真体，可胜道哉！

夫仁者之事，诚于所事也。人未当前，而立一施之之念，仁者不为；欲未动于己，而设一济之之法，仁者不为。欲立矣，欲达矣，则所以立，所以达之条理粲然具悉，而有待立待达者进乎吾侧，乃以熟尝之肯綮④随分而给其求。前无取必之心则后无所病也。此实致之功能也。求仁之方，诚于其方也。人无待譬，且守此心之无欲，则仁之体不乱，近无可譬，且听万物之各得，则仁之用不迷。可譬矣，近取之矣，则因情譬情、因事譬事之矩则确乎有据，而所以立达之者顺事恕施，乃以易简之知能随力而著其功。远之无所必则可必，行之无所病则不病也。此实尽之忱恫也。

而如曰："如有博施于民而能济众者乎，非实有之，如有之也；心谓其然，而固不然；事实不至，而心则至。"充子贡之说，率天下以求仁于恍惚之中，而疴痒固不相及。其以蔑裂乎仁也，岂不甚乎！呜呼！此异端量周沙界⑤之说所以无父无君，而管仲⑥实著一匡之功，圣人慎言仁而独许之也。

【注释】

①子贡：端木赐（前520—前446），复姓端木，字子贡（古同子赣），以字行。春秋末年卫国人。孔子的得意门生，孔门十哲之一，"受业身通"的弟子之一，孔子曾称其为"瑚琏之器"。子贡在孔门十哲中以言语闻名，利口巧辞，善于雄辩，且有干济才，办事通达，曾任鲁国、卫国之相。他还善于经商之道，曾经经商于曹国、鲁国两国之间，富致千金，为孔子弟子中首富。"端木遗风"指子贡遗留下来的诚信经商的风气，后世有人奉之为财神。子贡善货殖，有"君子爱财，取之有道"之风，为后世商界所推崇。《论语》中对其言行记录较多，《史记》对其评价颇高。子贡死于齐国，唐开元二十七年追封为"黎侯"，宋大中祥符二年加封为"黎公"，明嘉靖九年改称"先贤端木子"。

②冯生：即恃矜其生，贪生。

③畛（zhèn）域：畛域指界限，范围。

④肯綮（qìng）：筋骨结合的地方，比喻要害或最重要的关键。

⑤量周沙界：佛教用语。量，指能量、能力。周，周遍。沙界，指银河里的太阳系多如印度恒河沙，相当于中国黄河里的沙子数不清。指无量、无数之佛世界，形容尽虚空遍法界。

⑥管仲：（前 719—前 645）姬姓，管氏，名夷吾，字仲，谥敬，被称为管子、管夷吾、管敬仲，颍上（今安徽省颍上县）人，周穆王的后代。是中国古代著名的经济学家、政治家、军事家，法家、道家。被誉为"圣人之师"、"华夏文明的保护者"、"华夏第一相"。

10. 毋 意

【题解】

本章强调"心"与"意"的区别，阳明先生的高足王龙溪曾经有过一段名言，"心是无善无恶之心，意即是无善无恶之意，知即是无善无恶之知，物即是无善无恶之物"，并进而认为"心、意、知、物只是一事"，然而此种观点一出，导致当时的士人空讲心性，而不作具体的道德实践功夫。这里王夫之即强调"心"与"意"的区别，其呼吁当时的读书人要作道德实践功夫，而批判空谈心性的作风，所谓"妄者以心为意，则亟欲自绝其心"。王夫之强调，心是意之体，意是心之用，所谓"以万意听乎一心"。

【原文】

圣人无孤行之意，诚之至也。

夫意从心而诚，则可名为心，不可名为意。无意也，无心也乎哉！

且意与心之不辨也，愚者以意为心，则终身唯役于意；妄者以心为意，则亟欲自绝其心。

心忘而志不持，乃以谓圣人之心如鉴空衡平以受物之至。心不适主，而意乃持权。

且夫鉴，无定者也。妍①至而妍，媸②至而媸。一日之间，妍媸百至，而鉴有百状。此意之随物以迁者也。衡，无恒者也。移之而重，移之而轻。一日之间，重轻屡易，而衡亦屡迁。此意之因动而流者也。唯其无心，是以有意。唯意不从心而诚，是以无心。

若夫圣人之毋意，则诚之至也。从心之不逾矩也，一以贯之而无朋从之思也。合天下之名物象数，皆察其所以生，体其所以成，通其所以变。故有时遇其大顺，而无与相歆动之意；有时遇其至逆，而无与相抵牾之意。当物之未至，极化几之不可测，而贞明者恒备其条理，何待其猝至吾前而为之警觉乎！诚斯豫也。举吾情之喜怒哀乐，皆裕其必发，皆达其必行，皆节其必止。故有时生之不吝，而不因于怵然乍恻之意；有时杀之不疑，而不因于愤然勃兴之意。当情之未起，持至理于不可易，而贞胜者不乱于感通，则何有偶然而兴以作其欣戚乎？矩有常也。

唯神也，故几。天下之无心而但有意者，皆不神而欲几者也。几，不恒者也。诚不息者也。不息，则以一心生乎万意，而无孤行之得失。唯定也，故静。天下之无心而欲绝其意者，皆不定而求静者也。静以言乎其实也。以实，则以万意听乎一心，而心外无意，惟大明于终始。

然则圣不可学，而学圣者亦有其道矣。持其志以统意，慎其独以从心，则无本之意，尚有止乎！而后之学者惑于异端之说，以过去不留，未来不豫，因物而应以无心为圣人之毋意。圣人其为鉴乎！其为衡乎！鉴、衡，器也。君子不器，而况于圣人！

【注释】

①妍：美丽。

②媸：丑陋，多形容相貌。

11. 毋 我

【题解】

　　这章论述了作为个体的"我"与作为总体的"天下"之间的关系。在王夫之看来，"有天地万物而后有我，此事之可测以其实者也。唯有我而后有天地万物，此理之可信于心者也"。这体现了儒家的"天地人"三才并重的理念。王夫之认为，天地与我是并立共生的关系，谁都离不开谁，而人与天地万物相连接者，乃在于天伦，即"君臣，父子，兄弟，父母，夫妻"，而人们的道德实践正好是通过伦理来体现的。

【原文】

　　备天下于我，斯毋我也。

　　夫不见我于天下，而见天下于我，其功不居，其名不尸，斯为圣人之弘尔。

　　何言之？有天地万物而后有我，此事之可测以其实者也。唯有我而后有天地万物，此理之可信于心者也。

　　知天地万物之固有而知我之有夫天地万物，乃可以知圣人之毋我。

　　未有我而已有天地万物，则令无我，而天地自奠其清宁，万物自育其品汇。攘天地万物之清宁品汇而以为己功，妄也。未能有功而据偶然之一得以为功，妄之妄者也。唯有我而我乃有天地万物，则使无效于天地万物，而我自叛其戴履，我自丧其胞与。尽吾生之戴履胞与而欲居其名，惭也。未能自尽而矜一至之节以为名，惭之惭者也。

我有智而后能知，我有力而后能行；致之勉之，因成能而效之。智力者，天之所以与我，非能自有也。我为子则必事父，我为臣则必事君；竭之致之，忘吾身以从之。子臣者，君父之所有，非己可私也。故圣人之毋我，自安而已矣，自任而已矣。

人皆有可安之分，越分而跃出于天地万物之中曰有我，圣人耻而不为。人各有不可逭之任，而骄语于天地万物之上曰有我，圣人畏而不为。一夫不获，时予之辜，其耻也。小心翼翼，昭事上帝，其畏也。竭吾之生，尽吾之才，效其所知，不私其所能，出以事君，人以事父，为焉而不厌，诲焉而不倦，圣人之见我也大矣，用我也弘矣，故曰毋我也。

颜氏之子①，无伐无施②，其善学圣人乎！为仁由己而已矣。昧者不察，谓我为执，而欲丧我以立于无耦，小人哉，恶足以知圣！

浮屠③谓七识见分执八识相分④妄计为我，乃生死无明根本。无父无君，禽心鬼计，皆自此而兴。陋儒引此无我以附会之，得罪于名教以侮圣言，无可逭已。

【注释】

①颜氏之子：指颜回（前521—前481）。颜回，字子渊，春秋末鲁国曲阜人。十四岁拜孔子为师，此后终生师事之。在孔门诸弟子中，孔子对他称赞最多，不仅赞其"好学"，而且还以"仁人"相许。历代文人学士对他也无不推尊有加，宋明儒者更好"寻孔、颜乐处"。自汉高帝以颜回配享孔子、祀以太牢，三国魏正始年间将此举定为制度以来，历代统治者

皆封赠有加，无不尊奉颜子。

②无伐无施：出自《论语·公冶长》，原文为：颜渊、季路侍。子曰："盍各言尔志。"子路曰："愿车马，衣轻裘，与朋友共，敝之而无憾。"颜渊曰："愿无伐善，无施劳。"子路曰："愿闻子之志。"子曰："老者安之，朋友信之，少者怀之。"伐，夸耀。施，表白。劳，功劳。

③浮屠：指佛教。

④七识见分执八识相分：佛教唯识宗观点，将人的意识分为眼、耳、鼻、舌、身、意、末那、阿赖耶。前五识是感识，感受具体对象；第六识意识是对前五识的分别以及对过去法尘的分别妄想；第七识是传送识、搬运识，在前六识和第八识之间起作用，一个七识对应为一个众生；第八识是种子仓库。前七识都属于第八识，第八识包含无量七识、包含万法。第八识是染识，真妄和合，第九识是净识。万法万相唯心所现，为识所变。

12. 出则事公卿

【题解】

孔子认为"出外就事奉公卿，入家就敬事父兄，丧事不敢不尽力，不被酒困扰，（此外）我还有什么呢"？王夫之以此引申道，"人一定有一些事情是必定不能忘记的，而有一些事情是可以忘记的。然而人们终究能够确信的，恐怕不过几件而已"，而"事公卿"、"事父兄"就是一定不能忘记的事情。王夫之认为"公卿或我知，或不我知，父兄或我爱，或不我爱，而我所以事之则自喻而难欺"。即强调道德规范的普遍必然性，王夫之希望这种道德规范能够发扬出去，每个人都要认真遵守，"此以自考，则自考之心即天几之不昧；此以自勉，而自勉之下有人事之难穷。愿与学者凤夜省之，且勿求之高远也"。

【原文】

约自省之功，问其心之存去也。

夫君亲之事，哀乐之节，约矣。而所求者更其约焉者，圣人使学者自验其有无，亦切矣哉！

故设为目而诘之曰："夫人有其至不可忘者，未有谓其可忘者也。然而确有以自信者，亦不数数矣。念之哉！自信邪？抑自疑邪？曷无终身焉。"

出而有公卿之事，入而有父兄之事，孰能谓可弗恪共而只载者？公卿或我知，或不我知，父兄或我爱，或不我爱，而我所以事之则自喻而难欺。不愧于出，不疚于入，而遂已坦然乎？出而赘赘，入而夔夔^①，而遂自释然乎？忠之名不敢居，孝之实不敢任。出则事公卿，入则事父兄已尔。丧以事襄而不容不勉，乐以酒合而勿为所困，孰能谓可以敖慢而惛^②淫者？于他或勉或不勉，于他或困或不困，而唯此二者尤即情而见性。未尝不勉，未尝困，而能勿加警乎？不期而不勉，不期而困，遂且姑安乎？乐无言不淫，哀无言自致。丧事不敢不勉，不为酒困已尔。则试取此数者而自问焉，将自信乎？将自疑乎？

昔之日未有，而遂终不可有哉？今之日不有，而可俟其徐有哉？后之日无有，而可幸其且有哉？昔有可补之过，今有可致之功，后有豫防之慝^③。必其实可据也，而何有也，可弗念哉！昔之日已有，而能令恒有哉？今之日能有，而非其偶有哉？后之日可有，而不患其难有哉？昔有服膺之守，今有求全之责，后有先立之诚。必其果足信也，而何有也，可弗念哉！

此以自考，则自考之心即天几之不昧；此以自勉，而自勉之下有人事之难穷。愿与学者夙夜省之，且勿求之高远也。

《论语》，记者所节录。立言必有所因，必有所施，记者略之

尔。若以谓自谦，则谦不以诚，老氏之谦也。若云圣不自圣而以
为自省，则不默存之心而见之言，其亦浅矣。故定为警学者使自
省之辞，意悬之讲堂，令共诵之。

【注释】

①夔夔（kuí）：传说中的一条腿的怪物，形容悚惧的样子。

②慆（tāo）：怠惰。

③豫防之慝（tè）：慝，灾害。谓事先防备。

13. 子贡问政

【题解】

孔子认为，国家要治理好，必须满足三个条件，即"足食，
足兵，民信"，并且认为，"民信"是三个条件中最重要的一个。
王夫之借此继续发挥认为，"且君有与立国，民有与立命，天有
与立人。政者，修此者也"。在王夫之看来，一个国家重要的不
是其粮食与军队，如果一个国家不能施行仁德的秩序，则必然导
致百姓之间、君臣之间，互相争斗，这样即便国家有粮食，有军
队，国家也会灭亡。而如果国家有仁德的秩序，国家的粮食与军
队就会慢慢充足。

【原文】

治以渐而有成，道有本而先立。盖信民而民信，本也；食且
次之，而况于兵。

若其效，则食足兵足而民信，抑可以见信之未易也矣。

且君有与立国，民有与立命，天有与立人。政者，修此者

也。帝王奉此以治天下，后世虽多阙略，而亦莫能违焉。故斟酌以定经理之规，非能损也，非能益也，审其序而已矣。

子贡问政，子曰足食。足乎上足乎下，无所别而统之曰足，是上下之交足也。次曰足兵。勇足用，方足知，无所别而统之曰足，是勇方之俱足也。次曰民信之矣。君信乎民，民信乎君，不复有施受感应之别，而言其已信，是无不足者，无不信也。于是而政成矣。

虽然，诚以其身体政，而固必有疑。子贡之疑，允也。处庶富之资，无所去，不必谋所先，精意行于法度之中。当草昧之初，有所先，必姑有所去，立本因乎趣时之变。则有谓疆圉①固而后井牧安、耕桑睦者，而子曰不然，兵其尤后者也，且与其民合耦劝耕以讲亲逊之谊，使民有以立命也。于此而犹未遑焉，则有谓衣食足而后礼义兴、敬爱行者，而子曰不然，食犹其后者也，且与其民推诚同患于贫寡之中，奉天之立人以立国也。

奚以明其然也？食之未先也，岂必民靡孑遗②而君孤立，以待亡哉？过计者所忧唯死耳。即极而至于死，民之死者死矣，收其存者，与敦绝少分甘之好，则生养渐以复天地之和；君即志未就而死乎，俟之子孙，以垂积德累仁之统，则元气留以迓③天心之复。不然，皇皇求利，即幸有成，亦成乎贪戾之国，摇荡狂争而不保其旦夕，况乎其必不能遂也哉！是道也，非但必不得已者为然也。王者体国经野于极盛之日，先信后食，而余乃及兵，亦必然矣。

若夫言足食，次足兵，终之以信，序其成绩而推本言之也。三年余九，而食足矣。七年即戎，而兵足矣。必世之仁，立本于始，渐渍于久而后化成于终，至于民信，则何有不得已之去乎！修之有本，成之有渐，王道然也。

管商之术④，君子恶之。岂谓兵食之可不务哉，无序故尔。

"去"字只是除下一项不先。先，先足也。崇祯⑤间诸人无端将不得已作晋怀帝⑥在洛时说，悲夫，其谶⑦也夫！

【注释】

①疆圉（jiāng yǔ）：指边防。

②孑遗（jié yí）：指残存者，遗民。

③迓（yà）：迎也。

④管商之术：管指管仲，商指商鞅，代指法家之术。

⑤崇祯：朱由检（1611—1644），明朝第十六位皇帝。明光宗第五子，明熹宗异母弟，母为淑女刘氏。于 1622 年（天启二年）被册封为信王。1627—1644 年在位，年号崇祯。朱由检继位后大力铲除阉党，勤于政事，生活节俭，曾六下罪己诏，是位年轻有为的皇帝。在位期间爆发农民起义，关外后金政权虎视眈眈，已处于内忧外患的境地。1644 年，李自成军攻破北京时，于煤山自缢身亡，终年 34 岁，在位 17 年。朱由检死后庙号怀宗，后改毅宗、思宗。清朝上谥号守道敬俭宽文襄武体仁致孝庄烈愍皇帝，南明弘光帝上谥号绍天绎道刚明恪俭揆文奋武敦仁懋孝烈皇帝，葬于十三陵思陵。

⑥晋怀帝：即司马炽（284—313），字丰度，晋武帝司马炎第二十五子，晋惠帝司马衷异母弟，母王媛姬，西晋第三位皇帝，307—311 年在位。初封豫章王，惠帝在位期间，被立为皇太弟。司马越毒死惠帝后，司马炽被扶植为帝，改年号为"永嘉"。在此期间，五胡开始建立独立的政权，但是晋朝内部的权力斗争也日渐严重。311 年正月，晋怀帝密诏苟晞讨司马越，三月发布诏书讨伐，司马越于同月病死，众共推王衍为元帅。四月王衍与石勒战于宁平城，晋军全军覆没。六月，匈奴刘聪的军队攻入洛阳，晋怀帝在逃往长安途中被俘。313 年，晋怀帝被刘聪用毒酒毒杀，终年 30 岁。

⑦谶（chèn）：迷信的人指将要应验的预言、预兆。

14. 南宫适①问于孔子

【题解】

孔子认为，"死生有命，富贵在天"，从这句话看，人的命运似乎是被上天所主宰，但孔子又提倡"己欲立而立人，己欲达而达人"。这就引申出儒家关于道德与命运的话题。在王夫之看来，人是与天一致的，所以人的命运由天主宰与由人主宰是等同的。人之命好与命坏完全在于个人之道德修行，所谓"禹稷之有天下，天授之，尚德者予之也。羿傲之不得其死，天殛之，尚德者夺之也"。但尽管如此，为什么历来儒家对于此并不明言呢？王夫之认为，此皆在于如果人们为了成全功利之实而假道德之名，则此种道德必然是虚伪的，所以儒家只是强调人要符合道德规范，而并不刻意强调人有道德的行动而可享有功利的效果。

【原文】

且夫知人之与知天，理一而有其序，不可紊也。

方务知人，而即欲知天，则福善祸淫之定命，且以为趋利被害之捷径，而成乎私。未足以知人，而复不知有天，则行险徼幸之邪心，且以奖智轧力，争之习气而无所惮。

故禹稷②羿③傲之间，有难言者也。

以躬稼为禹稷之所自兴，则躬稼亦欲张固翕之术也。以善射荡舟为羿傲之所自亡，乃善射荡舟抑咸刘克敌之资也。若然，则德力无一定之涂，而况于吉凶之莫测者乎！且夫禹之有天下，曾不如羿傲之速获。稷则需之十五王之积累，以待牧野之陈师。羿傲且觐罃④而起曰：安能以几何之人寿俟河清哉！且不但此也。

怀一有天下之心以娇修于陇亩，即不妄希天下，而显名厚实，繁有美利以生其愿外之情。操一不得其死之心以戡志于干戈，苟可以免于死而全躯保妻子，更无名义以作其敢为之气。

南宫适曰："夫天之以报禹稷而降罚于羿傲也，吾知之矣。"子曰："既已知之，而何为是喋喋也？"知天者不言天，言天者吾惧其无以知人心。虽然，夫子之不答，以待适也；未至于适者，且勿忘情于此也。天能宰之，君子能言之。君子以天之无言也，不言者喻之，而未能忘言者不知戒也。君子于是乎有言，使天下尚之也。能尚者尚之，不能尚者亦且示之以尚也。

不知有人道之当然，且使知有天道之不僭。不知有忠孝之致死而不辞，且使知有篡夺之求生而不得。天有时不必信，而君子信之。君子有所不庸信，而为天下信之。然则禹稷之有天下，天授之，尚德者予之也。羿傲之不得其死，天殛⑤之，尚德者夺之也。彰善瘅⑥恶之权，君子代天而行其衮钺。移风易俗之事，天且为君子而效其明威。但使为君子者不挟一有天下之心以希禹稷，不因一畏死之心以惩羿傲，则如适之论，亦恶可废哉！

因是而见圣言之不易测也：有时而默，有时而语，即此事而或默，即此事而或语。于道皆然，而无一成之取舍。学者以意求之而不得，其敢易言天人之际乎哉！欲为君子者，姑勿言天可矣。

【注释】

①南宫适（kuó）：名韬，字子容，又称南宫括、南容，春秋时期鲁国人，孔子七十二弟子之一。

②禹稷（jì）：稷指夏禹与后稷。夏禹、后稷受尧、舜命整治山川，教民耕种，称为贤臣。

③羿：有穷国君主，善射箭，曾夺夏太康的王位，后被其臣寒浞所杀。

④颦蹙（pín cù）：颦，皱眉。蹙，紧迫。颦蹙，皱着眉头，形容忧愁的样子。

⑤殛（jí）：诛，杀死。

⑥瘅（dàn）：憎恨。

15. 子曰赐女①以予为多学而识之者与

【题解】

这里表达了道与知识的关系。王夫之认为，道是以诚为本，所谓"一以函多，而行乎多者无不贯"，所以"虽天下之可知者无有涯也，而吾所以知之者统于一心，则所知者固不待逐物得也"。道与知识是不同的，道属于形而上学的范围，而知识则属于形而下学的范围，在知识的范围内，可以有物理学、化学、生物学等，但是在道的范围内，只能有一个道，而不能有多个道，否则就不符合道之为道的本义。但是道与知识并不是矛盾的，人如果在知道之后，则可以以道为核心，汲取各种知识，并运用自如。

【原文】

以心受知者，圣有以通之也。

夫一以函多，而行乎多者无不贯，诚者圣人之本与！

昔者夫子达天人之致，尽心理之密，辨器数之繁，审治乱之变，知天下之知莫己若也，则知天下之求知者将以为知无方，而知之者不可以有方得也。故诘子贡曰："女以予为多学而识之者与？"子未尝不学，未尝不识，而安能无疑乎？

夫天人之际不易彻，心理之会不易通，器数之殊不易别，治乱之几不易察。观于夫子之知各有据也，则意学夫子之知者惟其学识之未及，故所知之不逮也。故子贡对曰："然。非与?"赐亦尝学，亦尝识，而何为不逮乎? 是彻天人之际者有其原，通心理之会者有其真，别器数之殊者有其宜，察治乱之几者有其实。虽天下之可知者无有涯也，而吾所以知之者统于一心，则所知者固不待逐物得也。故告子贡曰："非也。予一以贯之。"

是何也? 天有以贯于人，则人有以贯于天，天人迥而其相陟降者一也，理有以贯于心，则心有以贯于理，心理殊而其相感应者一也。

一物贯以一情，而一情贯于万物，器数繁而情之各得者一也；迹同而其不相贯者则异，迹异而其相贯者则同，治乱变而道之贞观者一也。

一者何也? 自其以虚函天下之不齐也则曰中，自其以实体天下之不妄也则曰正，自其以心之动几觉天下之固然者则曰仁，自其以性之定理辩天下之当然者则曰义。以要言之，则曰诚而已矣。故曾子曰："忠恕而已矣。"以之而多学，以之而识，更何疑乎!

《集注》云解见上篇一语，无人理会。

【注释】

　　①女：同"汝"，你。

16. 子曰予欲无言

【题解】

　　儒家经常强调"天"，这里的"天"具有宇宙本体论的含义，是作为推动万事万物发展的本体，但是作为抽象意义的"天"，不能说也不能动。人如何能够了解"天"的含义呢？在儒家看来就要通过"诚"。所谓"天之道不能名言，以圣之德推之则曰诚"，所以孔子说，"予欲无言"，就以此告诉子贡，天不是通过语言文字能够了解的，必须通过个体之道德实践即——诚，才能了解。王夫之由此强调"学圣者存之不睹不闻之中，省之独知独觉之际，勉之子臣弟友之中，四时之气应，百物之情得，何患乎无述哉"！

【原文】

圣人之动人，动以诚也。

夫人之动也，不于其述。即以述而动，亦动以诚，非以言也。

盖诚者天之道也。所感者诚之神，感之者诚之几。诚不息于天下，故几其无为，而信故神也。

天之道不能名言，以圣之德推之则曰诚。圣人之德不能名言，于诚之原推之则但可曰天。夫其不能名言者，岂徒夫人之不能哉？圣人亦无以自名，而但以天相示耳。无以为之名，则固不可得而述矣。

子曰"予欲无言"，而子贡曰"小子何述"？夫何待于述，则抑何患无述哉！子欲无言，终无言矣。

《书》者，古帝王之言也。《诗》者，作者之言也。《易》者，泰筮之言也，《春秋》者，史氏之言也。子以其诚立于赞说删定之中，而帝王、作者、泰筮、史氏效其温凉寒暑昆虫草木之变，类聚群分，以昭其化。夫子固无言焉，乃小子无述而非无述矣。道法之垂，存乎《书》矣。贞淫之鉴，存乎《诗》矣。吉凶之则，存乎《易》矣，治乱之几，存乎《春秋》矣。子存其诚以启诵读玩说之心，而道法、贞淫、吉凶、治乱应乎生长肃杀老稚荣枯之恒，以为善去恶，而成其质。非必言而后可述也。

夫物之不易动也，虽欲动之，有不动者矣，而非其终不可动。故圣人之仁天下也，思欲动之，而难乎其动矣，而自有所以动。前之《诗》《书》《大易》《春秋》既为我效其口口，后之诵读玩说者自为我应其恒心。夫子以至诚凝不息之理，待物之触，而其神无方；诚之在天下无或息之时，有触而著，而其几不可遏。

故观之于天，四时百物无非天也。四时则为四时，百物则为百物，固非天也。天流行于四时百物而自有天者存，圣人垂教于天下万世而但自存其圣。物之自动者几也，其动也神也。圣人之愤乐终身以自为圣者，若无与焉。夫且若无与，而又奚待于言，奚必其述哉！以伯夷、柳下惠①之贤，且兴起顽鄙于百世，况夫子乎！学圣者存之不睹不闻之中，省之独知独觉之际，勉之子臣弟友之中，四时之气应，百物之情得，何患乎无述哉！

【注释】

①伯夷、柳下惠：伯夷（生卒年不详），商末孤竹国（今河北卢龙西一带）人，商纣王末期孤竹国第七任君主亚微的长子，弟亚凭、叔齐。子姓，名允，是殷商时期契的后代。初，孤竹君欲以三子叔齐为继承人，及父已死，叔齐让位于伯夷。伯夷以为逆父命，遂逃之，而叔齐亦不肯立，亦逃之。伯夷、叔齐奔往西方，在周地部落中养老，与周文王关系良好。后周武王讨伐纣王，伯夷和叔齐不满武王身为藩属讨伐君主，加上自己世为商臣，力谏。武王不听，不久周灭亡商朝。柳下惠（前720—前621），展氏，名获，字子禽，一字季，春秋时期鲁国柳下邑（今山东新泰柳里）人，鲁孝公的儿子公子展的后裔。"惠"是他的谥号，所以后人称他为"柳下惠"。有时也称"柳下季"。他担任过鲁国大夫，后来隐遁，成为

"逸民"。柳下惠被认为是遵守中国传统道德的典范，他"坐怀不乱"的故事广为传诵。《孟子》中说"柳下惠，圣之和者也"，所以他有"和圣"之称。柳下惠还是中国柳姓的得姓始祖。其墓在山东泰安柳里村北。

17. "食夫稻"至"予之不仁也"

【题解】

孔子的学生宰予向孔子请教，"三年守丧的期限，是礼本身的要求，但是礼本身并不是固定不变的，三年守丧已经实行太久了，所以现在需要改变一下"。但孔子却认为，"三年守丧是仁心的要求，所以如果心安，就可以不实行三年之丧，如果心不安，则依然要施行三年之丧"。可宰予却依旧我行我素，孔子只能斥其为"不仁"。王夫之将孔子的观点加以引申，认为"正其罪者，圣人之法；不能禁者，圣人之穷。虽圣人能无穷哉"！即圣人之法可以断定善恶，但是不能要求人们作善不作恶。

【原文】

不能禁人之不为，不能禁人之不仁，圣人之教穷矣。

盖圣人能止天下于不孝者，恃其仁之犹有存焉者也。不仁而安，奚从禁哉！

且夫仁不仁之分，发于言，遂成于心，而终之以为。为之而终于安，未可必也。为之之日而尚有不安，亦未可必也。乃一念忽见为可为，遂怙其忽然之一念以为可安，当此之时，即有天性之不泯者，亦蔽于浮动之气，而见此外之无余心。

故虽以父母之丧必不可忍者，而置之若忘；食稻衣锦甚可已者，而见为不可已，则宰予①是已。

夫子于时未尝有父母之丧，未尝于期，而有食稻衣锦之事。则稻之与飦粥②、锦之与苴麻③，茫然而无辨；稻之甘于飦粥，锦之美于苴麻，若大快于心。于是而有短丧之说，犹未必其决于忍也。而夫子诘之曰"安乎"，而遂曰"安"，则夫子之所以穷予者且穷。夫子未必果信其安，藉使为之，未必其终安也；然而言也于予之口而曰安，则仁绝于予之心矣。

流俗之说足以蛊人者，迎人所未尝深思之顷，而迫予以攸然自适之计，若曰乡之所为拘拘者皆亡谓也，称吾意以为之，尽有纵广自如之一途，可以上质天时，下顺物理，而抑不废口体之实，故群然信之，而反以咎君子之过于执。偷薄之说易以溺人者，诱人于身未尝试之日，而不恤其愧疚中起之后，若曰从吾言而为之，良自适也，不如是以为之，则且学业事功之皆阻，且为指其阙失、推其流弊，而若授以中和之则，故群然信之，而且以疑君子之违其真。

故若闻乐之可乐也，食旨之可甘也，居处之可安也，不遑念他日之安与否，而于问答之下，则已无所惮而直应之曰"安"。夫子曰"安则为之而已矣"，当此之时，圣人实无能如之何也。无如之何，圣人亦行其法而已矣。故立夫子于赵盾④之前，无能使之讨贼也，但于不讨贼之后，正其罪为弑君。立夫子于许止⑤之前，无能使之尝药也，但于不尝药之余，正其罪为弑父。何也？当其惑于流俗，习于偷薄，一念欻⑥然而兴，凭依之为可恃⑦，则固自见为安也，于是而为之，无不可矣。故宰予出而斥绝之曰："予之不仁也"！正其罪以不仁，而固不能禁也。正其罪者，圣人之法；不能禁者，圣人之穷。虽圣人能无穷哉！

【注释】

①宰予：宰予（前522—前458），字子我，亦称宰我，汉族，春秋末鲁国人，孔子著名弟子，"孔门十哲"之一。宰予小孔子二十九岁，能言善辩，被孔子许为其"言语"科的高才生，排名在子贡前面。曾从孔子周游列国，游历期间常受孔子派遣，使于齐国、楚国。唐开元二十七年，宰予被追封为"齐侯"。北宋大中祥符二年（1009）又加封"临淄公"。南宋咸淳三年（1267），再晋封为"齐公"，明嘉靖九年改称为"先贤宰予"。

②飦（zhān）粥：稠粥。

③苴（jū）麻：苴，植物名，是大麻的雌株，所生的花都是雌花。古时制作丧服的材料，也用以代指丧服。

④赵盾：赵盾（？—前601），嬴姓，赵氏，名盾，谥号宣，时人尊称其赵孟，史料中多称之赵宣子、宣孟，春秋中前期晋国卿大夫，赵衰之子，杰出的政治家、战略指挥家。晋文公之后，晋国出现的第一位权臣，集军政大权于一身，担任执政，号称正卿，法治晋国。他在晋国执政期间，权倾朝野，使晋国君权首次受到冲击与削弱，树赵氏之威，使赵氏一族独大晋国。一生侍奉三朝，令晋集举国之力与楚国争衡而不落下风，可谓"治世之能臣，乱世之雄才"。

⑤许止：许悼公的儿子，被立为太子。许悼公在服了其子许止所进药之后便死去，因此《春秋》称许止"弑君"。

⑥欻（xū）：拟声词，形容短促迅速的声音。

⑦怙（hù）：依仗，凭恃。

中 庸

1. 率性之谓道

【题解】

这里强调道与性的关系，在儒家看来，"天命之谓性，率性之谓道"。王夫之进而认为"谓夫尽性者必依乎道，惟尽道者之必原乎性也。道丽于物以万殊，效于事以百致，备而求之，有无暇深求其所自者矣"，说明"道"是作为万事万物的本体，然而更重要的是行道，所谓"觉之而始行，知始之也。知无方而之于道外，非必其道也"。王夫之进而强调，道与德的关系应是"盖有生之初，天所以为天之道，与天所以育物之道，具体以善人之形，而凝之为德，故极乎圣神之功化"。

【原文】

原道之所建，人之天也。

夫天下莫不贵者道也，而唯性之是率。《中庸》深原之，以示体道者之必求诸性也。

谓夫尽性者必依乎道，惟尽道者之必原乎性也。道丽于物以万殊，效于事以百致，备而求之，有无暇深求其所自者矣。

夫抑念道之所自出乎！觉之而始行，知始之也。知无方而之于道外，非必其道也。抑念道之所自著乎！感之而始应，物显之也物。在外而彼自为道，非吾之道也。夫道必有所率而后不淫于道之外，道抑不在外而著于我，岂非天所命我之性与？

好焉乐焉者，率之之情也，择焉执焉者，率之之才也。而所率者有一成之矩则，为情才之所趋，则恻悱之仁，专直之义，密藏于情才未起之先，一为人而必有此与生终始之诚，是性也，是情才之所效命者也。知与处之各当，率焉而物乃明也；恩与义之交尽，率焉而伦乃察也。而所率者有皆备之本体，为伦物之所依；则自强之健，载物之顺，保合其伦物不昧之贞，一为人而必有此与感相通之实，是性也，是伦物之所受治者也。

盖有生之初，天所以为天之道，与天所以育物之道，具体以善人之形，而凝之为德，故极乎圣神之功化。而赤子之心早已具乎笃恭之体，率之而道行矣，而特非废之半涂者之能率也。迨乎既生之后，天之所以为天之道，与天所以育物之道，流行以日授于人，而不绝其几，故极乎愚不肖之牿亡，而平旦之气①犹可以作好恶之准，率之而道亦察矣，而特非任其自然者之能率也。故曰率性之谓道也。

呜呼！人不知性，而孰其知道乎？以率心为道，而善恶无据之知觉，率犬牛之性而为犬牛之道，则人道乱。以率理为道，袭痛痒不关之形迹，率流俗之性而为流俗之道，则天道亡。陆子静②以心为性，司马君③实舍心言道。道之不明，奚望其有戒惧慎独之功乎！

【注释】

①平旦之气：平旦，清晨，太阳停留在地平线上。来源于《孟子》，指此时无论贤愚，其秉性都具有一致之处，接近于人的本善状态。

②陆子静：即陆九渊。陆九渊（1139—1193），南宋金溪县人，号象山，字子静，书斋名"存"，世人称存斋先生，江右民系，江西抚州市金溪县陆坊青田村人。南宋著名的理学家和教育家，与理学家朱熹齐名，史称"朱陆"，是宋明两代"心学"的开山祖。他的学说，经明代王守仁继承，发扬成为宋明理学的一个重要派别，对后世影响极大。

③司马君：即司马承祯。司马承祯（647—735），字子微，法号道隐，自号白云子，唐代河内温（今河南温县）人，晋宣帝司马懿之弟司马馗之后。道教上清派茅山宗第十二代宗师。自少笃学好道，无心仕宦之途。师事嵩山道士潘师正，得受上清经法及符箓、导引、服饵诸术。后来遍游天下名山，隐居在天台山玉霄峰，自号"天台白云子"。文学修养很深，与陈子昂、卢藏用、宋之问、王适、毕构、李白、孟浩然、王维、贺知章为"仙宗十友"。

2. 喜怒哀乐之未发谓之中，发而皆中节谓之和

【题解】

儒家强调中，也强调和，所谓"喜怒哀乐之未发谓之中，发而皆中节谓之和"。王夫之认为，"动静"是相对的，所谓"静而不知所存者，以为情之未生，此心一无所有耳，动而不知所省者，以为情之方生，此心因感而动耳"。在王夫之看来，心是有"发"与"未发"两种状态，"未发"是指"有愍懒而见为无可容心者，有见为昭昭洞洞万念止而孤有其炯光者"，而"发"是指"静函以俟肆应之咸宜者，必不可谓倚于虚空而待物以起者矣"。

【原文】

且夫人静而不知所存者，以为情之未生，此心一无所有耳，动而不知所省者，以为情之方生，此心因感而动耳。日用不知者不能不用，见仁见智者随其所见，故君子之道鲜矣。

尝试论之。忽然而见可欣，忽然而见可拒，何为欣为拒相应之速也？则是有生以来，喜怒哀乐备储其精英而行乎其故辙矣。欲征吾性情之全体大用者，不可于此想见之乎！

夫未发之时亦多矣，乃当此时也，有憨①惰而见为无可容心者，有见为昭昭洞洞万念止而孤有其炯②光者，而不知皆非也，此喜怒哀乐之未发者也。喜怒哀乐之未发，岂万事万理之可豫立也乎？于是而有可发焉必发矣。乃于此时也，有谓舍所发而更无余情者，有谓时至事起随作用而为其得失者，而不知皆非也，此应其未发所具之节而皆中者也。

喜怒哀乐之中节，岂物至知知之初无节也乎？其未发也，欲其无端而发为喜乐也不知，欲其无端而发为怒哀也不能。君子不能，庸人亦不能也。此可以明其有主矣，特未能存者不知耳。试反求之一无成形之间，则静函以俟肆应之咸宜者，必不可谓倚于虚空而待物以起者矣，此其所藏谓之中也。其发也，于喜乐而易以怒哀也不能，于怒哀而杂以喜乐也不能。君子不能，庸人亦不能也。此可以明其各适矣，特未知省者不知耳。试密审之各有所宜之几，则得当以遂初心之本然者，必不可谓交错无恒而互相悖害者矣，此其所适谓之和也。

乃举天下之芒然于此也：于未发也，无其实不能为之名，虽中节与，逐其未遂忘其本。谓未发者，一无有也；中节者，本无节而中即节也。庸讵知奠位于不睹不闻之顷，密藏万有而不忧其不给，以至正而立为大中；流行于隐微显见之际，会通典礼而不戾其所函，以至和而成乎各正。实有中也，实有和也。故君子之静存动察，奉此以为大本达道也。

【注释】

①愍（mǐn）：忧患，痛心的事。

②炯（jiǒng）：明亮、炯然。

3. 诗云鸢①飞戾天鱼跃于渊，言其上下察也

【题解】

道是体现在万事万物之中的，不独体现在人身上，所以"鸢飞鱼跃"都是道的体现。同时，人的认识能力是有限的，因此人不可只是局限于一己之认识范围，所谓"吾目之所不见，不可谓之无色；吾耳之所不闻，不可谓之无声；心之所未思，不可谓之无理"。王夫之强调，无论是可见还是非可见，都是道的体现，可见的形象与不可见的形象，本质上都是一样的。所以道有隐性的体现，也有显性的体现。

【原文】

道之隐者皆其至显者也。

夫鸢之飞，鱼之跃，昭著乎上下，何隐乎哉？所谓隐者，此尔。

且夫道何隐乎？隐于不能行不能知者耳。惊于费而遗其全，目由其一端而已困，将谓子臣弟友，鬼神礼乐之四达也，必有变通之密用出于形器之表。离乎费以索其真，欲遇其全体而不得，将谓喜怒不形，睹闻不及之至无也，自有悦忽之真宰立乎象数之

先。道其隐矣乎？夫道非不隐也，特非费之外有隐，而圣人几几遇之，夫妇之必不能与者也。

今夫君子之道，天之道也，天则在吾上下之间矣。仰而观之，天者具在矣；俯而察之，渊者具在矣。从天而观之，鸢有时而飞矣；从渊而察之，鱼有时而跃矣。未仰以观，则忘乎天；未俯以察，则忘乎渊。鸢固飞也，有时而见其飞焉，有时而不见焉；鱼固跃也，有时而知其跃焉，有时而不知焉。然则子臣弟友、鬼神礼乐日相需相给于宇宙，而未尝备察焉者多矣；然则可喜可怒，可睹可闻日相感相成于伦物，而未能详察也又多矣。如是而谓之隐，诚隐也，而果隐也乎哉？不能知不能行者之杳②芒而无可亲，知之行之者历然而可据者也。

吾目之所不见，不可谓之无色；吾耳之所不闻，不可谓之无声；心之所未思，不可谓之无理。以其不见不闻不思也而谓之隐，而天下之色有定形、声有定响、理有定则也，何尝以吾见闻思虑之不至，为之藏匿于无何有之乡哉！吾有所不可知，责之吾智之未精；吾有所不能存，责之吾仁之未熟；吾有所不可胜，责之吾勇之未大。以其未智未仁未勇也而见为隐，而君子之灼然可知、固然可存、断然可胜也，何尝于智仁强勇之所穷，更有绝人以不可及之理哉！

故《诗》不云乎：鸢飞戾天，察乎上而但存乎仰观者之察耳。有鸢焉，有天焉，其物也；飞者其几，戾天者其则也。鱼跃于渊，察乎下而但存乎俯察者之察耳。有鱼焉，有渊焉，其物也；跃者其几，于渊者其则也。夫何隐乎哉！

然而隐矣；天终日丽乎上，渊终日奠乎下，鸢鱼终日游其间，飞跃终日因其性，然而天下之不见者多矣，故曰隐也。君子之道，天之道也，亦如此而已矣。

【注释】

①鸢（yuān）：古书上说是鸱（chī）一类的鸟，也有人说是一种凶猛的鸟，外形与鹰略同。

②杳（yǎo）：远得不见踪影。

孟 子

1. "敢问夫子之不动心"至"而反动其心"

【题解】

这里强调心与气的关系，孟子与告子都强调养气，但是又有区别。在告子看来："不得于言，勿求于心；不得于心，勿求于气。"但是孟子却认为："不得于心，勿求于气，可；不得于言，勿求于心，不可。夫志，气之帅也；气，体之充也。"王夫之进一步认为："心之动也微，气之动也显。"并且强调："万物同此一气，故同此一理，非我使之然也，天也。"值得注意的是，王夫之认为，心与气有不同的层次划分，"以权论之，而心为尊，则志至气次之名定矣。以权力相参论之，则志壹动气，气壹动志之功均矣。以力论之，则气为强，而蹶趋动心之势成矣"。

【原文】

且夫人亦恶能不以心使气乎哉？而妄者以之为患。

夫欲心之勿使气也，则唯死为得之。生之日短，而死之日永，亦何患无心不使气之一日哉！切切然于其生而患之，不亦愚乎！

心之动也微，气之动也显。告子①曰：吾无气，心虽动于微，天下不知其动也。心之动也有权而无力，气之动也有力而无权。告子曰：吾不资气之力，心且无所用其权，亦废然返而自息也，故天下之言钩棘锋距杂进于前，吾不与之迎随，则若称说于蓁草块涂之侧，而固无能动也。

乃吾且为告子正告之；藉其死也，气离心，而心不与天下之言相应，则天下之言仁义、言富强、言为我、言兼爱者杂进于前，心固不与之迎随，而喋喋者弗能自诧于蓁草块涂之侧，更何患乎？若夫生而与天下相接矣，心一日不能与气相离，非吾欲尔也，天也，则亦恶能不以心使气乎哉？

今夫体，皆听心之为者也。动静云为，皆气奉心之微指以喻于体；动静云为，皆心使气之效也。霸王行道，一心授气以大权，而用以充。故君子视天下，犹吾耳目手足尔，气相及也。万物同此一气，故同此一理，非我使之然也，天也。我以之生，天下以之生，孳孳②于有生之日以立霸王之纪，以治杂乱之言而一于正，唯心使气之为有功。

故以权论之，而心为尊，则志至气次之名定矣。以权力相参论之，则志壹动气，气壹动志之功均矣。以力论之，则气为强，而蹶③趋动心之势成矣。何也？气去心则死，心委气而息则死。不欲心之微者显，气之有力者效其力，则诚莫死若也。而告子百年之余如此者，永以终古矣。任天下之言仁义、富强、为我、兼爱者百相萦也，百相禁也，而我固不与迎随，终亦无我如何也。告子亦何患乎无此一日乎！

君子所忧者，我且为蓁草，且为块涂，而天下之生不息，彼且摇荡天下以相迎相随于率兽食人之涂，故持其志以大正，帅其气以察言，则虽五世泽斩之余，而犹使天下之言不敢逞其钩棘锋距以戕贼人心。故自孟子至今二千余年，言犹有宗，心犹有法，皆孟子之气为之也。此孟告之不动心可得而闻者也。

【注释】

①告子：中国战国时期思想家。名不详，一说名不害。曾在孟子门下学习。他的著作没有流传下来。赵岐在《孟子注》中说，告子"兼治儒墨之道"。由于孟子在人性问题上和他有过几次辩论，所以他的学说仅有一鳞片甲记录在《孟子·告子》中，这些记录都很重要。

②孳孳（zī）：同"孜孜"，勤勉，努力不懈。

③瀫：竭尽，枯竭。

2. 万物皆备于我矣

【题解】

孟子认为："万物皆备于我矣。反身而诚，乐莫大焉；强恕而行，求仁莫近焉。"此观点表明了儒家学说中万物一体的想法。但值得注意的是，"万物一体"并不是指"万物"都被"我"统治，而是一种"物之自物，各还其位，而非我所与者"的无为而治的方式。"物"与"我"一方面是须臾不可离，但另一方面二者又各自保持其独立的地位。物与我为一体，是指从道德的角度上论证，而非从所有权的角度论述，所以是，"反身而诚"，即达到"亲亲仁民而爱物"的效果。

【原文】

物之备于我，见之者鲜矣。

盖备我之理，而后知物之备焉否也。我之不尽，而测物者恶足以知之！

且谓物之自物，各还其位，而非我所与者，亦思以其说易天下，而终于不能。我之既有于天下，必有藉以益其生，其待于物也无已时，物备我，而我顾悍然使还其位而无相与，亦耻甚矣。无他，见物而不见我也。

孟子学圣之功，充实而光辉盛焉，乃知我之待于物，一如物之待于我；物之有我，一如我之有物。遂昌言曰："今夫万物则既可得而见矣，斯不可以理言者也；理以为当然，则或以为不当然，而奚不可。抑不可以情言者也；情见为不容已，则有时容已，而亦或可安。惟夫吾自有之，吾自用之，犹手之有持、足之有行也，拘之挛①之而不能禁；吾自能之，吾自为之，犹目之能视、耳之能听也，塞之蔽之而终不失；吾自富有之，吾自日新之，犹言之不穷于口、动之不穷于体也，慎之持之而非不给。故不但言我受物也，受则有与之者矣。"

各有血气，各有心知，谁与我者？调其血气，导其心知，吾司与矣；有其可司与者，与之而已矣。抑不但言通物于我也，通则必往而通矣。智止于心，力止于身，奚待往乎？尽心之智，尽身之力，弗庸往也；有其所可尽者，尽之而已矣。由今观之，万物不皆备于我哉！

虽然，吾盖几为察识，几为扩充，而今乃知之也。一日之间，而引万物以大吾之量，始以为志之所至可至焉矣，而未也。志者一日之起者也。万物至重矣，而任之者气；气之不养，养之不直，则见芸生之情诡变纷纭，而不信我之能为其藏。今而见吾之气，天地之气也，刚者可驭，柔者可扶，变迁殊质，至于吾之身皆胜之而无可憟，然后吾所立之志非虚扩之使大也，万物皆备也。一念之动，而恤万物以慰吾之情，始以为仁之所感能感焉矣，而未也。仁者一念之涵者也。万物不齐矣，而各有其义；义不生心，心不集义，则见勃发之欲损益无恒，而不信我之能持其衡。今而见天下之义，吾心之义也，取不损廉，与不损惠，生杀异术，裁以吾之心皆宰之而无可疑，然后吾所存之仁非固结之使亲也，万物皆备也。是当然之理所自出，必然之情所由生也。反身焉，莫匪诚矣，无不乐矣。

呜呼！此孟子所以为正已物正之大人也与，而孰则知之！

【注释】

①挛：手脚蜷曲不能伸开。

3. 孟子曰人之所不学而能者

【题解】

孟子认为："人之所不学而能者，其良能也；所不虑而知者，其良知也。孩提之童无不知爱其亲者，及其长也，无不知敬其兄也。亲亲，仁也；敬长，义也；无他，达之天下也。"后来王阳明发展了孟子的观点，认为良知良能其实就是人心的体现。按照孟子心学的传统，人心是仁义礼智的来源，正是因为人有此四端之心，所以人与禽兽有差别，所谓"人禽之辨"，而人有此善心便证明人性本善。王夫之在这里进一步分析了此种观点，王夫之强调人与动物在自然属性上具有一致性，所谓"色而能悦，斗而能克"，以及"利而知趋，害而知避"，但是人的特殊性就在于人还具有人性，所谓"物之生，皆生之气也；人之生，气之理也"。此即通过人的道德心来体现，而此道德心一定为善，不能是"不善不恶"。

【原文】

大贤申明人道，而显仁义之藏焉。

夫君子所性，人之性也，则仁义之发为爱敬者也。知能则既良矣，故曰性善。

今夫人之性则既异于禽矣。禽之初免于殻①，其所知能即凤具焉，终身用之而无待于益，是其不学不虑之得于气化者也。

夫人则不能凤矣，而岂无不学之能、不虑之知乎？学而能之，能学者即其能也，则能先于学矣。虑而知之，知虑者即其知也，则知先于虑矣。能学知虑，禽之所不得与也，是人之性也。学虑者以尽仁义之用焉，而始著之能、始发之知，非禽之所与，则岂非固有其良焉者乎？

夫但以不学为能，不虑为知也，则色而能悦，斗而能克，得而能取，人皆能之于习尚之余，而不如禽之胜任也蚤；利而知趋，害而知避，土而知怀，人皆知之于筹度之后，而不如禽之自然而觉。以此思之，人之不学不虑而自有知能者，非其良焉者乎？孩提而始发其端，既长而益呈其效，则爱其亲敬其长者，人所独也，天下之所同也，如禽之不知、能禽之不能也，故曰良也。是故君子以仁义言性，于此决矣。

物之生，皆生之气也；人之生，气之理也。天欲引其生气以滋于不息，则使物之各有其情以相感而相育，故物类能爱其子，而忘其所从生，理不足以相保，而物生虽蕃，不能敌人之盛。惟人有肫然不昧其生之理，藏之为仁，发而知能者亲亲其先焉者也。奚以知人性之必仁哉？以他无所恋慕之日，早有此爱，达之天下，凡为人者皆然也。故曰良也。物之生，皆天之化也；人之生，化之则也。天方行其大化而汇不能齐，则使物之各有所制以相畏而相下，故物类知服于强，而狎其所相习，则不足以有准，而物生固危，不能似人之安。惟人有肃然不敢逾之则，藏之为义，发而知能者敬长其先焉者也。奚以知人性之必义哉？以他无所畏惮之日，早有此敬；达之天下，凡为人者皆然也。故曰良也。

爱之几动，生之理渐以不忘，理有所未安而不忍，于是而学矣，故能学也。敬之情伸，天之则不可复隐，则有所未宜而不慊，于是而虑矣，故知虑也。学虑者，爱敬之所生也；爱敬者，仁义之所显也。不学之能，不虑之知，所以首出庶物而立人极者，惟其良故也。

于是不知性者揣此以言曰：觉了能知者，不学不虑之本体；人之始，一禽之免于彀而已矣，可良可不良者也，无良无不良者也，学虑之知能徒汩其良，而唯无善无恶之为良知。王伯安②之徒，舞孟子之文以惑天下而不可胜诘。悲夫！

僧通润者，谓孩提知爱，是贪痴大惑根本。其恶至于如此！司世教者不施以上刑，而或为传之，无惑乎禽兽之充塞也。

【注释】

①彀（gòu）：使劲张弓。

②王伯安：即王守仁（1472—1529），幼名云，字伯安，别号阳明。浙江绍兴府余姚县（今属宁波余姚市）人，因曾筑室于会稽山阳明洞，自号阳明子，学者称之为阳明先生，亦称王阳明。明代著名的思想家、文学家、哲学家和军事家，陆王心学之集大成者，精通儒家、道家、佛家。晚

年官至南京兵部尚书、都察院左都御史。因平定宸濠之乱军功而被封为新建伯，隆庆年间追赠新建侯。王守仁（心学集大成者）和孔子（儒学创始人）、孟子（儒学集大成者）、朱熹（理学集大成者）并称为孔、孟、朱、王。其学术思想传至日本、朝鲜半岛以及东南亚，立德、立言于一身，成就冠绝有明一代。谥文成，故后人又称王文成公。

4. 孟子曰人之所以异于禽兽者

【题解】

这章重申了人禽之辨，在王夫之看来，人与禽兽有"异"，也有"不异"，不异便是指人与动物共有的自然属性，而相异的地方是指人具有人性，即善端，而动物则不具有。即人不是完全欲望的动物，人有仁心仁德能够克制自己的欲望。此即就是"良知良能"，而所谓君子就是存此仁心仁德，所谓小人就是违背仁心仁德。但是无论君子还是小人，都是有此良知良能的，这是没有差别的，只是"庶民去之，君子存之"。

【原文】

大贤以人道立人，承先圣之所存也。

夫人之异于禽兽，无不异也。有不异者，则不异矣，故曰几希。君子之为治为教，严此而已。

孟子更端而递言之。盖以天溥①物而无心，物群分而不乱。天下之言道者，吾惑焉；跻圣之道于天之化，则且尸天之仁为己之仁，下夷乎物而无以立命。其言性也，吾益惑焉；概物之性于命之同，则是率物之性为物之道，自蔑其性而殆于逆天。古之君子所为尽性修道以立庶民之极者，则唯于人之所以异于禽兽者，严其别而慎持之耳。

夫人之于禽兽无所不异，而其异皆几希也。禽兽有命而无性；或谓之为性者，其情才耳。即谓禽兽有性，而固无道；其所谓道者，人之利用耳。若以立人之道较而辨之，其几甚微，其防固甚大矣。

自我而外，有物而不知其异；与我为类，有伦而不体其同。不体其同，天几之爱易以衰止；不知其异，相接之宜罔于从违，禽兽胥此矣。明以察而由仁义者，唯人异也，舜所存者此也。其欲无涯，而甘食为甚；其戾②无已，而见善不知。逐于欲则日偏而不反，迷于善则怙党而崇私，禽兽则然矣。好恶审而取舍定者，人唯异也，禹汤所存者此也。

偶有踯躅③之悲，而旋以忘；小有微明之觉，而恃以逞。忘之而成乎忍，则地异而情殊；恃焉而不思反，则事狎而心玩，禽兽之道然也。欲然不足而周于远迩，唯人异也，文武所为必存也。前不知有古迹之可循，内不知有心思之可尽。不知效法，则熄者无以相续而无古今，不尽思惟。则大义永以戡忘而无纲纪，禽兽之道然也。勤思不懈而继夫往迹者，唯人异也，周公孔子所为必存也。

大矣哉，其立人以事天；严矣哉，其贵人以治物也。私淑君子而承其将斩之泽者，舍此奚事哉！以言乎道，不敢侈言天也。思诚者人之道也，匪形之是践，而几乱乎鬼神。以言乎性，不忍滥乎物也。人无有不善者也；以命为无殊，则必同乎牛犬。抑功利，崇仁义，绍帝王之治教以抑强食之兽心；辨杨墨④，存君父，继春秋以距争鸣之禽语，其在斯乎！后有作者，勿以禽兽之知为良知，禽兽之能为良能，尚有幸哉！

【注释】

①溥（pǔ）：广大，普遍。

②戾（lì）：暴恶。

③踯躅（zhí zhú）：徘徊不前。

④杨墨：指战国时期杨朱与墨翟的学说。杨朱主张"为我"，墨翟主张"兼爱"，是战国时期与儒家对立的两个重要学派。《孟子·滕文公下》："圣王不作，诸侯放恣，处士横议，杨朱、墨翟之言盈天下。天下之言不归杨，则归墨。杨氏为我，是无君也；墨氏兼爱，是无父也。无父无君，是禽兽也。"

周 易

利物足以和义

【题解】

这章讲了利与义的关系。王夫之认为"不私利于己，而义在其中矣"。但是王夫之又主张"义利不两立，而非不可和也"。即从道德判断上来说，肯定是"君子喻于义，小人喻于利"，所以是义优先利，但是人不能完全否定利，因为人作为有限性的存在，必须要生存，而生存就要讲究利益，但人不能只顾一己之私利而侵害他人之利益。如果在不侵害他人利益的基础上而获取自己的利益，这就是礼与义相和。同时，王夫之尤其强调公共利益，即"兴天下之大利，则勤于康功田功，秉时以导利源之溥，无或逸也"。

【原文】

不私利于己，而义在其中矣。

盖利在物，则义在己。义利不两立，而非不可和也。君子辨此凤矣。然非自强之天德安能哉！

尝闻命筮者曰：义则问，志则否。以志之或淫于利也。

然则天之以利为德，惟天任之，而非君子之所可事也乎？夫利之为言，行与不行、得与不得之谓也。有涂于此，而两不能容：我行，物斯止矣；我止，物斯行矣。有物于此，而交倚为用：我之得，物所失也；物之得，我所失也。行不行、得不得之间，义之所自以合离者也。君子豁然知利之为物所待也，即为己之所自裁也，不讳言利而以物为心，抑岂离所行所得者以为义哉！

除天下之大害，则勖①其戎昭果毅，致武以争利钝之交，无所恤也。若其害止于一身，则安之于命，而命即为义之所自定。夫天之以肃杀戢②蕃芜之患而恣老物之息者，亦此义也，胡不和也！兴天下之大利，则勤于康功田功，秉时以导利源之溥，无或逸也。若其得止于一己，则孤尚其志，而志即为义之所自持。夫天之以西成敛品物之实而厚生民之养者，亦此义也，胡不和也。

故一介之取，濒穷厄而不系其心，千乘之辞，屡流离而不生其怨。而苟可以利一国利一乡乃至利一夫之不获者，理所可推，恩所可及，则君子而谋细人之务，日孳孳焉劳之劝之，不吝其勤，以为非是而不惬，惟其胜己有权而用物有制也，自强不息之道然也。

呜呼！利之为用大矣哉！非勤弗获也，非恒弗能继也，终日乾乾而美利乃集焉。然而小人专之以自居，则乾之利天下者，岂为一人设哉！阴柔之情间于中，疲役以怀安饱而自弃其天，凶之府也，幸免者枉耳。是故《易》不为之谋也。

【注释】

①勖（xù）：勉励。
②戢（jí）：止，停止。

尚书·大禹谟

人心惟危，道心惟微

【题解】

"人心惟危，道心惟微；惟精惟一，允执厥中。"这十六个字便是儒学乃至中国文化传统中著名的"十六字心传"，朱熹将其定为心法。王夫之在这里进一步发挥其中的道理，认为："人心本受命于道，而不能不为人心也，故危微之势成。"王夫之赞同，"人心本善"的判断，但是也很明确在现实社会中的人，都是以"食色"为之导向，所以王夫之才称之为"危"，所谓"圣人之道心非微，而引天下之牿亡为己虑，于以见圣人之日勤于下学；天下之人心不自知其危也，而奉吾心之察识以临之，于以见圣人之与民而同患"。

【原文】

于心而层累言之，其势殊矣。

盖人心本受命于道，而不能不为人心也，故危微之势成。

　　且心，灵明之谓也，而有合有分，有源有流，于是而有殊势焉。天之降命用其合，成乎形质而分矣。形质之所以成为其源，既成而分则流矣。知其统于心，而抑知其势之殊，于是而其几以显，且知惧焉。

　　合之必分，源之必流，势之必然者也。其分也分其合，其流也流其源，理之固然者也。至于既分既流，则理不可恃，而一听乎势，知道虽凤，能不谨持之哉！天之降命曰道，成乎形质则曰人心。发乎道，名为道心，不仅系之人心；利乎人，名为人心，不可复系之道，势也。

　　今夫人亦何不安之有乎？不但耳目可以效聪明，手足可以成功用，即欲亦不待绝而后仁，利亦不待弃而后义，坦然行于天下者，垣然任于吾心，而奚其危？其危也，道危之也。善恶相形，悬衡以治其灵明，而乃见人之危，其势岌岌焉。今夫道亦至显矣，不但君父得之以为君父，臣子得之以为臣子，且食得之以利其食，色得之以利其色，昭然于天下者，昭然于吾心，而奚其微？其微也，人微之也。形气之用，日进而迫其灵明，而道遂成乎微，其势浸衰矣。委之于人，而道心微；临之以道，而人心危。合者以统分，而分者乃夺合者之位，流本统于源，而其源不能保其流之终。可弗惧哉！

　　本安也，而见其危，势之不容假借也如此乎，则危之危之而不自信，不愈切乎？不自信，则不特人心之不可信也，而道心亦不可信。夫兼爱疑仁，而为无父；为我疑义，而为无君。仁可愚，知可荡，忠信可贼，天理民彝之际亦严矣，故圣人深以危为惧也。本显也，而成乎微，势之日就凌夷也如此乎，则微之微之而至于无，其能止乎？至于无，则不特无道心也，而几无人心。夫人狂然而喜，不知其所以喜；蹶然①而怒，不知所以怒。视不见，听不闻，食不知味，而耳目口体之权亦替矣，故圣人甚惧其微也。

　　圣人之道心非微，而引天下之牿亡为己虑，于以见圣人之日勤于下学；天下之人心不自知其危也，而奉吾心之察识以临之，于以见圣人之与民而同患。与民同患，疏其流以利其源，而源流一矣；下学达天，分于器而合于道，而分合一矣。是故统人与道而一之，曰心。

【注释】

　　①蹶（juě）然：忽然，突然。

诗 经

文王在上，于昭于天

【题解】

　　"文王在上，于昭于天。周虽旧邦，其命维新。"儒家强调德治，宋明理学中，为凸显道德的源头，继承了孟子"四端之心"的观点，认为人心是道德的源头。而在孟子学中，强调人心、人性二者是一，所谓"尽其心者，知其性也。知其性，则知天矣"。王夫之在这里表明，道德天理虽然是形而上学的内容，但却是人们可以时时刻刻感受得到的，此即在于人人皆有此心，皆有此性，而文王就是道德实践者的一个例证，所谓"君臣父子朋友之道自赫然有以生人之不敢而无所迷。呜呼！诚也，明也，诚明斯以神矣"。

【原文】

　　圣人之诚明，咏之者见之焉。

　　夫人之期至于圣者，惟其有可昭于天者也。《诗》则曰："独不见文王之在上乎?"

盖文王之生也,晓然以其心与天下相见:仁则其臣喻之,敬则其君愧之,孝则其父安之,慈则其子承之,信则国人孚之,惟无所隐而志气如神,周乎天下者无不昭尔。

文王往矣,天下不忍谓文王之遽①往,我则遇之,曰文王在上也;文王往矣,天下不敢谓文王之已往,我则质之,曰文王在上也。不忍谓文王之遽往,非天下之情也,文王与天下相怀保之心也;不敢谓文王之已往,非天下之志也,文王与天下相钦翼之心也。

而不但此也,天之所以叙万物者无方,而约之曰理;惟其理,故分合同异万有不齐,而天下皆不疑其妄。天之所以生万汇者无择,而统之曰化;惟其化,故暄润动育变不可测,而天下终不惊其诡。文王则与于斯矣。

故不忍之心,上而与天之化合,则仰而见日星雷雨之实有其光辉蒸变者为昭也,皆文王之昭也,仁敬孝慈信之情自怵然有以动人之不忍而无所斁;不敢之心,上而与天之理合,则仰而见春秋日暮之各得其度数候序者为昭也,皆文王之昭也,君臣父子朋友之道自赫然有以生人之不敢而无所迷。呜呼!诚也,明也,诚明斯以神矣。

天下之难穷者形,而至易见者神。惟不与于斯者,则以谓形易见而神难见尔。草木虫鱼、色声臭味万状,以试人之聪明于疑似,而人谓之昭;圣人之道、天之化,觌②面相示,而人谓之若有若无而不昭。《诗》曰:"独不见文王之在上乎,于昭于天矣。"文王之生无隐,文王之往不息也。此非周公固莫能见,莫能咏也。

【注释】

①遽(jù):急,仓促。

②觌(dí):相见。

礼记·表记

君子不以一日使其躬儳焉^①如不终日

【题解】

孔子认为："君子庄重恭敬则一天天强大起来，安逸放纵则一天天苟且偷生。君子不会让自己有一天的时间苟且马虎，如果有也不会让其达到一天。"其实这里强调儒家的一种"天职观"。著名社会学家韦伯曾经认为，正是新教伦理的兴起导致了西方资本主义的发展，其实，儒家思想的伦理与西方的新教伦理有相似之处，孔子的这句话可以作为很好的注解。而王夫之进一步发挥，认为"生理，相续者也，则气亦相续"，力图通过一种本体论的方式来论证君子的庄重勤勉。

【原文】

且在耄^②而如壮，在贫贱而如富贵，在忧患而如安平，生之盛也，天之所益也，之天之所以远流俗也。

在耄而如壮，非贪于事之谓也；在贫贱而如富贵，非侈于情势谓也；在忧患而如安平，非忘其戒慎之谓也。庄敬焉耳。

故夫耄者有不终日外子矣，贫贱有不终日之计矣，忧患有不终日之虑矣。天下之日无穷，而自居乎不日日之气数。然而天下之日固无穷也，何有不终也！老未至而耄及之，其气不之终矣；贫贱偶然而以为戚，其量不终日矣；患未至而以为忧，其情不终日矣。故我生日无穷，而胡自画一不终日之情形？即我之日固有穷乎，亦未至于不终日也。而不终日者，儳焉之心为之耳。

生理，相续者也，则气亦相续。而气，天地之气也，躬则为地以归于天返其息机。有时躬欲续而心去之气，去心也，有时心欲续今去终之，气去躬也。君子以庄敬续其气，而五官百骸振起而不疲，方将一日而如身续，方将一日而如终古，则胡不终日之有乎！生气，相续者也，故理能相续。而理，终下之理也，抑可以推逶于古今以为吾分任。有时顾其躬之藐然而不足以载理，古大而躬小矣；有时顾其躬之暂寓而不足以尽理，理长而躬促矣。君子以庄敬理其理，而纲常名教交督于一念，方将无一日而非临于渊，无一日而非集于木，终胡不终日之有乎？

鼎鼎百年之内，少有与为少，壮有与为壮，老有与为老，此日之而彼日且始；天之假我以日者，乐于吾之能受而引其年于不厌。峥峥一日之如，且方去而晏来，晏方去而夕至，夕方去而日又生，日无有终而难终，此日即我么为日于两间者，明知逝之不舍而存其神于无涯。此黄帝尧舜之所以至今如存，而子桑③户之致叹于我尚为人。君子小人之辨判然矣。

【注释】

①儳（chán）焉：轻贱貌，不庄重貌。

②耄（mào）：年老，八九十岁的年纪。

③子桑：《庄子》中寓言人物。《庄子·大宗师》："子舆与子桑友，而霖雨十日。子舆曰：'子桑殆病矣！'裹饭而往食之。至子桑之门，则若歌若哭，鼓琴曰：'父邪！母邪！天乎！人乎！'有不任其声而趋举其诗焉。"唐韩愈《赠崔立之》诗："昔者十日雨，子桑苦寒饥。"

礼 记

"乐正子春①下堂" 至 "予是以有忧色也"

【题解】

这是对儒家孝道观念的阐释。王夫之认为"天之所生，地之所养，无人为大。父母全而生之，子全而归之，可谓孝矣。不亏其体，不辱其身，可谓全矣"。王夫之强调子女对自己身体的保护是孝的体现，这也与《孝经》中强调的"身体发肤受之父母，不敢毁伤"是同样的道理。在此基础上，王夫之批判"尊性贱形"的观点，认为"性即形以生，形保性以居"。表明形（身体）与性有同等重要的地位，二者不可偏废其一。王夫之之所以让人们重视身体的价值，是反对一般的普通百姓为王侯效命而不惜身死家破，为了功名利禄而白白献出自己的生命。

【原文】

敬身生于不忍，难与忍者言也。

夫忍忘其身，则父母亦可忘也。天下之忘父母者，其类充塞。乐正子春之心，夫孰知之！

尝思世教之陵夷②，何以至此极也？其始于为"尊性贱形"之说者乎！彼其言："有曰尊足者存，不自知其刖也。泽雉之神自王也。"洵然，则乐正子春何为是拘拘者乎？

子春闻之曾子，曾子闻之夫子。言之者恻然，闻之者恻然，恻然者人之心也。而流俗一倡为亏体辱亲之教，初未能遽安也；而沉溺于利达者煽之导之，遂易其心以炽然而无愁。呜呼！孰使之然也？

下堂而伤足，其伤也，或忧之，忧其不瘳③耳。数月而瘳，则且悔昔之戚戚者徒劳。而幸今之瘳为愉快。呜呼，孰使其忧止于此，而他无忧也？未瘳而忧足伤耳，何与于心，而必呻吟不辍？呜呼，人无有辍其呻吟而炽④然者，则形之与神，非判然而可忘也明矣。在吾之身，而疾痛喻于心，则溯其所自生，当其在父母之身而喻于父母之心，有以异乎？渐离而渐忘之，恝⑤然取吾之形与心斩裂而为二；恝然取之吾身在父母之身与父母之身在吾之身者斩裂而为二；辱不忍言也，亏尤不忍言也。孰念此者？疾痛之所觉而觉之，疾痛之所不觉而草芥之，一身之内，不灵之器唯见其多；乍然有疾痛而动于心，痛乍然疾无而即失其忧，旋踵之间，不续之情不可复问。呜呼，身体肤发其为赘形乎？则父母之赘也久矣。如其不能，不恤其疾痛，而幸其瘳也，则不容已于恻然之心，固有甚于疾痛者矣。

呜呼！道之未丧也，教出于一，圣亦人因人心之恻然者使自恤耳。邪说兴而其流不可诘，彼其言曰："使其形者，尊形哉者也。"性即形以生，形保性以居。父母之所生，乾坤之大德而不足以尊，尚奚于尊？意者曰："神也。"而神者何也，则固唯此知疾知痛知全知毁之灵也。然则其所云能使形而尊于形者，吾知之矣。求利其情而已矣。宫室之美，尊于体矣；妻妾之奉，尊于体矣；万钟之富，赵孟之贵，尊于体矣。唯刖⑥其骨，利于请谒；唯毁其形，媚于同一之须

臾，利之终身；忘于耻辱，终身之谷；奔利奔欲，而恝然于所自生
也，奚不昏非忍哉？安无莫惭妙，妙于莫能安于忍，乐莫乐于忧。
不邪说之易天飘于速下可风，且一夕之故矣。柱下之言淫于庄列，
而三代之礼斩；虚无之说滥教于王何⑦语详，而五兴之季祸乱。叛其
父母者比屋相仍，手刃以弑者接迹相告。读乐子之晏海书，不知涕
之恶从止矣。

【注释】

①乐正子春：乐（yuè），曾子的学生。

②陵夷：由盛到衰，衰颓，衰落。

③瘳（chōu）：病愈。

④恝（jiá）：无动于衷；淡然。

⑤砉（huā）：象声词，形容迅速动作的声音。

⑥刖（yuè）：古代的一种酷刑，把脚砍掉。

⑦王何：王指王弼，何指何晏。王弼（226—249），字辅嗣，三国时代曹魏山阳郡（今山东济宁、鱼台、金乡一带）人，经学家，魏晋玄学的主要代表人物之一。王弼曾任尚书郎。少年有文名，曾为《道德经》与《易经》撰写注解。由于《道德经》的原文佚散已久，王弼的《道德经注》曾是本书的唯一留传，直到1973年中国政府在马王堆发现《道德经》的原文为止。与何晏、夏侯玄等同倡玄学清谈，为人高傲，"颇以所长笑人，故时为士君子所疾"。王弼与钟会、何晏等人为友。正始十年（249）秋天，以疠疾亡，年仅24岁，遗下一妻一女。何晏（？—249），字平叔，南阳宛（今河南南阳）人。三国时期魏国玄学家，大臣，汉大将军何进之孙（《魏略》认为其有可能是何进弟何苗之孙）。其父早逝，曹操纳其母尹氏为妾，何晏被收养，为曹操所宠爱。少以才秀知名，好老、庄言。娶魏金乡公主。服饰拟于魏太子曹丕，故为曹丕所憎，称其为"假子"，文帝时未授官职。明帝以其浮华，亦抑之，仅授冗官。正始年间（240—248）曹爽秉政，何晏党附曹爽，因而累官侍中、吏部尚书，典选举，爵列侯，仗势专政，因依附曹爽，为司马懿所杀，夷三族。

船山思问录·内篇

1. 学而时习之，不亦说乎

【题解】

"人性本善"是孟子提出的命题，并以"孺子入井"的例子进行证明。王夫之则是力图从宇宙本体论的角度重申人性的命题，其把人之性与天相联系，天即为无极，人之性即为至善，而连接天人之间的则为"诚"。太极有两种表现形式，即动与静，然而动是根本，静是动的一种表现形式而已。天道是动与静，人道是仁与义，而仁义也是诚的两种表现形式，相当于"动与静"。至于儒家所强调"知、仁、勇"，王夫之认为"好学近乎知，力行近乎仁，知耻近乎勇"，此是天道在人身上的体现，也是人异于禽兽的体现。

【原文】

"学而时习之，不亦说①乎！有朋自远方来，不亦乐乎！人不知而不愠②，不亦君子乎！"人性之善征矣。故以言征性善者，知性，乃知善不易以言征也。必及乎此而后得之。诚及乎此，则若火之始然③，泉之始达，道义之门启而常存。若乍见孺子入井而怵惕恻隐，乃梏亡之余仅见于情耳。其存不常，其门不启；或用不逮乎体，或体随用而流；乃孟子之权辞，非所以征性善也。

目所不见，非五色也。耳所不闻，非无声也。言所不通，非无义也。故曰"知之为知之，不知为不知"。知有其不知者存，则既知有之矣；是知也。因此而求之者，尽其所见，则不见之色章；尽其所闻，则不闻之声著；尽其所言，则不言之义立。虽知有其不知，而必因此以致之，不迫于其所不知而索之。此圣学异端之大辨。

目所不见之有色，耳所不闻之有声，言所不及之有义，小体之小也。至于心而无不得矣；思之所不至而有理，未思焉耳。故曰"尽其心者知其性"。心者，天之具体也。

知、仁、勇，人得之厚而用之也至，然禽兽亦与有之矣。禽兽之与有之者，天之道也。"好学近乎知，力行近乎仁，知耻近乎勇"，人之独而禽兽不得与，人之道也。故知斯三者，则所以修身、治人、治天下国家以此矣。近者，天、人之词也；《易》之所谓继也。修身、治人、治天下国家以此，虽圣人恶得而不用此哉！

【注释】

①说：同"悦"，快乐。

②愠（yùn）：生气。

③然：同"燃"，燃烧。

2. 太虚，一实者也

【题解】

按照张载的观点，宇宙以太虚为本体，王夫之继承了此种思想，认为"太虚，一实者也"，并且融合了《周易》中"无极"的观点，认为"无极，无有一极也，无有不极也"。王夫之本人特别强调"诚"，并将其作为万事万物的本体，所谓"诚者天之道也"。正是由于以上的思想融合，王夫之在宋明理学的基础上，建构了一个更为广泛和丰富的宇宙本体论学说，此种思想依然是继承儒家道德的形而上学体系，但是其解释力更加有效，并以此确立儒家之道统。所谓"天曰无极，人曰至善，通天人曰诚，合体用曰中；皆赞辞也，知者喻之耳。喻之而后可与知道，可与见德"。

【原文】

太虚，一实者也。故曰"诚者天之道也"。用者，皆其体也。故曰"诚之者人之道也"。

无极，无有一极也，无有不极也。有一极，则有不极矣。无极而太极也，无有不极乃谓太极，故君子无所不用其极。行而后知有道，道犹路也。得而后见有德，德犹得也。储天下之用，给天下之得者，举无能名言之。天曰无极，人曰至善，通天人曰诚，合体用曰中；皆赞辞也，知者喻之耳。喻之而后可与知道，可与见德。

天不听物之自然，是故絪缊①而化生。乾坤之体立，首出以屯②。雷雨之动满盈，然后无为而成。若物动而已随，则归妹③矣。归妹，人道之穷也。虽通险阻之故，而必动以济之，然后使物莫不顺帝之则。若明于险阻之必有，而中虚以无心照之，则行不穷而道穷矣。庄生④《齐物论》⑤，所凭者照也，火水之所以未济⑥也。未济以明测险，人道之穷也。

【注释】

①绲缊（yīn yūn）：古代指天地阴阳二气交互作用的状态。

②屯：原指植物萌生大地。万物始生，充满艰难险阻，然而顺实应运，必欣欣向荣。屯卦是异卦（下震上坎）相叠，震为雷，喻动；坎为雨，喻险。雷雨交加，险象丛生，环境恶劣。屯卦为始生之卦，讲的是一个事物始生起步之艰难。

③归妹：归妹是《易经》六十四卦之第五十四卦。这个卦是异卦（下兑上震）相叠。震为动、为长男；兑为悦、为少女。以少女从长男，产生爱慕之情，有婚姻之动、有嫁女之象，故称归妹。男婚女嫁，天地大义，人的开始和终结。上卦与渐卦为综卦，交互为用。

④庄生：庄子，名周，字子休。道教祖师，号南华真人，是道教四大真人之一。庄子与梁惠王、齐宣王、孟子、惠子等大体同时期，去世时享年83岁。道家学说的主要创始人之一。战国著名哲学家、思想家、文学家。庄子祖上系楚国贵族，后因楚国动乱，祖上迁至宋国蒙。庄子在宋国与老乡惠子结识。庄子只做过地方漆园吏，几乎一生退隐。因崇尚自由而不应同宗楚威王之聘。庄子与道家始祖老子并称"老庄"，他们的哲学思想体系，被思想学术界尊为"老庄哲学"，代表作品是《庄子》。

⑤《齐物论》：是庄子的又一代表篇目。齐物论包含齐物与齐论两个意思。庄子认为世界万物包括人的品性和感情，看起来是千差万别，归根结底却又是齐一的，这就是"齐物"。庄子还认为人们的各种看法和观点，看起来也是千差万别的，但世间万物既是齐一的，言论归根结底也应是齐一的，没有所谓是非和不同，这就是"齐论"。"齐物"和"齐论"合在一起便是本篇的主旨。

⑥未济：《易经》六十四卦最后一卦，以未能渡过河为喻，阐明"物

不可穷"的道理。未济卦说明主方处境困难，受客方制约，为客方服务，在这种形势下应当做什么。

3. 太极动而生阳，动之动也

【题解】

王夫之认为，"太极动而生阳，动之动也；静而生阴，动之静也"。但"动静"是相对的，所谓"一动一静，阖辟之谓也"。王夫之强调是以"动"为主，所谓"由阖而辟，由辟而阖，皆动也"。但这里的"动"是从道德的角度而言，所谓"维天之命，于穆不已"，王夫之延续了儒家的道德形而上学系统，所谓"在天而为象，在物而有数，在人心而为理"。值得注意的是，王夫之也强调天与人的差异，所谓"易简者，天地之道，非人之能也"，并且主张道德实践的艰难性，所谓"夭寿不贰，修身以俟命，所以立人道也"。

【原文】

太极动而生阳，动之动也；静而生阴，动之静也。废然无动而静，阴恶从生哉！一动一静，阖①辟②之谓也。由阖而辟，由辟而阖，皆动也。废然之静，则是息矣。"至诚无息"，况天地乎！"维天之命，于穆不已"，何静之有？

时习而说，朋来而乐，动也。人不知而不愠，静也，动之静也。凝存植立即其动。嗒然③若丧其耦④，静也，废然之静也。天地自生，而吾无所不生。动不能生阳，静不能生阴，委其身心如山林之畏佳⑤、大木之穴窍，而心死矣。人莫悲于心死，庄生其自道矣乎！

在天而为象，在物而有数，在人心而为理。古之圣人，于象数而得埋也，未闻于理而为之象数也。于理而立之象数，则有天道而无人道。疑邵子⑥。

"乾以易知"，惟其健也；"坤以简能"，惟其顺也。健则可大，顺则可久；可大则贤人之德，可久则贤人之业。久大者，贤人之以尽其健顺也。易简者，天地之道，非人之能也。

"知至至之"，尽人道也；"知终终之"，顺俟天也。"九三，上不在天，下不在田"，人道之所自立。故夭寿不贰，修身以俟命，所以立人道也。非跃而欲跃，以强合乎天体；非潜而欲潜，以委顺而无能自纪；人道不立矣，异端以之。

【注释】

①阖（hé）：关闭。

②辟：开辟。

③嗒（tà）然：形容身心俱遣、物我两忘的神态。

④若丧其耦（ǒu）：耦，对象，匹对。庄子认为人是肉体和精神的对立统一体，"耦"在这里即指与精神相对立的躯体。丧其耦，表示精神超脱躯体达到忘我的境界。

⑤畏佳（cuī）：亦作"崔佳"，即嵬崔，山陵高峻的样子。

⑥邵子：即邵雍（1011—1077），北宋哲学家、易学家，有内圣外王之誉。汉族，字尧夫，谥号康节，自号安乐先生、伊川翁，后人称百源先生。其先范阳（今河北涿州市）人，幼随父迁共城（今河南辉县），后定居洛阳。少有志，读书苏门山百源上。仁宗嘉祐及神宗熙宁中，先后被召授官，皆不赴。创"先天学"，以为万物皆由"太极"演化而成。著有《观物篇》、《先天图》、《伊川击壤集》、《皇极经世》、《梅花诗》等。

4. 诚斯几, 诚几斯神

【题解】

王夫之非常强调"诚",本章王夫之解释了"诚"与"几"的关系,其认为"诚斯几,诚几斯神"。这里的"几",是预兆的含义,即万事万物的发展,必然有预兆,这就是"几"同样,对于人的行动也是,人的行动都是在一定的目的指引下产生,而人的目的出发点也同样是"几",人的目的有善也有恶,所以就是"几善恶",如果是以"诚"为本体,则必然是善,而且"诚"不仅是人的本体,也是作为万事万物的本体,所谓"乾坤之大德,所以继吾善也"。

【原文】

诚斯几,诚几斯神。"诚无为",言无为之有诚也;"几善恶",言当于几而审善恶也。无为而诚不息,几动而善恶必审;立于无穷,应于未著;不疾而速,不行而至矣;神也。用知不如用好学,用仁不如用力行,用勇不如用知耻。故曰"心能检性,性不知自检其心"。

庄周曰:"至人之息以踵①。"众人之言动喜怒,一从膺吻②而出,故纵耳目之欲而鼓动其血气。引其息于踵,不亦愈乎!虽然,其多废也,浚③恒之凶也。五官百骸,心肾顶踵,"雷雨之动满盈,积大明以终始",天下之大用,奚独踵邪?

过去,吾识也;未来,吾虑也;现在,吾思也。天地古今,以此而成;天下之扢扢④,以此而生;其际不可紊,其备不可遗;呜呼难矣!故曰"为之难",曰"先难"。泯三际者,难之须臾而易以终身；小人之侥幸也。

　　乾⑤称父。父，吾乾也。坤⑥称母，母，吾坤也。父母者，乾坤之大德，所以继吾善也。"我日斯迈而月斯征，夙兴夜寐⑦，无忝⑧尔所生"，思健顺之难肖也。

【注释】

　　①踵（zhǒng）：脚后跟。

　　②膺吻：膺指胸，吻指口。

　　③浚（jùn）：深。

　　④扻（wěn）：揩拭，擦去。

　　⑤乾：指乾卦，六十四卦中第一卦，代表健劲，常被表示为天、父亲等。

　　⑥坤：指坤卦，六十四卦中第二卦，代表柔顺，常被表示为地、母亲等。

　　⑦夙兴夜寐：夙，早；兴，起来；寐，睡。早起晚睡，形容非常勤奋。

　　⑧忝（tiǎn）：常见字义为辱，有愧于，常用作谦辞。

5. 不畏心之难操则健，不疑理之难从则顺

【题解】

　　王夫之强调"不畏心之难操则健，不疑理之难从则顺"。王夫之以此站在儒家的立场，对佛教和道教展开了批判，"释氏之言悟，止此矣。核其实功，老氏之所谓专气也"。王夫之强调儒家圣贤的道德修养，认为"勇者，曾子之实体也；乐者，颜子之大用也。藏于无所用，体之不实者多矣；见于有所用。用之而不大也久矣"。王夫之如此批判佛教和道教，其主要目的在于弘扬人的道德意识，尤其是王夫之生活在明末清初的大变革之际，所以道德意识非常强，强烈批判佛教空谈心性却对于国家社稷毫不关注。

【原文】

不畏心之难操则健，不疑理之难从则顺。

力其心不使循乎熟，引而之于无据之地以得其空微，则必有慧以报之。释氏①之言悟，止此矣。核其实功，老氏②之所谓专气也。报之慧而无余功，易也。为之难者不然，存于中历至赜而不舍。温故而知新，死而后已；虽有慧，吾得而获诸？

勇者，曾子③之实体也；乐者，颜子④之大用也。藏于无所用，体之不实者多矣；见于有所用。用之而不大也久矣。

舜之饭糗茹草⑤，若将终身，及为天子，被袗衣⑥，鼓琴，二女果，若固有之。以处生死，视此尔。"终日乾乾，夕惕若"，故无不可用也。无立其大者，以尽人道，则如天之无不覆，地之无不载，近取诸身，饮食居处、富贵贫贱，兼容并包而无疑也。非此而欲忘之，卑者不可期月守，高者且绝人理而刍狗天下，愈入于僻矣。

【注释】

①释氏：指佛教，佛教创始者为释迦牟尼，所以佛教被称之为释氏。

②老氏：即老子，是道家创始者，也常被用指道教。

③曾子：本名曾参（zēng shēn，前505—前435），字子舆，孔子的学生。汉族人，春秋末期鲁国南武城人。十六岁拜孔子为师，勤奋好学，颇得孔子真传。积极推行儒家主张，传播儒家思想。他的修齐治平的政治观，省身、慎独的修养观，以孝为本的孝道观影响中国两千多年，至今仍具有极其宝贵的社会意义和实用价值。编《论语》、著《大学》、写《孝经》、著《曾子十篇》，后世尊奉为"宗圣"，是配享孔庙的四配之一。

④颜子：颜回（前521—前481），字子渊，春秋末鲁国曲阜人。十四岁拜孔子为师，此后终生师事之。在孔门诸弟子中，孔子对他称赞最多，不仅赞其"好学"，而且还以"仁人"相许。历代文人学士对他也无不推

尊有加，宋明儒者更好"寻孔、颜乐处"。自汉高帝以颜回配享孔子、祀以太牢，三国魏正始年间将此举定为制度以来，历代帝王封赠有加，无不尊奉颜子。

⑤饭糗茹草：饭、茹，吃；糗，干粮；草，指野菜。吃的是干粮、野菜。形容生活清苦。

⑥裖（zhěn）衣：绘绣有文采的华贵衣服，指天子所穿的盛服。

6. 立人之道，曰仁与义

【题解】

儒家之道是从道德上建立，所谓"立人之道，曰仁与义"，儒家天地人三才并立，所以有天道、人道、地道，即"立天之道曰阴与阳，立人之道曰仁与义，立地之道曰柔与刚"。儒家的道，是形而上之道，所谓"形而上者谓之道，形而下者谓之器"，王夫之认为"天者道，人者器；人之所知也。天者器，人者道"。但是王夫之在提倡道德规范的同时，也赞同人的实际需求，所谓"天之使人甘食悦色，天之仁也"。王夫之也警惕，人不能自恃天之仁德而违背人之仁德，所谓"天之仁，非人之仁也。天有以仁人，人亦有以仁天、仁万物。恃天之仁而违其仁，去禽兽不远矣"。

【原文】

"立人之道，曰仁与义"，在人之天道也。"由仁义行"，以人道率天道也。"行仁义"，则待天机之动而后行，非能尽夫人之所以异于禽兽者矣。天道不遗于禽兽，而人道则为人之独。由仁义行，大舜存人道；圣学也，自然云乎哉！

阴礼阳乐：礼主乎减，乐主乎盈；阴阳之撰可体验者，莫此为显。故曰"明则有礼乐，幽则有鬼神"。鬼神，阴阳之几也，礼乐之蕴也。幽者，明之藏；明者，幽之显也。知此，则太极动而生阳，静而生阴；阳有条理，阴有秩叙；非有以生之，则条理不成，秩叙亦无自而设矣。静生秩叙，非幽谧阒①寂之为静可知。呜呼！静之所生，秩叙之实，森森乎其不可斁，而孰其见之！

天者道，人者器；人之所知也。天者器，人者道；非知德者其孰能知之？"潜虽伏矣，亦孔之昭"；"相在尔室，尚不愧于屋漏"；非视不见、听不闻、体物而不可遗者乎？天下之器，皆以为体而不可遗也；人道之流行，以官天府地裁成万物而不见其迹。故曰"天者器，人者道"。

人欲，鬼神之糟粕也。好学、力行、知耻，则二气之良能也。

甘食悦色，天地之化机也，老子所谓"犹橐龠动而愈出②"者也，所谓"天地以万物为刍狗者"也。非天地之以此刍狗万物，万物自效其刍狗尔。有气而后有几，气有变合而攻取生焉；此在气之后也明甚。告子以为性，不亦愚乎！

天之使人甘食悦色，天之仁也。天之仁，非人之仁也。天有以仁人，人亦有以仁天、仁万物。恃天之仁而违其仁，去禽兽不远矣。

【注释】

①阒（qù）：没有声音。

②犹橐（tuó）龠（yuè）动而愈出：橐龠，古代的一种鼓风吹火器。用它比喻空间。老子认为"天地之间，其犹橐龠乎？虚而不屈，动而愈出。"

7. 有公理，无公欲

【题解】

王夫之认为"有公理，无公欲。私欲净尽，天理流行，则公矣。天下之理得，则可以给天下之欲矣"。人欲与天理是一对辩证的关系，作为现实性的人，不可能没有人欲，如果人不吃不喝，则会死掉，而重视生命是天理的体现，所谓上天有好生之德。但是王夫之强调，人必须在天理的前提下实现欲望，所谓"动静各得其理，而量不为诎，则与天地同体矣"，王夫之进而认为，在这种情况下，人会达到"神化"的境地。天理人欲的辩证关系，也同样体现在善恶上。无善则无恶，同样无恶则无善，所谓"故天下之恶无不可善也，天下之恶无不因乎善也"。由此，王夫之认为"静而不睹若睹其善，不闻若闻其善；动而审其善之或流，则恒善矣"。

【原文】

有公理，无公欲。私欲净尽，天理流行，则公矣。天下之理得，则可以给天下之欲矣。以其欲而公诸人，未有能公者也。即或能之，所谓违道以干百姓之誉也，无所往而不称愿人也。

风雨露雷之所不至，天之化不行；日月星之所不至，天之神不行。君子之言天，言其神化之所至者尔。倒景①之上，非无天也，苍苍者远而无至极，恶庸知之哉！君子思不出其位，至于神化而止矣。

神化之所不行，非无理也，所渭清虚一大也。张子②。神化之所行，非无虚也，清虚一大者未丧也。清受浊，虚受实，大受小，一受赜；清虚一大者不为之碍，亦理存焉耳。函此以为量，澄此以为安，浊而不滞，实而不塞，小而不烦，赜而不乱，动静各得其理，而量不为诎，则与天地同体矣。若必舍其神化之迹而欲如倒景①以上之天，奚能哉？抑亦非其类矣。神化者，天地之和也。天不引地之升气而与同，神化则否矣。仁智者，貌、言、视、听、思之和也。思不竭貌、言、视、听之材而发生其仁智，则殆矣。故曰"天地不交，否③"，"思而不学则殆"。

"五性感而善恶分"，周子④。故天下之恶无不可善也，天下之恶无不因乎善也。静而不睹若睹其善，不闻若闻其善；动而审其善之或流，则恒善矣。静而不见有善，动而不审善流于恶之微芒，举而委之无善无恶，善恶皆外而外无所与，介然返静而遽信为不染，身心为二而判然无主；末流之荡为无忌惮之小人而不辞，悲夫！

【注释】

①景：同"影"，影子。

②张子：指张载。字子厚，汉族，祖籍大梁（今开封），徙家凤翔郿县（今宝鸡眉县）横渠镇，人称横渠先生。北宋哲学家，理学创始人之一，程颢、程颐的表叔，理学支脉——关学创始人，封先贤，奉祀孔庙西庑第38位。其庙庭与周敦颐、邵雍、程颐庙、程颢庙合称"北宋五子"庙。

③否（pǐ）：否卦是《易经》六十四卦之第十二卦。天地否（否卦）不交不通，是中中卦。象曰："虎落陷坑不堪言，进前容易退后难，谋望不遂自己便，疾病口舌事牵连。"否卦，阐释由安泰到混乱，由通畅到闭塞，小人势长，君子势消的黑暗时期，终于到来的应对原则。当此反常时期，君子应当提高警觉，巩固团结，坚定立场，伸张正义，以防患于未然；当小人势力显露衰败迹象时，也不可轻举妄动，必须谨慎，集中力量，把握时机，给以致命的一击。更应当特别防范，小人穷凶极恶的反击。否极必

然泰来，黑暗不会长久，应当坚定信心，不可动摇。

④周子：指周敦颐。周敦颐（1017—1073），字茂叔，号濂溪，汉族，北宋营道楼田堡（今湖南省道县）人，著名哲学家，是学术界公认的宋明理学开山鼻祖。"两汉而下，儒学几至大坏。千有余载，至宋中叶，周敦颐出于春陵，乃得圣贤不传之学，作《太极图说》、《通书》，推明阴阳五行之理，明于天而性于人者，了若指掌。"《宋史·道学传》将周子创立理学学派提高到了极高的地位。

8. 善恶，人之所知也

【题解】

王夫之重点强调了"心"与"气"的关系，作为道德准则是隶属于心的，孟子认为"恻隐之心，仁之端也"，并且孟子又提出"良知良能"，所谓"不虑而知，良知也"此种观点，被王阳明所继承，发展出"致良知"的观点。虽然人天然具有良知良能，天然具有"好善恶恶"的属性，但是从现实的角度中人又是受"气"的影响而"慕少艾妻子"。由此，王夫之强调"天地之帅，成吾之性，而吾之性既立，则志壹动气，斟酌饱满，以成乎人道之大用，而不得复如天地之帅以为帅"。

【原文】

善恶，人之所知也。自善而恶，几微之介，人之所不知也。斯须移易而已，故曰独。

不学而能，必有良能；不虑而知，必有良知。喜怒哀乐之未发，必有大本；敛精存理，翕气存敬，庶几遇之。堕气黜精以丧我而息肩者，不知有也。

能不以慕少艾妻子仕热中之慕慕其亲乎？能不以羊乌之孝①、蜂蚁之忠②事其君父乎？而后人道显矣。顺用其自然，未见其异于禽兽也。有仁，故亲亲；有义，故敬长。秩叙森然，经纶不昧，引之而达，推行而恒，返诸心而夔夔齐栗③，质诸鬼神而无贰尔心；孟子之所谓良知良能，则如此也。

天地之塞，成吾之体，而吾之体不必全用天地之塞。故资万物以备生人之用，而不以仁民之仁爱物。天地之帅，成吾之性，而吾之性既立，则志壹动气，斟酌饱满，以成乎人道之大用，而不得复如天地之帅以为帅。故喜怒哀乐有权，而生杀不可以无心为用。

天气入乎地气之中而无不浃，犹火之暖气入水中也。性，阳之静也；气，阴阳之动也；形，阴之静也。气浃形中，性浃气中，气人形则性亦人形矣。形之撰，气也；形之理，则亦性也。形无非气之凝；形亦无非性之合也。故人之性虽随习迁，而好恶静躁多如其父母，则精气之与性不相离矣。由此念之，耳目口体发肤，皆为性之所藏；日用而不知者，不能显耳。"鸢飞戾天，鱼跃于渊"；道之察上下，于吾身求之自见矣。

【注释】

①羊乌之孝：指鸦有反哺之义，羔羊知跪乳之恩。

②蜂蚁之忠：指蜜蜂、蚂蚁忠心。

③夔夔（kuí kuí）齐栗：夔夔，敬谨恐惧的样子；栗，指战栗。夔夔齐栗表示非常害怕的样子。

9. 主一之谓敬

【题解】

儒家强调"敬",认为是仁德的体现,而敬的特点是"主一",但是"主一"并不是"执一",即道德规范要通过内心转化,而不是简单行为的模仿。王夫之认为敬的体现就是"心气交辅,帅气充体,尽形神而恭端,以致于有所事。"在王夫之看来,敬是诚的表现,所谓"诚未至者,奚以学之邪"?王夫之还强调了"思"的重要性,所谓"义者,心之制,思则得之"。并认为"思"是"通吾心之用也。死生者亦外也,无所庸其思虑者也"。

【原文】

"主一之谓敬",非执一也。"无适之谓一",非绝物也。肝魂、肺魄、脾意、肾志、心神,不分而各营。心气交辅,帅气充体,尽形神而恭端,以致于有所事;敬一之实也。

无心而往,安而忘之曰适。主敬者必不使其心有此一几耳。

"静无而动有。"（周子）。天下皆静无而动有也,奚以圣人为?静无而不昧其有,则明远。动有者,有其静之所涵,感而通,而不缘感以生,则更正;乃以为五常之本、百行之原也。

颜子好学,知者不逮也。伊尹①知耻,勇者不逮也。志伊尹之志,学颜子之学,善用其天德矣。

世教衰,民不兴行,"见不贤而内自省",知耻之功大矣哉!

见不贤而内自省,求己严则为之难。为之难,则达情而无过量之求,亦可以远怨矣。

攻人之恶,则乐察恶。乐察人之恶,则恶之条理熟,厉薰心矣。慎之哉！

"同归而殊涂，一致而百虑"，故"肫肫其仁，渊渊其渊，浩浩其天"，德无不备矣。诚未至者，奚以学之邪？"默而识之，学而不厌，诲人不倦"，所以行殊涂、极百虑而协于一也。"天下何思何虑"，言天下不可得而逆亿也。故曰"无思，本也"，（周子）。物本然也。义者，心之制，思则得之。故曰"思，通用也"，（周子）。通吾心之用也。死生者亦外也，无所庸其思虑者也。顺事没宁，内也，思则得之者也。不于外而用其逆亿，则患其思之不至耳，岂禁思哉？

【注释】

①伊尹：伊尹（生卒年不详），名伊，一说名挚，小名阿衡，夏末商初人。其出生地有河南杞县、河南嵩县、河南伊川县、河南栾川县、山东曹县、山东莘县、陕西合阳县、山西万荣县等多种说法。因为善于烹饪被汤看中，曾辅佐商汤王建立商朝，被后人尊之为中国历史上的贤相，奉祀为"商元圣"，是历史上第一个以负鼎俎调五味而佐天子治理国家的杰出庖人。他创立的"五味调和说"与"火候论"，至今仍是中国烹饪的不变之规。尹为官名，甲骨卜辞中称他为伊，金文则称为伊小臣。伊尹一生对中国古代的政治、军事、文化、教育等多方面都做出过卓越贡献，是杰出的思想家、政治家、军事家，中国历史上第一个贤能相国、帝王之师、中华厨祖。

10. 大匠能与人以规矩，不能使人巧

【题解】

孟子认为"梓匠轮舆能与人规矩，不能使人巧"。孟子之所以说这句话，是以此作类比，道德规范不能只是学表面的样式，

而是要深入道德的内在本质，即所谓的"巧"。王夫之认为"巧"就是以"诚"为内在本体，而具体的方式，则可以通过日常生活中的行动来体现，如"居处恭，执事敬，与人忠"。王夫之尤其强调道德实践的重要性，认为道德规范必须要在人的行动中体现，而不能只是空口胡说，所谓"履，德之基也"。王夫之认为，如果人们能安心修道，则会摆脱物质对人的束缚，所谓"见道义之重，则处物为轻，故铢视轩冕，尘视金玉"。

【原文】

"大匠能与人以规矩，不能使人巧。"巧者，圣功也，博求之事物以会通其得失，以有形象无形而尽其条理，巧之道也。格物穷理而不期旦暮之效者遇之。

"修辞立其诚。"无诚之辞，何以修之哉！修辞诚，则天下之诚立，未有者从此建矣，已有者从此不易矣。孔子成春秋而乱臣贼子惧，诚也。

"艮①其背，不获其身；行其庭，不见其人。"无咎之道焉耳。"观盥而不荐"，非荐之时，然而必盥也。"观我生"，君子而后可无咎；"观其生"，君子而后可无咎；不然咎矣。内不见己，外不见人，而后得所止焉，其为天理也孤矣。忧世之将剥而不与尝试，非"与臣言忠，与子言孝"、"居处恭，执事敬，与人忠"以为德，则且与之为婴儿，知之益明而益困矣。艮观同道，故君子尤难言之。

"履，德之基也。"集义，素履也。宜兄弟，乐妻子，而一以戒慎不睹、恐惧不闻之德行之，所谓和而至也。九卦以处忧患，而此为基。君子坦荡荡，修此故也。

见道义之重，则处物为轻，故铢视轩冕，尘视金玉。（周子）。纯乎其体道义者，天下莫匪道义之府，物不轻矣。一介不以与人，一介不以取诸人，非泛然而以铢尘挥斥之也。处贫贱患难而不易其官天地、府万物之心，则道义不息于己而己常重矣。

【注释】

①艮（gèn）：艮卦，是《易经》六十四卦第五十二卦，艮卦谈的乃是如何抑止自己言行的卦。也即是当行则行，当止则止；当说则说，不当说则不说，一切必须审慎抑止为是。除此之外，没有别的。况下采取适当主动措施改善双方关系，同时保持强硬态度，耐心地等待客方变化。

11. 独知炯于众知

【题解】

张载认为"太虚无形，气之本体"。这里张载将太虚作为万事万物的本体，而如果按照孟子学说，强调"心"是作为万事万物本体，则心即是太虚，然而孟子又有"养气"、"存夜气"的观点，表明"气"的重要性。对于一般人而言，人们可以通过感性认识发现气的存在，但是却未必能发现心的存在。按照儒家的传统，人人皆可有"智的直觉"，此即所谓"良知"。在王夫之看来，良知如何获取，此就是要养气，或者存夜气，这就是宋明儒所讲的"功夫"。王夫之认为"独知炯于众知，昼气清于夜气，而后可与好仁恶不仁"。

【原文】

独知炯于众知，昼气清于夜气，而后可与好仁恶不仁。

知地之在天中，而不知天之在地中，惑也。山川金石，坚确浑沦，而其中之天常流行焉，故浊者不足以为清者病也。以浊者为病，则无往而不窒，无往而不疑，无往而不忧。"安汝止，惟几惟康"；"被袗衣，鼓琴，二女果，若固有之"；"箪食瓢饮①，不改其乐"；无所窒也，奚忧疑之有哉？

言幽明而不言有无，（张子）。至矣；谓有生于无，无生于有，皆戏论。不得谓幽生于明，明生于幽也。论至则戏论绝。幽明者，阖辟之影也。故曰"是故知幽明之故"；"原始反终，故知死生之说"。

"天尊地卑，乾坤定矣。卑高以陈，贵贱位矣。动静有常，刚柔断矣。"此分而为二，倍而为四，参而为六，剖而为八，参乘四而为十二，五乘六而为三十，十二三十相乘而为三百六十；皆加一倍之定体也。（邵子）。知其说者，知天地之自然而已。若夫"鼓之以雷霆"，《震》②。"润之以风雨"，《巽》③。"日月运行，一寒一暑"，《坎》《离》④。"乾道成男"，《艮》。"坤道成女"《兑》⑤。交相摩荡而可大可久之业著焉，则未可以破作四片、破作八片之例例矣。以例例神化，因其自然而丧其匕鬯⑥，天下之理奚以得，而人恶足以成位于中乎？

吉凶、得失、生死，知为天地之常然而无足用其忧疑，亦可以释然矣。释然之余，何以继之？继之以恶而为余食赘行，继之以善而亦为余食赘行，忧疑自此积矣。知者不惑，仁者不忧，惟其不于吉凶生死而谋道矣。

言无者激于言有者而破除之也，就言有者之所谓有而谓无其有也。天下果何者而可谓之无哉？言龟无毛，言犬也，非言龟也；言兔无角，言麋⑦也，非言兔也。言者必有所立，而后其说成。今使言者立一无于前，博求之上下四维、古今存亡而不可得穷矣。

寻求而不得，则将应之曰"无"。姚江之徒⑧以之。天下之寻求而不得者众矣，宜其乐从之也。

【注释】

①箪食瓢饮：出自《论语·雍也》中的一个成语，孔子称赞颜回，"一箪食，一瓢饮，在陋巷，人不堪其忧，回也不改其乐。"多用于形容读书人安于贫穷的清高生活。食（sì），意思是喂养，提供食物。

②《震》：震卦，《易经》六十四卦第五十一卦。震为雷（震卦）临危不乱，震为雷，两震相叠，反响巨大，可消除沉闷之气，亨通畅达。平日应居安思危，怀恐惧心理，不敢有所怠慢，遇到突发事变，也能安然自若，谈笑如常。《震》卦的震，是借雷震的震，但自不当仅指雷震的震，它有一种震动、震撼、震惊、震慑综合的意思，也即指超过一般人承受压力而造成的骇异局面。

③《巽》：巽卦，《易经》六十四卦第五十七卦。表示为谦逊受益的含义。

④《坎》《离》：坎卦，象征水，代表冬天。离卦，代表火，夏天。

⑤《艮》、《兑》：艮卦，指少男；兑卦，象征少女。

⑥鬯（chàng）：指古代祭祀时所使用的一种酒。

⑦麋（mí）：麋鹿，哺乳动物，比牛大，毛淡褐色，雄的有角，角像鹿，尾像驴，蹄像牛，颈像骆驼，但从整体看哪种动物都不像，原产中国，是一种珍贵的稀有兽类，俗称"四不像"。

⑧姚江之徒：姚江代指王阳明，阳明先生家乡为浙江余姚，姚江之徒即指阳明学派，阳明提倡"致良知"，认为"无善无恶心之体，有善有恶意之动，知善知恶是良知，为善去恶是格物"，王夫之认为正是阳明先生"良知"之学导致了后来晚明士人走向了禅学的歧途。

12. 不略于明，不昧于幽

【题解】

王夫之认为"不略于明，不昧于幽，善学思者也"，强调"思"的重要性，孟子认为"心之官则思"，表明"思"是心的特性。在王夫之看来，"尽心"，必须通过"思"方能实现，而所谓的"思"，即是"俨若思"，王夫之将其解释为"旁行而不流，安止而几，其功密矣夫"。同时，值得注意的是，"思"与"意"是紧密相连的，王夫之认为，"恃一端之意知，以天下尝试之，强通其所不通，则私；故圣人毋意。即天下而尽其意知，以确然于一，则公；故君子诚意"。

【原文】

不略于明，不昧于幽，善学思者也。

画前有易，无非易也。无非易而舍画以求之于画前，不已愚乎！画前有易，故画生焉。画者，画其画前之易也。

两端者，虚实也，动静也，聚散也，清浊也；其究一也。（张子）。实不窒虚，知虚之皆实；静者静动，非不动也；聚于此者散于彼，散于此者聚于彼；浊入清而体清，清入浊而妙浊；而后知其一也，非合两而以一为之纽也。

节者，中之显者也。喜怒哀乐之未发而未有节者存，则发而中者谁之节乎？岂天下之有节乎？是从其白于外之说矣。故周子曰"中也者，和也"；张子曰"大和所谓道"；卓矣。虽喜怒哀乐之未发，而参前倚衡，莫非节也。充气以从志，凝志以居德，庶几遇之。阒寂空窔者，失之远矣。迫发而始慎之，必有不审不及之忧。

"无不敬"，慎其动也；"俨若思"，静而存也；"安定辞"，立诚于天下也；"俨若思"，于是而有思，则节无不中矣；仁之熟也。

"视思明，听思聪，色思温，貌思恭"；奚以思之哉？"俨若思"之谓也。旁行而不流，安止而几，其功密矣夫。

恃一端之意知，以天下尝试之，强通其所不通，则私；故圣人毋意。即天下而尽其意知，以确然于一，则公；故君子诚意。诚意者，实其意也，实体之之谓也。

意虚则受邪，忽然与物感通，物投于未始有之中，斯受之矣。诚其意者，意实则邪无所容也。意受诚于心知，意皆心知之素，而无孤行之意，故曰无意。慎独者，君子加谨之功，善后以保其诚尔。后之学者，于心知无功，以无善无恶为心知，不加正致之功。始专恃慎独为至要，遏之而不胜遏，危矣。即遏之已密，但还其虚，虚又受邪之壑，前者扑而后者熺矣。泰州之徒，无能期月守者，不亦宜乎！

13. 欲修其身者，先正其心

【题解】

　　王夫之认为"正心"是圣学的提纲，所谓"欲修其身者，先正其心"。王夫之以此批判了佛家唯识宗的观点，佛教认为"万法唯识，唯心所现"，佛教的"心"并没有道德的意义，而完全是智慧的显现，正如六祖慧能悟道时所说，"何其自性本自清净，何其自性本不生灭，何其自性本自具足，何其自性本无动摇，何其自性能生万法"。儒家的"心"一定是通过道德体现，所谓

"默而成之，存乎德行"。王夫之进而强调"气"对于"理"的重要作用，认为"理气相涵，理入气则气从理也。理气者，皆公也，未尝有封畛也"。

【原文】

"欲修其身者，先正其心"，圣学提纲之要也。"勿求于心"，告子迷惑之本也。不求之心，但求之意，后世学者之通病。盖释氏之说暗中之，以七识为生死妄本。七识者，心也。此本一废，则无君无父，皆所不忌。呜呼！舍心不讲，以诚意而为玉钥匙，危矣哉！

求放心，则全体立而大用行。若求放意，则迫束危殆，及其至也，逃于虚寂而已。

"默而成之，存乎德行"；故德不孤，必有邻。灼然有其几，而不可以臆测。无他，理气相涵，理入气则气从理也。理气者，皆公也，未尝有封畛①也。知此，则亦知生死之说，存事没宁之道也。

"吉凶悔吝生于动。"畏凶悔吝而始戒心于动，求其坦荡荡也，能乎哉？

"神之格思，不可度思。"待平旦之气而后好恶与人相近，危矣！危矣！不幸而仅有此，可不惧哉？

死生，昼夜也。"梏之反复，则夜气不足以存"；故君子曰终，终则有始，天行也。小人曰死。

【注释】

①畛（zhěn）：井田沟上的小路。

14. 浩然之气，直养而无害，则塞乎天地之间

【题解】

孟子认为"浩然之气，直养而无害，则塞乎天地之间"。王夫之进一步发挥，"塞乎天地之间，则无可为气矜矣。"既然"气"是充乎天地之间的，那么"性"与"命"又是如何体现呢？王夫之认为"命日降，性日受。性者，生之理，未死以前皆生也，皆降命受性之日也。初生而受性之量，日生而受性之真"。即"性"和"命"都是通过"气"来体现的，所谓"感而后应者，心得之余也。无所感而应者，性之发也"。

【原文】

"浩然之气，直养而无害，则塞乎天地之间。"塞乎天地之间，则无可为气矜矣。"闲来无事不从容"，无可为气矜者也。

"尽性以至于命。"至于命，而后知性之善也。天下之疑，皆允乎人心者也；天下之变，皆顺乎物则者也。何善如之哉！测性于一区，拟性于一时；所言者皆非性也，恶知善？

命日降，性日受。性者，生之理，未死以前皆生也，皆降命受性之日也。初生而受性之量，日生而受性之真。为胎元之说者，其人如陶器乎！

"成性存存"，存之又存，相仍不舍。故曰"维天之命，于穆不已"。命不已，性不息矣。谓生初之仅有者，方术家所谓胎元而已。

感而后应者，心得之余也。无所感而应者，性之发也。无所感而兴，若火之始然，泉之始达，然后感而动焉，其动必中，不

立私以求感于天下矣。"寂然不动，感而遂通天下之故"，鬼谋也，天化也，非人道也。诚不必豫①，待感而通，惟天则然。下此者草木禽虫与有之，蓍龟②之灵是也。

大匠之巧，莫有见其巧者也。无感之兴，莫有见其兴者也。"明发不寐，有怀二人"，寻过去也。"视于无形，听于无声"，豫未来也。舍其过去未来之心，则有亲而不能事，况天下之扰扰者乎？

孩提之童之爱其亲，亲死而他人字之，则爱他人矣。孟子言不学不虑之中，尚有此存，则学虑之充其知能者可知。断章取此以为真，而他皆妄，洵夏虫③之于冰也。

质以忠信为美，德以好学为极。绝学而游心于虚，吾不知之矣。导天下以弃其忠信，陆子静倡之也。

【注释】

①豫：豫卦是《易经》六十四卦之第十六卦。"豫"的意思是安闲，主方满足于现状，客方态度随和，为主方提供了安闲舒适的环境。豫卦是谦卦的对应卦，它从另一个侧面论述了建侯行师征邑国的策略问题。这里面包括由于"鸣豫"带来泄密的恶果，不愿做豫备的"盱豫"和迟迟不做豫备的"迟（豫）"带来的"有悔"。

②蓍（shī）龟：蓍，蓍草；龟，龟甲。二者皆为占卜所用器材。古人以蓍草、龟甲占卜吉凶，因此合称"蓍龟"来指代占卜。

③洵（xún）夏虫：洵，假借为"恂"，诚然，确实。夏虫，典出《庄子集释》卷六下《外篇·秋水》。"夏虫不可以语于冰者，笃于时也。"意思是对夏天生死的虫子不可与它谈论关于冰雪的事情。后遂以"夏虫语冰"比喻人囿于见闻，知识短浅。

15. 天下何思何虑

【题解】

按照阳明心学的传统，心体即是诚体，心可以表述为仁义礼智，也可以表述为诚，周敦颐也强调"无极而太极"，太极就是以诚为本体，所谓"唯天下至诚，为能尽其性；能尽其性，则能尽人之性；能尽人之性，则能尽物之性；能尽物之性，则可以赞天地之化育；可以赞天地之化育，则可以与天地参矣"。王夫之则将心学与理学的传统作一融合，强调如果人们按照诚的准则去行动，则会吉；如果不按照诚的准则去行动，则会凶即灾害。

【原文】

"天下何思何虑"，则天下之有无，非思虑之所能起灭，明矣。妄者犹惑焉。

"有不善未尝不知"，豫也；"知而未尝复行"，豫也。诚积于中，故合符而爽者觉。诚之者裕于用，故安驱而之善也轻。

闻善则迁，见过则改，损道也；而非益不能。无十朋之龟为之宝鉴，则奚所迁，而又恶得改之道哉？惘^①于道，则惮子改矣。

水之为沤^②为冰，激之而成，变之失其正也。沤冰之还为水，和而释也。人之生也，孰为固有之质？激于气化之变而成形！其死也，岂遇其和而得释乎？君子之知生者，知良能之妙也；知死，知人道之化也。奚沤冰之足云？张子亦有沤冰之喻，朱子谓其近释氏。

至于不可谓之为"无"，而后果无矣。既可曰"无"矣，则是有而无之也。因耳目不可得而见闻，遂躁言之曰"无"，从其小体而蔽也。善恶可得而见闻也，善恶之所自生，不可得而见闻也。是以躁言之曰"无善无恶"也。

"我战则克"，慎也；"祭则受福"，慎也。福者，礼成而敏，知神享之，君子以为福莫大焉。慎于物，慎于仪，慎于心，志壹气合，雍雍肃肃，不言而靡争，则礼成而敏，神斯享焉。疾风雷雨不作，灾眚③不生，气志之感盛，孝子之养成矣。君子之所谓福也。若《春秋》所记仲遂叔弓④之卒，皆人变也。

事人，诚而已矣。正己而无求于人，诚也。诚斯上交不谄，下交不渎，故子路问事鬼神，而夫子以事人告之。尽其敬爱，不妄冀求，必无非鬼而祭之谄，再三不告之渎。无他，不以利害交鬼神而已。

道莫盛于趋时。富贵贫贱、夷狄患难，极于俄顷之动静云为，以与物接，莫不有自尽之道。时驰于前，不知乘以有功；逮其失，而后继之以悔；及其悔，而当前之时又失矣。故悔者，终身于悔之道也。动悔有悔，终身于葛蘲⑤。往而即新，以尽其乾惕，然后得吉焉。故曰"吉行"，吉在行也。

【注释】

①惘（wǎng）：怅然失志貌。

②沤（ōu）：水泡，浮沫，喻指虚空无常的世事。

③眚（shěng）：灾难，疾苦。

④仲遂叔弓：仲遂，即指东门襄仲（？—前601），名遂，中国春秋时期鲁国政治人物，姬姓，鲁僖公的弟弟，鲁庄公的儿子。因住在鲁国东门，所以又称为东门遂、公子遂、仲遂，谥号襄。齐桓公死后，齐孝公攻打鲁国，公子遂和臧文仲出使楚国求援。城濮之战后，鲁国倒向晋国。公子遂多次出使晋国、齐国。前620年，他聘娶莒国女子，孟穆伯公孙敖去

迎亲，见该女子貌美，于是自娶为妻。公子遂大怒，想讨伐孟穆伯，被叔仲惠伯劝阻。但公孙敖害怕，于第二年借向周襄王吊丧之机，逃到莒国，以其子孟文伯继承孟孙氏。孟穆伯和孟文伯相继死后，声己所生的儿子孟惠叔继承孟孙氏。前609年，鲁文公去世，公子遂杀死了公子恶、公子视，立敬嬴的儿子为鲁宣公，同时，杀害了叔仲惠伯。前601年，公子遂去世，其子公孙归父，字子家，后裔为子家氏，其子公孙婴齐，后裔为仲氏。叔弓，叔弓（？—前527），中国春秋时期鲁国的大夫，他是鲁文公的玄孙、叔肸的曾孙、子叔声伯之孙、叔老之子，多次出使列国。前543年，到宋国参加安葬宋共姬。前531年，到宋国参加安葬宋平公。前540年，到晋国访问，叔向对他有良好的印象。前536年，又出使楚国。之后，又多次随季孙宿、季孙意如攻打莒国。前529年，叔弓攻打费，没有成功。前527年二月十五日，叔弓主持祭祀时，突然去世。

⑤葛藟：藟（lěi），葡萄科植物，果实味酸，不能生食，根、茎和果实供药用。同名亦有《诗经·国风·王风·葛藟》中的一首真正的流浪歌，抒写了流离在外的遭遇和忧伤。

16. 君子之过，如日月之食

【题解】

君子并不是不会犯错的，但是"君子之过，如日月之食"，即君子不会存心掩饰自己的过错，并且君子会改正自己的过错。王夫之举了子路的例子，称赞其"闻过则喜"的特点，即听到别人对自己的批评，不感到生气，而感到高兴。而儒家之所以强调改过迁善，则在于人有羞耻心，人的羞耻心就是建立在仁德的基础之上，在这里，王夫之也强调了道德"一以贯之"的特点，即所有的道德规范都是建立"仁"的体现，所谓"仁之熟，则仁之全体现；仁之全体既现，则一也"。

【原文】

"君子之过，如日月之食"，更新而趋时尔。以向者之过为悔，于是而有迁就补缀之术，将终身而仅给一过也。

人役而耻为役。如耻之，莫如为仁。若子路①，人告之以有过则喜，善用其耻矣。夫唯不以悔累其心也。

于不可耻而耻，则移其良耻以从乎流俗，而耻荡然矣。故曰：知耻者，知所耻也。

"一以贯之"，圣人久大之成也。"曲能有诚"，圣功专直之通也。未能即一，且求诸贯；贯则一矣。贯者，非可以思虑材力强推而通之也。寻绎其所已知，敦笃其所已能，以熟其仁。仁之熟，则仁之全体现；仁之全体既现，则一也。

"群龙无首"，故一积众精以自强，无有遗也。有首焉，则首一矣，其余不一也。然后以一贯之，不然者而强谓之然，不应者而妄亿其应。佛、老以之，皆以一贯之之术也。

【注释】

①子路：仲由（前542—前480），字子路，又字季路，春秋末鲁国卞人。孔子得意门生。

17. 仁之全体既现，则一也

【题解】

孔子提出"仁"的主张，是作为儒家学说的基本观点，"仁"是作为道德的总称，所谓"仁之全体既现，则一也"。王夫之进而以"仁"作为区分儒家与佛教、道教的标准，认为"佛、老之初，皆立体而废用。用既废，则体亦无实。故其既也，体不立而一因乎用"。儒家强调，"君子不废用以立体，则致曲有诚；诚立而用自行；逮其用也，左右逢原而皆其真体"。并警惕"于物有废，偷安而小息，亦为之欣然"，而是要达到"愤乐互行，阴阳之才各尽，则和。和而后与道合体"的境界。

【原文】

仁之全体既现，则一也。

主静，以言乎其时也；主敬，以言乎其气象也；主一，以言乎其量也。摄耳目之官以听于心；盈气以充志，旁行于理之所昭著而不流；雷雨之动满盈，而不先时以发；三者之同功也。

天地之生，人为贵；惟得五行敦厚之化，故无速见之慧。物之始生也，形之发知皆疾于人，而其终也钝。人则具体而储其用，形之发知，视物而不疾也多矣，而其既也敏。孩提始知笑，旋知爱亲；长始知言，旋知敬兄；命日新而性富有也。君子善养之，则耄期而受命。

程子①谓"鸡雏可以观仁"，观天地化机之仁也。君子以之充仁之用而已。

佛、老之初，皆立体而废用。用既废，则体亦无实。故其既也，体不立而一因乎用。庄生所谓"寓诸庸"，释氏所谓"行起解灭"是也。君子不废用以立体，则致曲有诚；诚立而用自行；逮其用也，左右逢原而皆其真体。故知先行后之说，非所敢信也。《说命》曰："非知之艰，惟行之难。"次第井然矣。

百物不废，故惧以终始。于物有废，偷安而小息，亦为之欣然；学者之大害也。人欲暂净，天理未还，介然而若脱于桎梏；其几可乘，而息肩之心起矣，危矣哉！惧以终始，故愤；百物不废，故乐。愤乐互行，阴阳之才各尽，则和。和而后与道合体。

【注释】

①程子：指二程，即程颢和程颐，河南洛阳人，他们的学说也称为"洛学"，与同时代的张载所创的"关学"颇有渊源，二者理学思想对后世有较大影响，南宋朱熹正是继承和发展了他们的学说。程颢字伯淳，又称明道先生。程颐字正叔，又称伊川先生，曾任国子监教授和崇政殿说书等职。二人都曾就学于周敦颐，并同为宋明理学的奠基者，世称二程。死后葬于洛阳伊川二程墓。

18. 极深而研几，有为己为人之辨焉

【题解】

"古之学者为己，今之学者为人"，所谓"为己"，即是强调"万物皆备于我"，佛教强调破"我执"，所以延伸出"无我"的概念，但是王夫之对此并不赞同，认为："万物皆备于我。"所以强调"有我"。正是因为"有我"，所以才能确立人伦，所谓"君君臣臣，父父子子"。王夫之进而强调"理"与"德"的关系，认为"性之理者，吾性之理即天地万物之理"，"性之德者，吾既得之于天而人道立，斯以统天而首出万物"，而无论"理"还是"德"都是建立在"我"的基础之上。

【原文】

极深而研几，有为己为人之辨焉。深者，不闻不见之实也；几者，隐微之独也。极之而无间，研之而审，则道尽于己而忠信立。忠信立，则志通而务成；为己之效也。求天下之深而极之，迎天下之几而研之，皦皦以为人而丧己；逮其下流，欲无为权谋术数之渊薮，不可得也。

言无我者，亦于我而言无我尔。如非有我，更孰从而无我乎？于我而言无我，其为淫遁之辞可知。大抵非能无我，特欲释性流情，恣轻安以出入尔。否则惰归之气，老未至而耄及之者也。公者，命也，理也，成之性也。我者，大公之理所凝也。吾为之子，故事父。父子且然，况其他乎！故曰："万物皆备于我。"有我之非私，审矣。迭为宾主，亦飨①舜；尧之无我也。《春秋》书归郓、讙、龟阴之田②，自序其绩；孔子之无我也。无我者，为功名势位而言也，圣人处物之大用也。于居德之体而言无我，则义不立而道迷。

有性之理，有性之德。性之理者，吾性之理即天地万物之理；论其所自受，因天因物，而仁义礼知，浑然大公，不容以我私之也。性之德者，吾既得之于天而人道立，斯以统天而首出万物；论其所既受，既在我矣，惟当体之知能为不妄，而知仁勇之性情功效效乎志以为撰。必实有我以受天地万物之归；无我，则无所凝矣。言无我者，酌于此而后不徇辞以贼道。

【注释】

①飨（xiǎng）：用酒食招待客人，泛指请人受用。

②郓（yùn）、讙（huān）、龟阴之田：郓，地名，在山东省。讙，古地名，在今山东宁阳北而稍西三十余里。龟阴之田，指山东龟山北面的土地。春秋鲁定公十年（前500），鲁国在孔子帮助下，迫使齐景公归还了以前侵夺的鲁国三邑，即此。《左传·定公十年》："齐人来归郓、讙、龟阴之田。"此事亦载于《史记·孔子世家》。后遂用作典故；或以"龟阴田"比喻归还的失地或失物。

19. 鱼在于渚，或潜于渊

【题解】

王夫之站在儒学的角度，依然坚守"存天理，灭人欲"的观点，所以其强调"耳目口体互相增长以为好恶，则淫矣。淫于众人之淫习，舍己而化之，则溺矣。耳目口体各止其所，节自具焉，不随习以迁；欲其所欲，为其所为，有过则知，而节可见矣"。并主张人"苟能求其好恶之实而不为物迁，虽不即复于礼，不远矣"，王夫之尤其强调道德实践的重要性，严明儒家正统与异端的区别，期望人"超于利害，则如日月之明离于重云之中，光明赫然，不可涯量"。

【原文】

"鱼在于渚①，或潜于渊"，逐物者不能得也。故君子为己而天下之理得矣。

耳目口体互相增长以为好恶，则淫矣。淫于众人之淫习，舍己而化之，则溺矣。耳目口体各止其所，节自具焉，不随习以迁；欲其所欲，为其所为，有过则知，而节可见矣。"艮其背，不获其身"；背非身也，不于身获之。"行其庭，不见其人"；身非人也，不于人见之。能止其所，遏恶之要也。循而持之，安而中节，耳顺、从欲不逾矩，自此驯致。

己十九而非己也。天下善人恒少，不善人恒多；诐②而淫，邪而遁，私欲私意，不出于颖而迭为日新。喜其新而惊为非常之美，惊喜移情而遂据为己之畛域；故曰"习与性成"。苟能求其好恶之实而不为物迁，虽不即复于礼，不远矣；故曰"为仁由己"。

佛、老之言，能动刍荛③而警之。然刍荛可询，而佛、老不可询，何也？"人之患，在好为人师"；但好为师，则无父无君，皆可不恤。刍荛无为师之心也。以刍荛视佛、老而夺其为师之说，可也；片辞有采于其为师之说，隐恶而扬善，不可也。隐恶扬善，则但得其为师之邪，而不知用其刍荛也。

不出于颎④，一间而已矣。舜与跖之分，利与善之间也。尽用其视听心思于利害，则颎；超于利害，则如日月之明离于重云之中，光明赫然，不可涯量。

因得失而有利害；利害生而得失隐，昏也。不昧于利害之始，则动微而吉先见，奚利害之足忧？驰驱于生死之涂，孰为羿之彀中乎？

待物感之不交而后欲不妄，待闻见之不杂而后意不私；难矣哉！故为二氏之学者，未有能守之终身者也。推而极之于其意之萌，未有能守之期月者也。

以天下而试吾说，玩人丧德之大者也。尽其才以应天下，发己自尽，循物无违，奚技俩之可试哉？

为因物无心之教者，亦以天下而试吾无心之技俩者也。无所不用其极之谓密。密者，圣人之藏，异端窃之以为诡秘。

【注释】

①渚：水中小块陆地。

②诐（bì）：谄媚。

③刍荛（chú ráo）：割草打柴，也指割草打柴的人。认为自己的意见很浅陋的谦虚说法。

④颎（jiǒng）：忧虑不安。

20. 气者，理之依也

【题解】

本章表达理与气的关系。王夫之认为"气者，理之依也。气盛则理达"，实质上，理是无形的，而气是有形的，但儒家强调的理，是道德意义上的理，所谓"天理"，人一定意义上是天的产物，所谓"天地之产，皆精微茂美之气所成；人取精以养生，莫非天也"。但是儒家强调"天人合一"，即"先天而天弗违"，王夫之进而发挥，"人心之所先得，自圣人以至于夫妇，皆气化之良能也。能合古今人物为一体者，知见之所得，皆天理之来复，而非外至矣。故知见不可不立也，立其诚也"。王夫之认为这也代表了儒家的道统。

【原文】

气者，理之依也。气盛则理达。天积其健盛之气，故秩叙条理，精密变化而日新。故天子之齐，日膳大牢，以充气而达诚也。天地之产，皆精微茂美之气所成；人取精以养生，莫非天也。气之所自盛，诚之所自凝，理之所自给；推其所自来，皆天地精微茂美之化。其酝酿变化，初不丧其至善之用。释氏斥之为鼓粥饭气，道家斥之为后天之阴；悍而愚矣。

"先天而天弗违"，人道之功大矣哉！邵子乃反谓之后天。

知见之所自生，非固有；非固有而自生者，日新之命也。原知见之自生，资于见闻；见闻之所得，因于天地之所昭著，与人心之所先得。人心之所先得，自圣人以至于夫妇，皆气化之良能也。能合古今人物为一体者，知见之所得，皆天理之来复，而非外至矣。故知见不可不立也，立其诚也。介然恃其初闻初见之知为良能，以知见为客感，所谓不出于颍者也，悲夫！

尧、舜、禹、汤、文、武、周、孔①，相师而道不同；无忌惮之小人，不相师而所行若合符节。道理一而分殊。不学不虑，因意欲而行，则下流同归也。谓东海西海此心此理之同者，吾知其所同矣。

上天下地曰宇，往古来今曰宙。虽然，莫为之郛郭②也。惟有郛郭者，则旁有质而中无实，谓之空洞可矣。宇宙其如是哉？宇宙者，积而成乎久大者也。二气缊缊，知能不舍，故成乎久大。二气缊缊而健顺章，诚也；知能不舍而变合禅，诚之者也。谓之空洞而以虚室触物之影为良知，可乎？

不玩空而丧志，不玩物而骄德，信天地之生而敬之；言性道而能然者，鲜矣。

【注释】

①尧、舜、禹、汤、文、武、周、孔：皆为儒家的圣人，用以代指儒家所提倡的道统。

②郛（fú）郭：指外城。

21. 病则喜寂，哀则喜愍

【题解】

人都有感性的喜好，所谓"病则喜寂，哀则喜愍"，王夫之认为，"喜者，阳之舒；寂、愍者，阴之惨。阴胜而夺其阳，故所喜随之而移于阴；非病与哀，则小人而已矣"。王夫之特别强调，人要重视"心"，然而人的心是有内容的，不是如器物一般，空空如也，正如孔子所言，"君子不器"，所以其不赞成，"圣人之心如镜空衡平"，由此，王夫之赞同张载的观点，"道远人则不仁"，人是要在日常生活中，体现"仁德"，所谓"人者，生也；生者，有也；有者，诚也。礼明而乐备，教修而性显，彻乎费隐而无不贯洽之谓仁"。

【原文】

病则喜寂，哀则喜慭①。喜者，阳之舒；寂、慭者，阴之惨。阴胜而夺其阳，故所喜随之而移于阴；非病与哀，则小人而已矣。"帝出乎震"；"震来虩虩，笑言哑哑②"；乐在其中矣。故曰"吾未见刚者"。喜流于阴柔，而以呴沫为仁，以空阒为静者，皆女子小人之道也。

"形而下者谓之器"，器则老子所谓"当其无，有车器之用"也。君子之所贵者道也，以诚体物也，车器云乎哉！

无心而待用者，器而已矣。镜与衡，皆器也。"君子不器"，而谓圣人之心如镜空衡平，可乎？镜能显妍媸而不能藏往，衡能测轻重而随物以轻重；本无故也。明其如日乎，继明以照于四方也；平其如水平，维心亨行险而不失其信也。继，恒也；信，恒也。有恒者，圣功之藏也。

"道远人则不仁"，张子。夫孰能远人以为道哉？杨、墨、佛、老，皆言人也；诞而之于言天，亦言人也，特不仁而已矣。人者，生也；生者，有也；有者，诚也。礼明而乐备，教修而性显，彻乎费隐而无不贯洽之谓仁。窃其未有之几，舍会通之典礼，以邀变合往来之几；斯之谓远人已耳！

"谦亨，君子有终。"君子望道未见，而爱人不忍伤之，故能有终。小人欲取固与，柔逊卑屈以行其钩致之术，则始于谦恒者，终于行师；谦不终矣。谦者，仁之不容已，而或流于忍，故戒之。

先难则愍，后获则乐；"地道无成"，顺之至也。获与否，无所不顺，其乐不改，则老将至而不衰。今之学者，姚江之徒。速期一悟之获；幸而获其所获，遂恣以佚乐。佚乐之流，报以脆魀③惰归之戚；老未至而耄及之，其能免乎？

【注释】

①愍（mǐn）：忧患，痛心的事。

②震来虩虩（xì xì），笑言哑哑（yā yā）：虩虩，形容恐惧的样子；哑哑，笑声。

③脆魀（niè wù）：动摇不定貌，不安的样子。

22. 诚则形，形乃著明

【题解】

王夫之认为，人是以"诚"为本体，然而"诚"必须通过人身体的行动方能体现，所谓"诚则形，形乃著明；有成形于中，规模条理未有而有，然后可著见而明示于天下"。王夫之强调，人的行动可以体现天，所谓"尽心则知天"。虽然天地不言，但是天地却通过具体的"法象"来显现天之道，"天不言，物不言，其相授受，以法象相示而已"。在王夫之看，圣人体天，然而落实到行动上，也是"无言"，所谓"圣人体天以为化，故欲无言"。王夫之特别强调人不要总是谈论鬼神之事，而是要注重道德修养，其认为"灾祥险易，善恶通否，日生于天地之间者，我恒与之矣，唯居大位、志至道者为尤盛焉"。

【原文】

诚则形，形乃著明；有成形于中，规模条理未有而有，然后可著见而明示于天下。故虽视不可见，听不可闻，而为物之体历然矣。当其形也，或谓之言语道断，犹之可也；谓之心行路绝，可乎？心行路绝则无形；无形者，不诚者也。不诚，非妄而何？

"名之必可言"，言或有不可名者矣；"言之必可行"，行或有不容言者矣。能言乎名之所不得限，则修辞之诚尽矣；能行乎言之所不能至，则藏密之用备矣。至于行而无所不逮；行所不逮者，天也，非人之事也。天之事，行不逮而心喻之；心止矣。故尽心则知天。放其心于心行路绝者，舍心而下从乎意以迁流者也。志、神、气交竭其才，笃实以发光辉，谓之尽心。

置水，而冀中国之长无水患，则势必不能，徒妄而已，所谓凿也。言性者舍固有之节文条理，凿一无善无恶之区，以为此心之归，讵不谓之凿乎？凿者必不能成；迨其狂决囂发，舍善而趋恶如崩，自然之势也。

心浮乘于耳目而遗其本居，则从小体；心不舍其居而施光辉于耳目，则从大体。虽从大体，不遗小体，非犹从小体者之遗大体也。

天不言，物不言，其相授受，以法象相示而已。形声者，物之法象也。圣人体天以为化，故欲无言。言者，人之大用也，绍天有力而异乎物者也。子贡求尽人道，故曰："子如不言，则小子何述焉？"竖指摇拂[①]、目击道存者，吾不知之矣。

子孙，体之传也；言行之迹，气之传也；心之陟降，理之传也。三者各有以传之，无戕贼污蚀之，全而归之者也。

但为魂，则必变矣。魂日游而日有所变，乃欲拘其魂而使勿变，魏伯阳、张平叔[②]之鄙也，其可得乎？魂之游变，非特死也。死者，游之终尔。故鬼神之事，吾之与之也多矣。灾祥险易，善恶通否，日生于天地之间者，我恒与之矣，唯居大位、志至道者为尤盛焉。

【注释】

①竖指摇拂：禅宗开化人的方式，用以教人明心见性。

②魏伯阳、张平叔：魏伯阳，东汉著名的炼丹理论家，名翱，字伯阳，号云牙子，会稽上虞（今属浙江）人，出身高门望族。世袭簪缨，但魏伯阳生性好道，不肯仕宦，闲居养性，时人莫知之。其所著的《周易参同契》，五行相类，共三卷，是现存系统阐述炼丹理论的最早著作。该书思想来源本于《周易》的纳甲说、十二消息说和卦气说，并参考古炼丹术及炼丹古书，假借爻象，以论作丹之意。作者由于"恐泄天之符（天机）"，故行文多恍惚之辞、类比之喻，文字古奥难懂，不易捉摸。《周易参同契》奠定了道教丹鼎学说的理论基础，被后世奉为"万古丹经王"（张伯端《悟真篇》）。魏伯阳的思想对道教的炼丹术影响极大，历来对《周易参同契》的注释不断，由于该书主要谈外丹，兼及内丹，故《周易参同契》的注释分内、外丹两大派。被世界公认为留有著作的一位最早的炼丹家。张平叔，世界道教主流全真道祖师，（983—1082），一说（984—1082）。号紫阳、紫阳仙人，后改名用成（或用诚）。人称"悟真先生"，传为"紫玄真人"，又尊为"紫阳真人"。北宋时临海人。自幼博览三教经书，涉猎诸种方术。《悟真篇·序》有："仆幼亲善道，涉躐三教经书，以至刑法书算、医卜战阵、天文地理、吉凶死生之术，靡不留心详究。"曾中进士，后谪戍岭南。曾于成都遇仙人（一说此仙人即为刘海蟾）授道，后著书立说，传道天下。

23. 惠迪吉，从逆凶

【题解】

《尚书·大禹谟》中强调"顺着天道就吉祥，而违背天道就招致灾难"，在王夫之看来，顺从天道就是"诚"，所谓"诚者，天之道也"，人虽然天性为善，但是人容易受后天影响而作恶，所以王夫之特别强调"蒙以养正"，即接受良好的后天教育，所谓"养之正者，学以聚之，问以辨之，宽以居之，仁以行之"。在此立场上，王夫之进而强调礼乐对教化的作用，所谓"乐以养德，礼以敦行，礼乐德行，相为终始。故君子之于礼乐，不以斯须去身"。

【原文】

"惠迪吉，从逆凶"之不差，居天下之广居者，如视诸掌，欲速见小者不能知尔。

习气熹然充满于人间，皆吾思齐自省之大用，用大，则体非妄可知。勿以厌恶之心当之，则心洗而藏密矣。"三人行，必有我师"，非圣人灼知天地充塞无间之理，不云尔也。

无妄，灾也。灾而无妄，孰为妄哉？故孟子言好色好货，于王何有。眚[①]且不妄，而况灾乎？"诚者，天之道也"，无变而不正也，存乎诚之者尔。

"形色，天性也"，故身体发肤，不敢毁伤，毁则灭性以戕天矣。知之始有端，志之始有定，行之始有立。其植不厚，而以速成期之，则必为似忠似信似廉洁者所摇。仁依姑息，义依曲谨，礼依便僻，知依纤察。天性之善，皆能培栽而覆倾；如物之始蒙，勿但忧其稚弱，正恐欲速成而依非其类，则和风甘雨亦能为之伤，故曰"蒙以养正"。养之正者，学以聚之，问以辨之，宽以居之，仁以行之，则能不依流俗之毁誉，异端之神变，以期速获而丧其先难，故曰"利御寇"。

"默而成之"，乐也；"不言而信"，礼也。乐存乎德，礼存乎行；而乐以养德，礼以敦行，礼乐德行，相为终始。故君子之于礼乐，不以斯须去身。然则无体之则而言尚行，无乐之意而言养德者，其为异端可知已。

知崇法大，天道必下济而光明。礼卑法地，或从王事，则知光大，与天絜矣。天一而人之言之者三：有自其与地相绷缊化成而言者，有自清晶以施光明于地而言者，有以空洞无质、与地殊绝而言者。与地殊绝而空洞无质，讵可以知法乎？法其与地绷缊成化者以为知，其不离乎礼固已。即其清晶以施光明于地者，亦必得地而光明始凝以显；不然，如置灯烛于辽廓之所，不特远无所丽，即咫尺之内，亦以散而昏。彼无所丽而言良知者，吾见其咫尺之内散而昏也。

【注释】

①眚（shěng）：过错。

24. 知者，知礼者也

【题解】

王夫之讨论了"知"，王夫之认为，"知"具备两种含义，一种是道德意义的知，即所谓知是知非，王夫之认为是"知者，知礼者也"，此也即是所谓"良知"；一种是认知意义的知，所谓知对知错。王夫之认为"圣人之所不知不能者，器也；夫妇之所与知与能者，道也。故尽器难矣；尽器，则道无不贯。尽道所以审器；知至于尽器，能至于践形，德盛矣哉"！表明王夫之赞同认知意义的知与道德意义的知，二者相互贯通。

【原文】

知者，知礼者也。礼者，履其知也。履其知而礼皆中节，知礼则精义入神，日进于高明而不穷。故天地交而泰，天地不交而否。是以为良知之说者，物我相拒，初终相反，心行相戾；否道也。

"苟志于仁矣，无恶也。"物之感，己之欲，各归其所，则皆见其顺而不逾矩，奚恶之有？灼然见其无恶，则推之好勇、好货、好色而皆可善，无有所谓恶也。疑恶之所自生以疑性者，从恶而测之尔。志于仁而无恶，安有恶之所从生而别为一本哉！

言性之善，言其无恶也。既无有恶，则粹然一善而已矣。

有善者，性之体也；无恶者，性之用也。

从善而视之，见性之无恶，则充实而不杂者显矣。从无恶而视之，则将见性之无善，而充实之体堕矣。故必志于仁，而后无恶；诚无恶也，皆善也。

苟志于仁，则无恶；苟志于不仁，则无善；此言性者之疑也。乃志于仁者，反诸己而从其源也；志于不仁者，逐于物而从其流也。体验乃实知之。夫性之己而非物、源而非流也明矣，奚得谓性之无善哉！

气质之偏，则善隐而不易发、微而不克昌者有之矣，未有杂恶于其中者也。何也？天下固无恶也，志于仁则知之。

五行①无相克之理；言克者，术家之肤见也，五行之神，不相悖害，木神仁，火神礼，土神信，金神义，水神知。充塞乎天地之间，人心其尤著者也。故太虚无虚，人心无无。

得五行之和气，则能备美而力差弱；得五行之专气，则不能备美而力较健。伯夷、伊尹、柳下惠，不能备美而亦圣。五行各太极，虽专而犹相为备，故致曲而能有诚。气质之偏，奚足以为性病哉！

"乘六龙以御天"，位易而龙不易也，乘之者不易也。"博学而详说之以反约"，则潜见跃飞，皆取诸源而给之，奚随时而无适守乎？此之不审，于是无本之学，托于乘时观化，以逃刑而邀利。其说中于人心，而末流不可问也。

天德不可为首，无非首也；故"博学而详说之，以反说约"。
"学以聚之，问以辨之，宽以居之，仁以行之"；不执一以贯万，
乃可行乎变化，而龙德全也。

统此一物，形而上则谓之道，形而下则谓之器，无非一阴一
阳之和而成。尽器，则道在其中矣。

圣人之所不知不能者，器也；夫妇之所与知与能者，道也。
故尽器难矣；尽器，则道无不贯。尽道所以审器；知至于尽器，
能至于践形，德盛矣哉！

【注释】

①五行：指金、木、水、火、土。认为世界万物由五种要素相生相克
衍生变化所构成，随着这五个要素的盛衰，而使得大自然产生变化，不但
影响到人的命运，同时也使宇宙万物循环不已。五行学说强调整体概念，
描绘了事物的结构关系和运动形式。

25. 一阴一阳之谓道

【题解】

这里强调了阴阳的关系。在王夫之看来，阴阳构成了万事万
物，所以其赞同"一阴一阳之谓道"的观点。同时，王夫之明确
了"阴阳"二者的辩证关系，强调阴阳并不是二，而是一，所谓
"自其合则一；自其分则多寡随乎时位，繁赜细密而不可破"。但
值得注意的是，道之所以为一，并不是让万物趋同为一，而是在
保持万事万物特殊性的基础上，成为一，所谓"和而不同"。可
是"道"的包容性又必须以道本身的道德性为前提，所以不能是
"道无不容，三教百家，可合而为一冶"。

【原文】

"一阴一阳之谓道"，不可云二也。自其合则一；自其分则多寡随乎时位，繁赜细密而不可破，�拉而不穷，天下之数不足以纪之，参差衰益，莫知其畛。乃见一阴一阳之云，遂判然分而为二，随而倍之，瓜分缕析，谓皆有成数之不易，将无执与！

"继之者，善也"；善则随多寡损益以皆适矣。"成之者，性也"；性则挥然一体，而无形埒之分矣。

以数言理，但不于吉凶成败死生言之，则得。以数言吉凶、成败、死生，喻义乎？喻利乎？吾不知之也。

"成章而后达"；成章者，不杂也，不黯也。"言顾行，行顾言"，则不杂；"较然易知而易从"，则不黯。异端者，始末倏忽，自救其弊以无恒，人莫能执其首尾；行所不可逮，而姑为之言说，终身而不得成其章，奚望达乎？

德成而骄，非其德矣；道广而同，非其道矣。"泰而不骄，和而不同"，君子之守也。"惟精惟一，允执其中"，至矣；而申之以"无稽之言勿听，弗询之谋勿庸"，酌行四代之礼乐，盛矣；而申之以"放郑声，远佞人"。圣人洗心退藏而与民同患；邪说佞①人，移易心志，凡民之公患也，圣人不敢不以为患。若庞然自大，谓道无不容，三教百家，可合而为一冶，亦无忌惮矣哉！

谓井田、封建、肉刑之不可行者，不知道也；谓其必可行者，不知德也。勇于德则道凝，勇于道则道为天下病矣。德之不勇，褐宽博且将惮焉，况天下之大乎？

【注释】

①佞（nìng）：善辩，巧言谄媚。

读通鉴论

卷一　秦始皇

1. 变封建为郡县

【题解】

　　王夫之判定封建制与郡县制的优劣，与传统儒家"厚古薄今"的观点不同。王夫之并不高举封建制的意义，而是肯定郡县制的价值，认为"郡县之制，垂二千年而弗能改矣，合古今上下皆安之，势之所趋，岂非理而能然哉"。在王夫之看来，郡县制的依据在于"君"，所谓"天之使人必有君也，莫之为而为之"。王夫之认为，郡县制的确立，增加了社会流动，给底层优秀人才提供了向上流动的机会，所谓"贤而秀者，皆可以奖之以君子之位而长民"。

【原文】

两端争胜，而徒为无益之论者，辨封建者是也。郡县之制，垂二千年而弗能改矣，合古今上下皆安之，势之所趋，岂非理而能然哉？天之使人必有君也，莫之为而为之。故其始也，各推其德之长人、功之及人者而奉之，因而尤有所推以为天子。人非不欲自贵，而必有奉以为尊，人之公也。安于其位者习于其道，因而有世及之理，虽愚且暴，犹贤于草野之罔据者。如是者数千年而安之矣。疆弱相噬而尽失其故，至于战国，仅存者无几，岂能役九州而听命于此数诸侯王哉？于是分国而为郡县择人以尹之。郡县之法，已在秦先。秦之所灭者六国耳，非尽灭三代之所封也。则分之为郡，分之为县，俾才可长民者皆居民上以尽其才，而治民之纪，亦何为而非天下之公乎？

古者诸侯世国，而后大夫缘之以世官，势所必滥也。士之子恒为士，农之子恒为农而天之生才也无择，则士有顽而农有秀；秀不能终屈于顽，而相乘以兴，又势所必激也。封建毁而选举行守令席诸侯之权，刺史牧督司方伯之任，虽有元德显功，而无所庇其不令之子孙。势相激而理随以易，意者其天乎！阴阳不能偏用，而仁义相资以为亨利，虽圣人其能违哉！选举之不慎而守令残民，世德之不终而诸侯乱纪，两俱有害，而民于守令之贪残，有所藉于黜陟以苏其困。故秦、汉以降，天子孤立无辅，祚①不永于商、周；而若东迁以后，交兵毒民，异政殊俗，横敛繁刑，艾削其民，迄之数百年而不息者亦革焉，则后世生民之祸亦轻矣。郡县者，非天子之利也，国祚所以不长也；而为天下计，则害不如封建之滋也多矣。呜呼！秦以私天下之心而罢侯置守，而天假其私以行其大公，存乎神者之不测，有如是夫！

世其位者习其道，法所便也；习其道者任其事，理所宜也。

法备于三王，道著于孔子，人得而习之。贤而秀者，皆可以奖之以君子之位而长民。圣人之心，于今为烈。选举不慎，而贼民之吏代作，天地不能任咎，而况圣人！未可为郡县咎也。若夫国祚①之不长，为一姓言也，非公义也。秦之所以获罪于万世者，私己而已矣。斥秦之私，而欲私其子孙以长存，又岂天下之大公哉！

【注释】

①祚（zuò）：福，赐福。

2. 孔鲋以无用储天下之用

【题解】

　　本章王夫之强调了"无用之学"，赞叹无用之学是"以广其心而游于乱世，非圣人之徒而能若是乎"。王夫之认为，君子不能求于自己之用，而是要求为天下之用，所谓"君子之道，储天下之用，而不求用于天下"。其实儒家之学强调"内圣外王"，不仅要有崇高之道德，也要建功立业，所谓"己欲立而立人，己欲达而达人"。这也是儒家与佛教、道教的区别。王夫之生于明亡之际，看到百姓生灵涂炭，所以内心极度悲伤。在此种情况下，他强调"经世致用"之学，而一反明朝后期的"心学"传统，所以其也发出"知进退存亡而不失其正，易简以消天下之险阻，非圣人之徒，其孰与归"的感叹。

【原文】

　　孔鲋①藏书，陈馀②危之。鲋曰："吾为无用之学，知吾者为友。秦非吾友，吾何危哉？"呜呼！能为无用之学，以广其心而游于乱世，非圣人之徒而能若是乎？

诗曰："握粟出卜，自何能榖③。"谷者，在我而已，何用卜为？屈其道而与天下靡，利在而害亦伏；以其道而与天下亢，身危而道亦不竞。君子之道，储天下之用，而不求用于天下。知者知之，不知者以为无用而已矣。故曰"其愚不可及也"。秉道以自安，慎交以远物，存黄、农、虞、夏于盗贼禽兽之中，奚不可榖，而安用卜为！庄周惩乱世而欲为散木，言无用矣，而无以储天下之大用。握粟忧深而逃羿彀④，其有细人之情乎！知进退存亡而不失其正，易简以消天下之险阻，非圣人之徒，其孰与归？

【注释】

①孔鲋：字甲（约前264—前208），秦末儒生。孔子后裔，居于魏国。本名鲋甲，字子鱼，亦字甲。晚年投奔陈胜，陈胜在陈郡（今河南淮阳）称王后，陈人或称子鲋，或称孔甲。孔鲋博通经史，与魏名士张耳、陈余友好。秦始皇统一中国后，孔鲋不仕，令其弟子叔孙通仕秦，后召为鲁国文通君，拜少傅。

②陈馀（？—前204）：一作陈余，大梁（今河南开封）人。魏国名士，性格高傲，与张耳为刎颈之交，大泽乡起义之后，同投奔陈胜，后跟随武臣占据赵地，武臣自立为赵王后，出任大将军，武臣被部将李良杀死，与张耳立赵歇为赵王。李良引秦军大将章邯攻赵。张耳、赵歇败走巨鹿，被秦将王离包围，自觉兵少，不敢进兵攻秦，张耳大怒，责怪陈不守信义，方出兵五千去救巨鹿，然全军覆没。后项羽大军至，大胜秦军，解巨鹿之围。张耳再次见时，怪他背信弃义。陈一气之下将帅印交出，从此张、陈俩人绝交。项羽分封诸侯王时，陈只被封为侯，心有不满，于是联合齐王田荣，击走张耳，复立赵歇，自为代王。韩信平定魏后，与张耳一同攻赵，陈未接受谋士李左车的建议，轻视韩信的背水列阵法，败后被斩杀于泜水。

③握粟出卜，自何能榖（gǔ）：榖指善，出自《诗经·小雅·小宛》，

其义为，抓把米去占一卦，看我何时能吉利？

④彀（gòu）：张满弓。

3. 胡亥①杀兄而亡

【题解】

这里王夫之论述了统治者内部自相残杀的现象。所谓"商始兴而太甲放，周始兴而成王危，秦并天下而扶苏自杀，汉有天下而惠帝弗嗣，唐则建成死于刃，宋则德昭不令其终，迄乎建文之变而憯尤烈"。王夫之认为，之所以会出现这样的现象，是因为"无托孤之旧臣"，正所谓"托国于赵高之手，虽中主不足以存，况胡亥哉！汉高之知周勃也，宋太祖之任赵普也，未能已乱而足以不亡"。

【原文】

商始兴而太甲②放，周始兴而成王③危，秦并天下而扶苏④自杀，汉有天下而惠帝⑤弗嗣，唐则建成⑥死于刃，宋则德昭⑦不令其终，迄乎建文⑧之变而憯⑨尤烈。天下初定，人心未靖，则天命以之不康，汤、武且不能弭，后代勿论已。然而胡亥杀兄，旋以死亡；太甲、成王，终安其位；则伊尹、周公之与赵高，相去不但若霄壤也。

秦始皇之宜短祚⑩也不一，而莫甚于不知人。非其不察也，惟其好谀也。托国于赵高之手，虽中主不足以存，况胡亥哉！汉高之知周勃⑪也，宋太祖之任赵普⑫也，未能已乱而足以不亡。建文立而无托孤之旧臣，则兵连祸结而尤为人伦之大变。徐达⑬、刘基⑭有一存焉，奚至此哉？虽然，国祚之所以不倾者，无谀臣也。

【注释】

①胡亥：即秦二世（前 230—前 207），嬴姓，名胡亥，在位时间前 210—前 207 年，也称二世皇帝。是秦始皇第十八子（最小的儿子），太子扶苏的弟弟。早年曾从中车府令赵高学习狱法。秦始皇三十七年（前 210），始皇帝出巡，死于沙丘，胡亥在赵高和丞相李斯的扶植下，得立为太子，并承袭帝位，称二世皇帝。秦二世即位后，赵高掌实权，实行惨无人道的统治，终于在公元前 209 年激起了的陈胜、吴广的农民起义。二世胡亥在赵高逼迫下自杀，卒年 24 岁。

②太甲：生卒年不详，为汤嫡长孙，太丁子，叔仲壬病死后继位，共在位 23 年，病死，葬于历城（今山东省济南市）。太甲，由四朝元老伊尹辅政，伊尹连写了《肆命》《祖后》等几篇文章，教导太甲遵照祖先的法制，努力做一位明君。在伊尹的督促下，太甲在继位后的头两年，其表现还过得去，但从第三年起就不行了，他任意地发号施令，一味享乐，暴虐百姓，朝政昏乱，又亲自破坏汤制定的法规。伊尹虽百般规劝，他都听不进去，伊尹只好将他送到商汤墓地附近的桐宫（今河南省偃师县西南）居住，让他自己反省，自己摄政当国，史称"伊尹放太甲"。太甲在桐宫三年，悔过自责，伊尹又将他迎回亳都，还政于他。重新当政的太甲能修德，诸侯都归顺商王，百姓得以安宁。

③成王：（前 1055—前 1021）姓姬，名诵，华夏族，周武王之子，是中国西周第二代天子，谥号成王。周成王继位时年幼，由周公旦辅政，平定三监之乱。周成王亲政后，营造新都洛邑、大封诸侯，还命周公东征、编写礼乐，加强了西周王朝的统治。公元前 1021 年，周成王驾崩，享年 35 岁。周成王与其子周康王（姬钊）统治期间，社会安定、百姓和睦、"刑错四十余年不用"，被誉为成康之治。

④扶苏：（前 241—前 210）嬴姓，赵氏，名扶苏，一称公子扶苏，秦始皇长子，是秦朝统治者中具有政治远见的人物。他认为天下未定，百姓未安，反对实行"焚书坑儒"、"重法绳之臣"等政策，因而被秦始皇贬到上郡监蒙恬军。秦始皇死后，赵高等人害怕扶苏即位执政，便伪造诏书，

令胡亥即位。说扶苏在边疆和蒙恬屯兵期间，"为人不孝"、"士卒多耗，无尺寸之功"、"上书直言诽谤"，逼其自杀。

⑤惠帝：汉惠帝刘盈（前211—前188），西汉第二位皇帝（前195—前188），他是汉朝开国皇帝刘邦的嫡子（次子），母亲吕雉，在位7年，死时年仅24岁。谥号"孝惠"，葬于安陵。汉高祖二年（前205），7岁的刘盈被立为太子。当初，高祖宠幸戚夫人，戚夫人有一子名曰刘如意，刘如意聪明伶俐，英武果敢，作风很像汉高祖，汉高祖觉得太子刘盈优柔寡断，软弱无能，便想废刘盈。刘盈的母亲吕皇后依张良计，请大贤"商山四皓"来替刘盈说话并辅佐，刘邦惊觉太子"羽翼已丰"，才打消废太子的念头。汉高祖十二年（前195）四月甲辰，高祖在平定英布的战争中受伤而崩，享年62岁。五月丙寅，十七岁的刘盈继承了皇位，封为汉惠帝。惠帝即位后实施"仁政"，减轻赋税，提拔曹参为丞相，政治清明，社会安定。但是惠帝优柔寡断，软弱无能，在位期间大权掌握在母亲吕后之手，司马迁甚至不设惠帝本纪，而设吕后本纪。汉惠帝受到母亲极大的压力，且在茅厕见到戚夫人成了"人彘"惨状，从此便借酒浇愁，最后抑郁而终。

⑥建成：李建成（589—626），小字毗沙门。唐高祖李渊长子。陇西成纪（今甘肃省静宁县西南）人。他是出生于隋末唐初剧烈动荡变迁时代，是初唐一位崭露锋芒的政治家、军事家。大业十三年，李建成助其父李渊起兵反隋，授陇西公，为左三军统帅，一路率军取西河、战霍邑、守潼关、破长安。唐朝建立之后，李建成被立为皇太子。他除了协助李渊坐镇长安，处理政务，代父出巡之外，还多次率军出征，抵御北方突厥的侵扰。武德五年，奉诏剿灭河北刘黑闼，平定山东，结束了中原的内战。武德九年六月四日，其弟秦王李世民发动玄武门政变，将太子李建成一箭射死，建成诸子亦被李世民全数处决，不留活口，全家籍没。李世民继位后，于贞观二年追封李建成为息王，以礼改葬，谥"隐"。贞观十六年五月，又追赠"隐太子"。

⑦德昭：赵德昭（948—979），字日新，宋太祖赵匡胤次子，母孝惠皇后贺氏。乾德二年（964），任贵州防御史。开宝六年（973），任兴元

尹、山南西道节度使、检校太傅、同中书门下平章事。太平兴国元年（976），改任京兆尹，兼任侍中，封武功郡王。太平兴国三年（978），加任检校太尉。太平兴国四年（979），因受宋太宗训斥，自杀而死。死后追赠中书令，追封魏王，赐谥号懿。后改封吴王，又改封越王。宋真宗即位后，追赠太傅。乾兴元年（1022），加赠太师。其九世孙为宋理宗，十世孙为宋度宗，十一世孙为宋末三幼主。赵德昭亦是朝鲜半岛白川赵氏的开派始祖。

⑧建文：明惠帝朱允炆（1377—?），又作朱允文、朱允汶，明朝第二位皇帝。明太祖朱元璋之孙，懿文太子朱标第二子，年号"建文"，1398年6月30日—1402年7月13日在位。洪武二十五年（1392），立为皇太孙。性仁厚，曾奉太祖之命，参照历朝刑法，改定洪武律畸重者73条，天下皆颂其德。朱元璋死，以皇太孙即位。召方孝孺为翰林院侍讲，典章制度，锐意复古，诏行宽政，实行惠民政策，减免租赋，赈济灾民，老弱病残者由国家扶养；重视农业生产，兴办学校，考察官吏，任用贤能，派侍郎暴昭、夏原吉等24人充任采访史，分巡天下，以体察民情。采纳齐泰、黄子澄建议，实行削藩，并下令亲王不得节制文武将吏，更定内外大小官制，以加强中央集权。先后削废周、齐、湘、代、岷五个藩王，又陈兵河北，意在图燕。史称"建文改制"。建文元年（1399），燕王朱棣以清君侧诛齐、黄为名，举兵反叛。四年，燕军渡江，攻陷京师（今南京），在靖难之变后下落不明。时驸马都尉梅殷在军中，从黄彦清之议，为发丧，追谥孝愍皇帝，庙号神宗，壬午以后谥不行，至南明弘光元年七月，以与显皇帝庙号复，改上庙号惠宗，谥号为嗣天章道诚懿渊功观文扬武克仁笃孝让皇帝，清朝乾隆元年上谥号为恭闵惠皇帝，后世有人以其年号而称建文帝。

⑨懵（cǎn）：古同"惨"，万分悲怜，凄惨。

⑩短祚（zuò）：谓皇帝在位年限很短。

⑪周勃：周勃于秦二世元年（前209）随刘邦起兵反秦，以军功拜为将军，赐爵武威侯。在随刘邦由汉中进取关中时，击赵贲，败章平，围章

邯，屡建战功。汉高祖六年（前201），受封绛侯。继因讨平韩信叛乱有功，升为太尉。刘邦死前预言"安刘氏天下者必勃也"。刘邦死后，吕后专权，吕后死后，周勃与陈平等合谋智夺吕禄军权，一举谋灭吕氏诸王，拥立文帝，后官至右丞相。汉文帝十一年去世，谥号为武侯。

⑫赵普：（922—992），字则平，北宋初期的杰出政治家，中国历史上著名的谋士。他15岁随父迁居洛阳，自幼学习吏治，是赵匡胤"黄袍加身"的预谋者、"杯酒释兵权"的导演者，三度为相，为一代名臣，从政50年，终年71岁。普智谋多，读书少，有"半部论语治天下"之说。善吏道，后周显德年间，先后为永兴军（治今陕西西安）节度使从事，滁州、渭州（治今甘肃平凉）军事判官，同州（治今陕西大荔）、宋州（治今河南商丘市南）节度使赵匡胤推官、掌书记。显德七年（960）正月，普与赵匡胤发动陈桥兵变，以黄袍加于赵匡胤之身，推翻后周，建立宋朝（北宋），普受封为右谏议大夫，充职枢密直学士。是年四月，后周昭义节度使李筠反宋，普建议宋太祖亲征。宋得胜还师后，升普为户部侍郎、枢密副使。

⑬徐达：（徐泊显）（1332—1385），明朝开国军事统帅。字天德，汉族，濠州钟离（今安徽凤阳）人。初朱元璋为郭子兴部将，往归之。从南略定远，取和州。渡江拔攻城取拔寨，皆为军锋之冠，后为大将，统兵征战。吴元年，为左相国，拜大将军。洪武初累官中书右丞相，封魏国公，追封中山王。

⑭刘基：（1311年7月1日—1375年4月16日），字伯温，汉族，浙江文成南田（原属青田）人，故时人称他刘青田，元末明初杰出的军事谋略家、政治家、文学家和思想家，明朝开国元勋，明洪武三年（1370）封诚意伯，人们又称他刘诚意。武宗正德九年追赠太师，谥号文成，后人又称他刘文成、文成公。刘基通经史、晓天文、精兵法。他辅佐朱元璋完成帝业、开创明朝并尽力保持国家的安定，因而驰名天下，被后人比作诸葛武侯。刘伯温是中国古代的一位传奇人物，至今在中国大陆、港澳台地区乃至东南亚、日韩等地仍有广泛深厚的民间影响力。

卷二 二 世

1. 李斯言负且乘，致寇至

【题解】

李斯是法家的代表人物。李斯认为，圣明的君主要禁止仁义的行为，要禁止进谏争论的辩论，然后就可以任意妄为。王夫之批判了李斯的观点，认为"尽古今概贤不肖，无有忍言此者，而昌言之不忌"。但王夫之进一步分析，李斯之所以说出如此这般的话，也是有其不得已的苦衷，即"畏死患失之心迫而有所不避耳"。李斯为了在秦二世面前保住自己的地位，不惜说出这番话来向秦二世谄媚，然而王夫之论证到，"早不能图度于正，迫其后失有形、死有机，虽欲不为此言而不得"，所以李斯最终落得身首异处的下场。

【原文】

陈婴①之不自立也，周市②之不王魏也，其情均也，而周市贤矣。市曰："天下昏乱，忠臣乃见。"义之所不敢出，害不敢自之而远。居尊以为天下不义之魁，"负且乘，致寇至"，灼然易见，而人不能知。非不知也，无志义以持其心，流俗之蛊之者进矣。陈婴非幸而有其母，亦殆矣哉！市之一言，所谓"大浸稽天而不溺，疾雷破山而不震"者乎！陈余自矜儒者，而不能守义以自王。周市虽死而如生。陈馀③碌碌以死，又何称焉？

2. 李斯言古今人所不忍言

【题解】

李斯是法家的代表人物。李斯认为，圣明的君主要禁止仁义
的行为，要禁止进谏争论的辩论，然后就可以任意妄为。王夫之
批判了李斯的观点，认为"尽古今概贤不肖，无有忍言此者，而
昌言之不忌"。但王夫之进一步分析，李斯之所以说出如此这般
的话，也是有其不得已的苦衷，即"畏死患失之心迫而有所不避
耳"。李斯为了在秦二世面前保住自己的地位，不惜说出这番话
来向秦二世谄媚，然而王夫之论证到，"早不能图度于正，迫其
后失有形、死有机，虽欲不为此言而不得"，所以李斯最终落得
身首异处的下场。

【原文】

李斯之对二世曰："明主灭仁义之涂，绝谏争之辩，荦然④行
恣睢⑤之心。"尽古今概贤不肖，无有忍言此者，而昌言之不忌。
呜呼！亦何至此哉！斯亦尝学于荀卿氏矣，亦尝与始皇谋天下而
天下并矣。岂其飞廉、恶来之所不忍言者而言之不忌，斯之心其
固以为然乎？苟非二世之愚，即始皇之骄悖，能受此言而不谴
乎？斯抑谓天下后世之不以己为戎首而无所恤乎？无他，畏死患
失之心迫而有所不避耳。

夫死亦何不可畏也。失不可患，而亦何必于失也。前所以自
进者非其道，继所以自效者非其功，后所以自保者非其术，退所
以自置者无其方，则失果可患而死果可畏。欲无畏无患、以不言
其所不忍言，又奚得乎！天下无必死之涂，而亦无可几幸之得。
正志于早而后无所迫，则不忍不敢之心以全。早不能图度于正，

迨其后失有形、死有机，虽欲不为此言而不得。不待上蔡东门之
欢，肺肝先已自裂。斯岂果无人之心哉？易曰："履霜坚冰至。"
辨人于早，不若自辨于早也。

【注释】

①陈婴：秦末东阳郡（今江苏盱眙）人，任县令史，为人诚实而谨
慎。为反抗暴秦统治，东阳少年杀县令，打算立陈婴为王。婴母阻止作
罢。后陈婴率众投奔项梁，共立熊心为楚怀王，陈婴任上柱国，封五县；
项羽死后陈婴投靠刘邦，封堂邑侯。公元前 183 年去世，谥号安侯。

②周市（fú）（？—前 208）：秦末抗秦名将，陈胜派其收复魏国旧地，
周市立魏国王裔魏咎为王，章邯攻打魏地，杀死了周市，包围了临济。

③陈馀（？—前 204），一作陈余，大梁（今河南开封）人。魏国名
士，性格高傲，与张耳为刎颈之交，大泽乡起义之后，同投奔陈胜，后跟
随武臣占据赵地，武臣自立为赵王后，出任大将军，武臣被部将李良杀
死，与张耳立赵歇为赵王。李良引秦军大将章邯攻赵。张耳、赵歇败走巨
鹿，被秦将王离包围，自觉兵少，不敢进兵攻秦，张耳大怒，责怪陈不守
信义，方出兵五千去救巨鹿，然全军覆没。后项羽大军至，大胜秦军，解
巨鹿之围。张耳再次见时，怪他背信弃义。陈一气之下将帅印交出，从此
张、陈俩人绝交。项羽分封诸侯王时，陈只被封为侯，心有不满，于是联
合齐王田荣，击走张耳，复立赵歇，自为代王。韩信平定魏后，与张耳一
同攻赵，陈未接受谋士李左车的建议，轻视韩信的背水列阵法，败后被斩
杀于泜水。

④荦（luò）然：荦，卓绝貌，明显貌。

⑤恣睢（zì suī）：放纵，放任。任意做坏事，形容凶残横暴，想怎么
干就怎么干。

3. 乍劳长逸之术

【题解】

这章王夫之解释了为什么法家的观点会得以流行，本来"人皆有不忍人之心，而众怒之不可犯，众怨之不可任"，然而现实却是"申、商之言，何为至今而不绝邪"，即便如诸葛孔明、王安石这样的贤人也不免用法家之术。王夫之分析其原因，认为是"乍劳长逸之术也"。在此基础上，王夫之比较了法家与儒家的区别，认为法家"任法，则人主安而天下困"，而儒家却是"任道，则天下逸而人主劳"。

【原文】

人皆有不忍人之心，而众怒之不可犯，众怨之不可任，亦易喻矣。申、商之言，何为至今而不绝邪？志正义明如诸葛孔明而效其法，学博志广如王介甫而师其意，无他，申、商者，乍劳长逸之术也。无其心而用其术者，孔明也；用其实而讳其名者，介甫也；乃若其不容掩之藏，则李斯发之矣。李斯曰："行督责之术，然后绝谏争之路。"申不害曰："有天下而不恣睢，命之曰以天下为桎梏。"谏争绝，桎梏脱，则虽目劳于刑名文籍之中，而耽酒嗜色、佚游骄乐，可晏享而不辍。苟未忘逸豫之情者，恶能不以此为两得之术哉！

任法，则人主安而天下困；任道，则天下逸而人主劳。无一切之术以自恣睢，虽非求治之主，不能高居洸瀁①于万民之上，固矣。以孔明之淡泊而尽瘁也，以介甫之土木其形而好学深思也，然且乐奉名法者，何也？俭以耳目，勤以耳目，而心思从其康逸也。贤者且然，况令狐绹②、张居正③之挟权势者哉！使读李斯之言，知其为导谀劝淫之术也，能勿靦然④而汗下与？

【注释】

①洸瀁（guāng yǎng）：犹恣肆、放纵。

②令狐绹（795—872）：晚唐大臣、政治家。京兆华原（今陕西省耀州区东南）人。字子直。令狐楚子。性懦，精文学。唐文宗李昂太和四年（830）进士，开始从政。前后担任过弘文馆校书郎、左拾遗、左补阙、户部员外郎、右司郎中。令狐绹执政的时代，已经是唐代的晚期，政权已经缺乏振作的生命力。他没有良好的政绩记录也并不奇怪。唐宣宗是晚唐最后一个比较强势的皇帝，而令狐绹以一种小心翼翼的态度处理了他们之间的合作关系。《旧唐书》上说他的性格胆小迟缓。这也许是他身居相位达10年之久的原因之一。

③张居正（1525—1582）：字叔大，号太岳，汉族，幼名张白圭。明代湖广江陵（今属湖北省荆州市）人，时人又称张江陵。明朝中后期政治家、改革家，万历时期的内阁首辅，辅佐万历皇帝开创了"万历新政"。隆庆六年，万历皇帝登基后，张居正代高拱为首辅。当时明神宗年幼，一切军政大事均由张居正主持裁决。张居正在任内阁首辅10年中，实行了一系列改革措施。财政上清仗田地，推行"一条鞭法"，总括赋、役，皆以银缴，"太仓粟可支十年，周寺积金，至四百余万"。军事上任用戚继光、李成梁等名将镇北边，用凌云翼、殷正茂等平定西南叛乱。吏治上实行综核名实，采取"考成法"考核各级官吏，"虽万里外，朝下而夕奉行"，政体为之肃然。1582年（万历十年）6月20日卒，年五十八，赠上柱国，谥文忠（后均被褫夺），张居正也是明代唯一生前就被授予太傅、太师的大臣。为万历所忌，去世后被抄家，至天启二年恢复名誉。著有《张太岳集》、《书经直解》、《帝鉴图说》等。

④靦（miǎn）然：靦，惭愧貌。

4. 君臣之议

【题解】

本章借怀王与项羽的关系，重申君臣之义。项羽作为楚国旧臣的后代，理当服从怀王的统治，但项羽虽然听从范增的建议确立楚怀王的王位，然而其内心并不服从怀王的安排。至于怀王也充分了解这点，所以在项梁兵败之后，就剥夺其军权，把军权授予宋义。但此举也导致项羽的嫉恨，最终将宋义杀害而获取其军权。王夫之分析认为，如果当时秦王朝利用楚国君臣之间的分歧而乘机进攻，则项羽及刘邦必定失败，然而秦二世与赵高也面临同样的问题，即虽然有君臣之名，而无君臣之实。最后王夫之强调，"君臣之非独以名为义也，天之所秩，性之所安，情之所顺，非是则不能以终日"。

【原文】

怀王之立，非项氏之意也，范增①之说，以为从民望而已。臣主之名立，而其心不相释，项氏成而怀王固不能有楚。怀王念此至悉，故一乘项梁之败而夺上将军之权以授宋义②；义适遇其际而获怀王之心，故与计事而大悦。非悦其灭秦之计，悦其夺项之计也。宋义壁于安阳而项羽斩之，非愤其救赵之迟，愤其夺己之速也。义之壁安阳而不进也，非欲乘秦、赵之敝，欲得当以收项羽之兵也；其遣子相齐而送之无盐也，非不恤士卒之饥寒以自侈，为怀王树外援于齐而因以自固也。

宋义死，诸将慴③然曰："首立楚者将军家也。"羽之情见矣，义之情亦见矣，怀王之不能终安于项氏，情亦见矣。救赵则命宋义，入关则命沛公，梁死羽孤，为偏裨于宋义旌牙之下，为怀王谋项者之计得矣，而抑无以服楚人之心。幸而秦之君二世也，其相赵高也，其将章邯④、王离⑤也，无有能乘臣主之隙以闲⑥楚耳。不然，虽沛公且无以自持，况义之浅谋、羽之徒勇者乎！

于是而知君臣之非独以名为义也，天之所秩，性之所安，情之所顺，非是则不能以终日。范增立楚之说，董公缟素之谋，不足与于兴亡久矣。

【注释】

①范增（前277—前204）：秦末居鄛（今安徽巢湖市亚父乡，一说安徽桐城市练潭）人。秦末农民战争中为项羽主要谋士，被项羽尊为"亚父"。公元前206年（汉元年）随项羽攻入关中，劝项羽消灭刘邦势力，未被采纳。后在鸿门宴上多次示意项羽杀刘邦，又使项庄舞剑，意欲借机行刺，终未获成功。汉三年，刘邦被困荥阳（今河南荥阳东北），用陈平计离间楚君臣关系，被项羽猜忌，范增辞官归里，途中病死。苏轼曾经著《范增论》。

②宋义（？—前207）：原为楚国令尹。秦末楚国复辟后，成楚怀王熊心的大将军。章邯攻赵时，宋义奉楚怀王命令，统兵解救，因畏战不前，遭到项羽发动兵变，为其斩杀。

③慴（shè）：震惊恐惧。

④章邯（？—前205）：秦末著名将领，上将军。秦二世时任少府，为秦朝的军事支柱，秦王朝最后一员大将。秦二世元年（前209）九月，受命率骊山刑徒及奴产子迎击陈胜起义军周文部，屡战屡胜，使秦廷得以苟延残喘。又陆续攻灭义军田臧等部于荥阳直逼陈，迫陈胜遁走。后攻杀反秦武装首领魏咎、田儋、项梁，移师渡河攻赵。巨鹿之战中被项羽击败，漳污之战中再次被项羽击败而投降，随项羽入关，封雍王。楚汉战争中，章邯在汉王元年（前206）八月，与刘邦军屡战不利，退保废丘（今陕西兴平东南）。汉王二年（前205）六月，城破自杀。

⑤王离：秦朝名将王翦之孙，王贲之子。被封为武城侯。继其父为秦将，率兵戍边备胡。秦末农民起义爆发后，与章邯一起统率秦兵与起义军作战。巨鹿之战，兵败被俘，后去向不明。

⑥闲：防御。

5. 濡有衣袽，终日戒

【题解】

本章强调了小人的危害。秦朝灭掉六国，又派百姓去戍守边疆，但是真正能灭掉秦朝的不是六国留住的后代，也不是普通的黎民百姓，而是赵高，即所谓的小人。王夫之认为，"小人之心，智者弗能测也，刚者弗能制也"。而究其原因在于君子很难把握小人的需求，所谓"料其必不能，而或能之矣；料其必不欲，而或欲之矣"，正是由于小人的难以对付，王夫之不免感叹道，"舍褆躬慎微而求驭之之术，不堕其阱中者鲜矣"。

【原文】

秦之所殄灭而降辱者，六王之后也；戍之徒之而寡其妻孤其子者，郡县之民也；而剚①二世之首，欲灭宗室，约楚降而分王关中者，赵高也。故怨在敌国，而敌国或有所不能；怨在百姓，而百姓或有所不忍；狎及小人，而祸必发于小人。故曰"唯女子与小人为难养也"。圣人且难之，况中主以降乎！

小人之心，智者弗能测也，刚者弗能制也。料其必不能，而或能之矣；料其必不欲，而或欲之矣。项羽之暴也，沛公之明也，章邯之怨方新也，尽天下欲食高之肉而寝处其皮也，使高灭嬴氏之宗，开关以讲于诸侯，岂能免于刀俎，而况受纳地之封乎？则以智者料高，而固知其与秦相终始；以愚者料高，而亦决其与秦同齏粉②也。然而必弑胡亥以徼幸于一得，岂徒胡亥之愚，矢入幄而不觉哉？明而熟于计者，未有谓为且然者矣。祸福之外，有无藉之欲焉；死生之外，有无方之谲焉；俄顷之闲，有忽变之情焉。利亦有所不喻，而无所不逞，而后君子莫能为之防。故圣人且犹难之，诚哉其难之也！"濡有衣袽，终日戒③"。终日者，无竟之辞也。舍褆④躬慎微而求驭之之术，不堕其阱中者鲜矣。

【注释】

①剸（tuán）：割断，截断。

②齏（jī）粉：齏、粉均呈碎末状，比喻粉碎的东西。

③濡（rú）有衣袽，终日戒：濡，烂衣服或破旧棉絮。语本《易·既济》："六四，繻有衣袽，终日戒。"谓对潜伏着的危机应有所戒备。

④褆（tí）：安宁；安享。

6. 天子之权，倒持于掾史

【题解】

这章王夫之展开了对秦法的评判。历来史学家认为秦朝之所以灭亡，是因为刑法太过严苛，所以百姓不堪忍受，纷纷揭竿而起。但是王夫之在这里表达了不同的观点，他以项梁被捕为例，认为项梁虽然被追捕，但是依然可以通过人情关系而得以逃脱，说明秦朝的法律并不是没有缝隙。由此，王夫之提出了自己的新观点，认为"法愈密，吏权愈重；死刑愈繁，贿赂愈章；涂饰以免罪辜，而天子之权，倒持于掾史"。即最高统治者——皇帝无法凭借一个人治理国家，必须依靠底层官吏，如果统治者权力太过于庞大，则必然导致底层官吏权力也同样过于庞大，而如此一来，就会侵犯底层百姓的利益。

【原文】

孰谓秦之法密，能胜天下也？项梁①有栎阳逮，蕲狱掾曹咎②书抵司马欣③而事得免。其他请托公行、货贿相属、而不见于史者，不知凡几也。项梁，楚大将军之子，秦之所尤忌者，欣一狱掾，驰书而难解。则其他位尊而权重者，抑孰与御之？法愈密，吏权愈重；死刑愈繁，贿赂愈章；涂饰以免罪罟，而天子之权，倒持于掾史。南阳诸刘屡杀人而王莽不能问，皆法密吏重有以蔽之也。

设大辟于此，设薄刑于彼，细极于牛毛，而东西可以相窜。见知故纵，蔓延相逮，而上下相倚以匿奸。闰位之主，窃非分而寐寝不安，藉是以箝天下，而为天下之所箝，固其宜也。受天命，正万邦，德足以威而无疚媿者，勿效尔为也。宽斯严，简斯定。吞舟漏网而不敢再触梁笱，何也？法定于一王，而狱吏无能移也。

【注释】

①项梁：项梁（？—前208），秦国下相（今江苏省宿迁市宿城区）人。秦末著名起义军首领之一，楚国贵族后代，项燕之子。项羽的叔父。在反秦起义的战争中，因轻敌，在定陶被章邯打败，力战身死。

②曹咎：楚汉时期项羽手下大臣，在项梁、项羽叔侄还没有起义时，项梁曾因触犯刑法被抓，这时项梁委托曹咎写信给栎阳令司马欣，抵过了项梁的罪，因此受到项氏的信任，虽然能力不强，但因为对项氏的绝对忠诚而被项羽重用，官至大司马，封海春侯。汉四年初，公元前203年10月（汉以十月为一年第一月），项羽在成皋与驻军黄河北岸的刘邦对峙，楚军

因被汉军阻拒巩县（今巩义市）而无法向西进攻，汉军也难以攻下成皋。这时，刘邦派遣卢绾、刘贾率领两万多人渡过白马津协助建成侯彭越袭击楚军的后方梁地，攻下十多座城池，梁地连接楚腹地与楚军前线，一被攻下，楚军的补给线被切断，因此项羽被迫率领军队向东进攻彭越，委任曹咎守成皋，钟离眜守荥阳，临行前还对曹咎说："谨守成皋，则汉军挑战，慎勿与战，毋令得东而已，我十五日必诛彭越，定梁地，复从将军。"项羽走后，曹咎遵照项羽的命令坚守不出，刘邦得知后，就下令在成皋城边设台，每日在台上骂喊羞辱楚军，一连骂了五六天，原本性格沉稳的曹咎也沉不住气了，率军出战，渡汜水，渡到一半时汉军出击，楚军大败，成皋失陷，楚国大量物资被夺取，曹咎自知将命丧于此，又愧见项羽，于是在河边和塞王司马欣一起自刎而死。

③司马欣：司马欣（？—前204），秦朝长史，陈胜起兵后辅佐章邯作战，而后投降楚军，被项羽封为塞王，都栎阳，后来在成皋被汉军击败，与曹咎一同自刎于汜水上。

卷三　汉高帝

1. 何为固

【题解】

　　这章强调国富与民富的关系。王夫之认为"有天下者而有私财"，但是统治者所重视的则是"业业然守之以为固"，却忽视了"官天地、府万物之大用"的政治责任。如此一来，统治者必然不得民心，一旦王朝覆灭，那么统治者所搜刮的民脂民膏不过是为后来的王朝作准备，所谓"灭人之国，入其都，彼之帑皆我帑也，则据之以为天子之私"。王夫之进而举历史上的例子，"唐克西京，而隋氏之有在唐；宋入周宫，而五代之积在宋；蒙古遁，而大都之藏辇而之于南畿"。由此王夫之强调统治者必须重视民富，认为这才是国富之关键，才是长治久安之策，所谓"文、景之治，至于尽免天下田租而国不忧贫，数百年君民交裕之略，定于此矣"。

【原文】

有天下者而有私财，业业然守之以为固，而官天地、府万物之大用，皆若与己不相亲，而任其盈虚。鹿桥、钜台①之愚，后世开邾②之英君，皆席以为常，而贻谋不靖，非仅生长深宫、习奄人汙陋者之过也。灭人之国，入其都，彼之帑皆我帑也，则据之以为天子之私。唐克西京，而隋氏之有在唐；宋入周宫，而五代之积在宋；蒙古遁，而大都之藏辇而之于南畿。呜呼！奢者因之以侈其嗜欲，俭者因之以卑其志趣，赫然若上天之宝命、祖宗之世守、在此怀握之金赍而已矣。祸切剥床，而求民不已，以自保其私，垂至其亡而为盗资，夫亦何乐有此哉！

汉王之入秦宫而有心，见不及此。樊哙③曰："将欲为富家翁邪？"英达之君而见不及哙者多矣。范增曰："此其志不在小。"岂徒一时取天下之雄略乎！以垂训后嗣，而文、景之治，至于尽免天下田租而国不忧贫，数百年君民交裕之略，定于此矣。

天子而斤斤然以积聚贻子孙，则贫必在国；士大夫斤斤然以积聚贻子孙，则败必在家；庶人斤斤然以积聚贻子孙，则后世必饥寒以死。周有大赍④，散之唯恐不速，故延及三十世，而亡之日，上无覆宗之惨，民亦无冻馁攘夺之伤。后之王者，闻樊哙富翁之诮，尚知惩乎！

【注释】

①鹿桥、钜台：武王伐商成功后，将商王搜刮囤积在鹿台的财宝和钜台聚积的粮食分发给穷苦百姓，并且将商王的祭祀重器九鼎和其他国家的珍宝玉器迁到了周朝国都。

②刱（chuàng）：古同"创"。

③樊哙（kuài）：樊哙（前242—前189），汉族，沛县（今江苏省沛县）人。西汉开国元勋，大将军，左丞相，著名军事统帅。为吕后妹夫，深得汉高祖刘邦和吕后信任。后随刘邦平定臧荼、卢绾、陈豨、韩信等，为汉高祖刘邦的心腹猛将。封舞阳侯，谥武侯。四川宣汉县有樊哙镇。

④赉（lài）：赐予，给予。

2. 用人之道

【题解】

本章王夫之讨论封爵的问题。所谓"封爵者，因乎天之所予而隆之，非人主所以市天下也"，王夫之反对把爵位仅仅看作是功名利禄的象征，所谓"爵赏亦岂必其足荣哉？荣以其难得而已"。王夫之进而分析了将封爵看作是"买卖"的危害，认为"以天下市天下而已乃为天子，君臣相贸，而期报已速，固不足以一朝居矣"。而其中显明的例子，即是韩愈与项羽，项羽因为不能给有功之臣封爵，所以兵败；而韩信为了获得封爵，遭到刘邦的猜忌，最终身首异处。值得注意的是，王夫之特别强调项羽之所以失败，并非由于封爵不当，而是如陈平所言："项王所任爱，非诸项、即妻之昆弟，虽有奇士不能用。"即项羽不懂得用人之道，所以最终失败，反观刘邦，则懂得用人之道，所以最终成功。

【原文】

韩信数项羽之失曰："有功当封爵者，印刓敝①，忍不能予。"由斯言也，信之所以徒任为将而不与闻天下之略，且以不保其终者，胥在是矣。封爵者，因乎天之所予而隆之，非人主所以市天下也。且爵赏亦岂必其足荣哉？荣以其难得而已。人主轻之，天下猎之；人主重之，天下荣之。宋艺祖②许曹彬③下江南授使相。彬早知不得而安焉，故封爵不侈而彬服。非然，则更始之侯林立，而不救其亡，期于必得之不足歆也。羽不惜屈己以下人，而靳天爵，何遽非道而必亡乎？汉高天下既定之后，侈于封矣，反者数起，武帝夺之而六寓始安。承六王之敝，人思为君，而亟予之土地人民以恣其所欲为，管、蔡之亲不相保，而况他人乎！以天下市天下而已乃为天子，君臣相贸，而期报已速，固不足以一朝居矣。

抑信之为此言也，欲以胁高帝而市之也。故齐地甫定，即请王齐，信之怀来见矣。挟市心以市主，主且窥见其心，货已雠④而有余怨。云梦之俘，未央之斩，伏于请王齐之日，而几动于登坛之数语。刀械发于志欲之妄动，未有爽焉者也。信之言曰："以天下城邑封功臣，何所不服。"为人主者可有是心，而臣子且不可有是语。况乎人主之固不可以是心市天下乎！言不必信，行不必果。宋祖之慎，曹彬之明，保泰居盈之道得之矣。奚必践姑许之言而亵天之景命哉！

若夫项羽之所以失者，非吝封爵之故。信之说，不如陈平之言之允也。陈平曰："项王所任爱，非诸项、即妻之昆弟，虽有奇士不能用。"故羽非尽不知人，有蔽之者也。琐琐姻亚，踞腕仕，持大权，而士恶得不蔽？虽然，亦有由尔。羽，以诈兴者也；事怀王而弑之，属宋义而戕之，汉高入关而抑之，田荣之众来附而斩艾掠夺之。积忮害者，以己度人而疑人之忮己。轻残杀者，大怨在侧而怨不可狎。左顾右盼，亦唯是兄弟姻党之足恃为援。则使轻予人以权，己且为怀王，己且为宋义。惴惴慄慄[5]，戈戟交于梦寐，抑恶能不厚疑天下哉？然而其疑无救也。为汉王之腹心者项伯也，其兄弟也；追而迫之到者吕马童也，其故人也。从之于大败之余者三十余骑，而兄弟姻亚不与焉。怀罴求援，而终以孤立。非刓印[6]不与者甚己而贼之，其亲戚之叛已久矣。

不疚于天，则天无不祐；不愧于人，则人皆可驭。正义以行乎坦道，而居天下之广居；无所偏党，而赏罚可以致慎而无所徇；得失之几，在此而不在彼，明矣。不然，舍亲贤，行诱饵，贱名器，以徇游士贪夫之竞躁，固项羽之所不屑为者也。

【注释】

①刓（wán）敝：刓，摩挲致损，磨损，损坏。

②宋艺祖：宋朝人平日里称呼赵匡胤为"艺祖"。"艺祖"之称源于《尚书》，《尚书》把有文德才艺之古帝王称为"艺祖"，这是对开国皇帝的一种美称。

③曹彬（931—999）：字国华，真定灵寿（今属河北）人，北宋初年将领。在北宋统一战争中担任主要将领。曹彬是郭威张贵妃的外甥。后周显德五年，奉诏出使吴越，累官至引进使；严于治军，尤重军纪。乾德二年率军灭后蜀，以不滥杀著称，升宣徽南院使。开宝七年率水陆军10万攻灭南唐，次年克金陵，又决策伐北汉和攻辽，以功擢枢密使。雍熙三年，宋分兵三路攻契丹，他为东路军主将，因孤军冒进、兵疲粮乏撤军，至岐沟关被契丹军击败，致宋军全线溃退，降右骁卫上将军。后复起为侍中、武宁军节度使。宋真宗即位复任枢密使。死后谥号武惠。

④雠（chóu）：仇。

⑤惴惴慄慄：恐惧的样子。慄，同"栗"，又忧愁，又恐惧。

⑥刓（wán）印：刓，削，刻，挖刻。印，图章，戳记。语出《史记·郦生陆贾列传》："〔项羽〕为人刻印，刓而不能授。"谓羽摩挲侯印，不忍授人。后因以"刓印"喻吝于爵赏。

3. 天下为之名

【题解】

孔子认为，"名不正则言不顺"，强调正名的作用。王夫之在这里重申正名的重要性，要求"因名以立义，为可由不可知之民言也"。历代群雄逐鹿，所追逐者不过政权，所谓"马上打天下"，然而"打天下"的方式导致黎民百姓生灵涂炭，王夫之自然反对这一状况。在王夫之看来，之所以形成打天下的局面其始作俑者是秦始皇，所谓"秦灭国，互相噬而强者胜耳。若其罪，莫甚于殄周"。继秦始皇者，则是项羽，废掉义帝。然而名义上的最高统治者死了之后，究竟谁可以作为新的最高统治者呢？这就产生政权合法性的问题，而刘邦就为义帝发丧而获取政权的合法性，然而刘邦的所作所为并不一定是真心悲哀义帝，不过是获取此名义，用来打败项羽。但刘邦的做法成为后世统治者惯用的手法。

【原文】

名义云者，因名以立义，为可由不可知之民言也。不知义矣，为之名以使之顾而思，抑且欲其顾而思而不但名也，况君子之以立民极而大白于天下者哉！谓董公说高帝为义帝发丧为汉之所以兴者，率天下后世而趋于伪，必此言夫！

忠孝非人所得而劝也。如其劝之，动其不敢不忍之心而已。

心生而后有事，事立而后有礼，礼行而后有名。名者，三累之下。天下为之名，而忠孝者不欲自居。高帝无哀义帝之心，天可欺乎？人可愚乎？彭城之败①，几死几亡，而缟素之名，不能为之救；则涂饰耳目以故主复雠②之名，无当于汉之兴，明矣。

虽然，以此正项籍之罪，使天下耻戴之为君长也则有余。何也？籍者，芈氏③之世臣也。援立义帝④者，项梁之以令诸侯者也。刘氏世不臣于楚，其屈而君怀王也，项氏制之耳。高帝初无君怀王之心，则可不哀怀王之死。为天下而讨弑君之贼，非人弑己君而有守官之责者也。故发丧之后，高帝亦终不挟此以令天下；而数羽之罪，不嫌以背约不王己于秦为首。则董公之说，亦权用之一时，而高帝亦终不以信诸心。呜呼！貌为君子者，日言心而以名为心，日言义而以名为义，告子恶得不以义为外而欲戕贼之乎？

秦灭国，互相噬而强者胜耳。若其罪，莫甚于殄周。楚幸不亡于秦，而楚且为秦。非其世臣，非其遗胄，抑何必戴楚以为君。戴楚者，项氏之私义也。汉亦何用引项氏之义以为己义乎！此义不明，但有名而即附诸义焉。李嗣源⑤，夷裔也，名为唐而唐之；李昪⑥，不知其为谁氏之子也，名为唐而又唐之。有名而无义，名为义而义不生于心，论史者之乱义久矣。中国立极之主，祖考世戴之君，明明赫赫在人心而不昧；臣子自有独喻之忱，行其不敢不忍者，而岂但以名哉！

【注释】

①彭城之败：中国楚汉战争中，项羽击败刘邦于彭城（今江苏徐州）的一次奔袭战。秦亡后，项羽自称西楚霸王，分封十八诸侯。刘邦被封为汉王，都南郑（今陕西汉中），为争夺天下，刘邦乘项羽攻打齐、赵之机，

击败章邯、董翳、司马欣三王，夺占关中。汉王二年（前205）三月，刘邦联络诸侯，在洛阳声讨项羽，揭开了楚汉战争序幕。

②雠（chóu）：仇。

③芈（miē）氏：芈，芈姓是我国较古老的姓氏，是周时楚国贵族的祖姓。

④义帝：即熊心，战国时楚怀王熊槐之孙，楚亡后，隐匿民间为人牧羊。项梁起事，采纳范增的建议，自称武信君并立熊心为楚怀王，以从民望。项梁在定陶败死，怀王以宋义为上将军，项羽为次将，率兵救赵。又令刘邦西向略地入关。与诸将约，先入关中者王之。项羽杀宋义，在钜鹿大败章邯，怀王遂以项羽为上将军。后来刘邦先入关中，项羽使人还报怀王。怀王答复照原约办，项羽因此怨恨怀王，于是佯尊怀王为义帝，徙长沙郴县，而暗中令英布等人弑怀王于长江中。

⑤李嗣源（867—933）：沙陀部人，原名邈吉烈，李克用养子，五代时期后唐第二位皇帝，926—933年在位。李嗣源初以战功官至蕃汉内外马步军总管。同光元年（923），庄宗李存勖领兵取汴梁，灭后梁。四年（926），李存勖在兵变中被杀，嗣源入洛阳监国。即位后改名亶，改元天成。杀酷吏孔谦，褒廉吏，罢宫人、伶官，废内库，注意民间疾苦。但因其不通汉文，难亲理朝政。又兼用人不明，姑息藩镇，权臣安重诲跋扈，次子李从荣骄纵，以致变乱迭起。弥留之际，从荣举兵反，饮恨而死。谥号圣德和武皇帝，庙号明宗，葬于徽陵。

⑥李昇：南唐烈祖李昇（888—943），字正伦，小字彭奴，徐州人，五代时期南唐建立者。原称"徐知诰"，是南吴大臣徐温养子。李昇在位期间，勤于政事，并兴利除弊，变更旧法；又与吴越和解，保境安民，与民休息。然而因服用方士丹药中毒，个性变得暴躁易怒。升元七年（943）背上生疮，不久病情恶化去世，谥光文肃武孝高皇帝，庙号烈祖，子李璟继位。

4. 吾何功

【题解】

王夫之认为"毒天下而以自毒者，其唯贪功之人乎"。楚汉战争时期，郦食其游说齐国，希望齐国投降，但是由于韩信贪功冒进，对齐国展开攻势，致使郦食其被齐国杀害，而齐国的统治者也遭受到了灭顶之灾。王夫之不免感叹道，"贪功之念发于隐微，而血已漂卤也"。古来将领所考虑的大都是自己的军功，而很少考虑能通过和平的方式解决问题，如龙且就认为："救齐，不战而降之，吾何功？"对此，王夫之评价道，"举人之宗社人民存亡生死之大，而不满恜人之谿壑，毒螫人而蠹蛊亦死"。

【原文】

毒天下而以自毒者，其唯贪功之人乎！郦生①说下齐，齐已受命，而汉东北之虑纾，项羽右臂之援绝矣。黥布②盗也，一从汉背楚而终不可叛。况诸田之耿介，可以保其安枕于汉也亡疑。乃韩信一启贪功之心，从蒯彻③之说，疾击已降，而郦生烹，历下之军，蹀血盈野，诸田卒以殄其宗。惨矣哉！贪功之念发于隐微，而血已漂卤也。

龙且④亦犹是也，军于高密，客说以深壁勿战，令齐王招散民，反汉而归己，汉客兵不容于久留而必溃败，以全三军尊楚势而保齐，岂不贤于浪战以死亡乎？且则曰："救齐，不战而降之，吾何功？"虽其后胜败不同，而且之心亦信之心也。信以其毒毒齐，而齐民骈死，田氏以亡；且以其毒自毒，而潍水涌流，楚军大覆，田氏不救。举人之宗社人民存亡生死之大，而不满恜人之谿壑⑤，毒螫人而蠹蛊⑥亦死。信幸破齐以自请王齐，而未央之

诛已伏于此，且亦以其身毙于潍水之上。然则贪功而毒人，亦自
雠其项领而速之斩也。悲哉！愚不可瘳已。

李左车⑦下全燕而燕不叛，随何收九江而黥布无疑。善用人
者，亦何利有贪功之人，以贼天下而多其衅哉！汉虽有齐而力已
疲，楚覆救齐之兵而项王大惧，恃人不黜而能定天下，未之
有也。

【注释】

①郦生：郦食其（yì jī）（？—前203），秦朝陈留县高阳乡（今河南开
封陈留）人。少年家境贫寒，好读书，只得当了一名看管里门的下贱小
吏。但是尽管如此，县中的贤士和豪强却不敢随便役使他，县里的人们都
称他为"狂生"。秦二世元年（前209）秋，陈胜、项梁起义，食其隐匿不
出，静观时局发展。刘邦兵临陈留，访求当地豪杰，食其乃跟随刘邦，用
计攻克陈留，得到大批军粮。刘邦封食其为广野君，出使各国诸侯；以其
弟郦商为将，进攻秦朝。秋，兵临武关，食其劝秦将归降，不战而下武
关，刘邦攻入咸阳，秦朝灭亡。在楚汉两军相持苦战难解难分情势被动的
局面下，他建议汉王夺取荥阳，占据敖仓，获得巩固的据点和粮食补给，
为日后逆转形势反败为胜奠定了基础。又出使齐国，劝齐王田广归汉，齐
王乃放弃战备，以七十余城降汉。汉王四年戊戌初（前204年11月），汉
将淮阴侯韩信嫉妒食其之功，发兵袭击齐国，齐王田广认为被骗，乃烹杀
郦食其，时年约六十有五，墓在雍邱（今河南省杞县）。郦食其以其三寸
之舌游说列国，为刘邦的"统一战线"做了重大贡献，尤其是在楚汉战争
后期，游说了齐国归顺，刘邦平定英布后，分封时很挂念郦食其，想封其
子郦疥为侯，虽然郦疥多次领兵打仗，但军功未至于封侯，最后刘邦仍破
例封郦疥为高梁侯。

②黥布：英布（？—前196），秦末汉初名将。六县（今安徽六安）
人，因受秦律被黥，又称黥布。初属项梁，后为项羽帐下五大将之一，封

九江王，后叛楚归汉，汉朝建立后封淮南王，与韩信、彭越并称汉初三大名将，前196年起兵反汉，因谋反罪被杀。

③蒯（kuǎi）彻：蒯通，本名蒯彻，范阳（今河北徐水北固镇）人，因为避汉武帝之讳而改为通。蒯通辩才无双，善于陈说利害，曾为韩信谋士，先后献灭齐之策和三分天下之计。韩信死后被刘邦捉拿后释放，后成为相国曹参的宾客。据传，东汉末年刘表的谋臣蒯良、蒯越是其后裔。

④龙且：龙且（jū）（？—前203），楚汉之争时代人物，秦末楚汉争霸时期西楚国猛将。项羽手下第一猛将，与季布、钟离眛、英布同为楚军大将。前206年，汉王刘邦起兵平定三秦，楚将龙且和魏相项声与汉将灌婴在定陶之南交战失败。前204年，龙且、项声攻淮南，大破黥布军。黥布逃亡汉军处。前203年10月，韩信平定临淄，项羽派遣龙且率兵20万攻打韩信。11月，龙且与韩信在潍水对阵。韩信在夜间于潍水上流堆土袋造堰塞水。韩信率军半渡攻击龙且军，假装败走。率军追击。韩信决堰淹龙且军，韩信反击，龙且被杀。

⑤谿壑（xī hè）：溪谷，亦借喻难以满足的贪欲。

⑥蠭（fēng）虿：蠭，"蜂"的异体字。蜂和虿都是有毒刺的螫虫。

⑦李左车（jū）：李左车（生卒年不详），西汉柏人（邢台隆尧）人。赵国名将李牧之孙，秦汉之际谋士。秦末，六国并起，李左车辅佐赵王歇，为赵国立下了赫赫战功，被封为广武君。赵亡以后，韩信曾向他求计，李左车提出："百战奇胜"的良策，才使韩信收复燕、齐之地。

5. 君臣一心

【题解】

本节分析了刘邦夺走韩信的兵权，但没有引起韩信反叛的原因。王夫之称赞道这是"汉王之所以不可及也"。王夫之分析认为，刘邦对韩信非常坦诚，"使信坦然见其心也"，刘邦的所作所为，"无不可使信知之矣"，由此，获取了韩信的信任，所谓"信固知己之终为汉王倚任而不在军之去留也，故其视军之属汉也无以异于己"，王夫之尤其强调君臣一心的观点，并以周武王为例，所谓"十人之同乎武王，武王同之也"。

【原文】

韩信下魏破代而汉王收其兵，与张耳①破赵而汉王又夺其兵，何以使信帖然听命而抑不解体以飏②去哉？此汉王之所以不可及也。制之者气也，非徒气也，其措置予夺之审有以大服之也。结之者情也，非徒情也，无所偏任，无所听荧，可使信坦然见其心也。吾之所为，无不可使信知之矣。信固知己之终为汉王倚任而不在军之去留也，故其视军之属汉也无以异于己。无疑无怨，何所靳而生其忮慧乎？假使夺信军而授之他人，假使疑信之反而夺其军以防之，项王一印之刓而信叛，三军之重，岂徒一印之予夺乎！

心不可使人知者，以柔用之而败，以刚用之而速亡。有所偏听、怗党而疑人者，不能制之而死于其人，能制之而其人速叛以去。武王曰："予有乱臣十人，同心同德。"十人之同乎武王，武王同之也。

【注释】

①张耳（前264—前202）：大梁（今河南开封）西北人。秦末汉初人物，曾参加秦末农民起义军，项羽分封十八路诸侯时，张耳被封为常山王，后归汉成为刘邦部属，被加封为赵王，建都邯郸。汉高帝五年薨，谥曰景王。习称赵景王。

②飏（yáng）：同"飏"，飞扬，飘扬。

6. 顺天体命，而人得以生

【题解】

本章分析了兵权的问题。刘邦刚一打败项羽，就立马把韩信的兵权给夺走。王夫之分析道："大敌已平，信且拥强兵也何为？故无所挟以为名而抗不听命，既夺之后，弗能怨也"。王夫之对此称赞道，"夺之速而安，以奠宗社，以息父老子弟，以敛天地之杀机，而持征伐之权于一王，乃以顺天休命，而人得以生"。王夫之进而分析，韩信当初不听从蒯彻的意见去"三分天下"是有其内在考虑的，即如果自立为王，必然遭受左右夹击，最终落得功败垂成的地步。同时，王夫之强调，宋太祖夺藩镇与高祖夺韩信君并不相同，在于韩信"非石守信、高怀德之俦也"，即韩信有称王的野心。

【原文】

汉王甫破项羽，还至定陶，即驰夺韩信军，天下自此宁矣。大敌已平，信且拥强兵也何为？故无所挟以为名而抗不听命，既夺之后，弗能怨也。如姑缓之，使四方卒有不虞之事，有名可据，信兵不可夺矣。夺之速而安，以奠宗社，以息父老子弟，以敛天地之杀机，而持征伐之权于一王，乃以顺天休命，而人得以生。

且信始不从蒯彻之言与汉为难者，项未亡也。参分天下，鼎足而立，蒯彻狂惑之计耳。昔者韩尝以此持天下之纵横，然吞于秦而不救，其覆轨矣。信反于齐，则张耳扼其西，彭越①控其南，鼎足先折而徒为天下蟊贼。信知其不可而拒彻，计之深也。项王灭，汉王倦归于关中，信起而乘之，乃可以得志。彻之说，信岂须臾忘哉？卞庄子②小死大毙一举而两得之术，俟时而发，发不旋踵矣。其曰"不忍背汉"者，姑以谢彻耳。削王而侯，国小而无兵，尚欲因陈豨③以发难；拥三齐之劲旅，西向而虎视，尚谁忌哉？

或曰宋太祖之夺藩镇也类此。而又非也。信者，非石守信④、高怀德⑤之俦也。割地而王，据屡胜之兵，非陈桥拥戴之主也。故宋祖惩羹吹齑⑥而自弱，汉高拔本塞源以已乱，迹同而事异。其权不在形迹之闲也。

【注释】

①彭越：西汉开国功臣、著名将领，秦末聚兵起义，初在魏地起兵，后率兵归刘邦，拜魏相国、建成侯，与韩信、英布并称汉初三大名将，西汉建立后封为梁王。后因被告发谋反，被刘邦以"反形已具"的罪名诛杀三族，枭首示众。

②卞庄子：卞庄子是个孝子，他的母亲在世时，他随军作战，三战三败，朋友看不起他，国君羞辱他。及其母死三年，鲁国兴师伐齐，他请求从战，三战三获敌人甲首，以雪昔日败北之耻，最后又冲杀七十人而告阵亡。

③陈豨（？—前195）：宛朐（今山东省菏泽市东明西南）人，汉高祖七年，韩王信反叛，逃入匈奴，高祖带兵到平城而回，封陈豨为列侯，以赵国相国的身份统率赵国、代国的军队。

④石守信（928—984）北宋开国将领。浚仪（今河南开封）人。五代后周时累官至殿前都指挥使、义成军节度使，与赵匡胤结为异姓兄弟。赵匡胤建宋后，参加平定潞州、扬州等战役；961年（建隆二年）任侍卫亲军马步都指挥使。963年（乾德元年）春，被宋太祖杯酒释兵权。972年（开宝五年），守信之子石保吉娶宋太祖第二女延庆公主。979年（太平兴国四年），随宋太宗征辽。982年（太平兴国七年），徙镇陈州。

⑤高怀德（926—982）北宋初年大将。字藏用，五代时常山真定（今河北正定）人。宋太祖妹夫。以拥戴有功，宋初为殿前副都点检，曾参与平定李筠、李重进之乱。后与石守信等秉太祖意图自请解除兵权。太宗时官武胜军节度使兼侍中。死后追封渤海郡王。葬于永安县（今河南巩义）。

⑥惩羹（gēng）吹齑（jī）：羹，用肉、菜等煮成的汤；齑，细切的冷食肉菜。被热汤烫过嘴，吃齑也要吹一吹。比喻受到过教训，遇事过分小心。

7. 大略大功

【题解】

王夫之认为，刘邦初登皇位，刚开始并没有"封子弟功臣"为王，而是"首以长沙王吴芮、闽粤王无诸"，王夫之赞同了这个做法，称其为"大略"。从事实说，这两个人都没有"灭项"的功劳，但是却有"破秦之功"。王夫之认为此举是"以天下之功为功，而不功其功，"，并称赞为"大功"。因为在当时的情况下，"楚、汉争于北，而南方无事，久于安则乱易起，立王以镇抚之"，王夫之进而分析，这种布局必然是张良的计谋。

【原文】

汉王初即皇帝位，未封子弟功臣，而首以长沙王吴芮①、闽粤王无诸②，此之谓"大略"。二子者，非有功于灭项者也，追原破秦之功而封之。以天下之功为功，而不功其功，此之谓"大公"。楚、汉争于北，而南方无事，久于安则乱易起，立王以镇抚之，此之谓"制治于未乱"。以项羽宰天下不公为罪而讨之，反其道而首录不显之绩，此之谓"不遗遗，得尚于中行"。若此者，内断之心，非留侯所得与，况萧何、陈平之小智乎！量周天下者，事出于人所不虑，若迂远而实协于人心，此之谓"不测"。

【注释】

①吴芮（约前241—前201）：秦汉交替时期的百越领袖，江西历史上第一个有明确记载的杰出人物。南昌城赣江岸边的滕王阁第四楼，有一幅巨大的江西历史文化名人壁画。在这些杰出人物中，鄱阳县人吴芮居第一。他是第一个响应秦末农民起义的秦吏，项羽分封诸侯，吴芮被封为衡阳王；汉朝建立，改封为长沙王。卒于公元前201年，谥"文王"。

②无诸（生于战国晚期，卒于汉初）：汉闽越王，姓驺氏，为越王勾践的十三世孙。越国解体后，无诸移居闽地，占有福建及周边地区，自称闽越越王。秦统一后，降为君长。秦以其辖地为闽中郡。王号被撤的无诸怒而揭竿，率闽中兵从诸侯灭秦。秦亡，褊狭的项羽掌政令，仕途坎坷的无诸再次与闽王之称无缘，血液中不安分的因素再次促使他率兵抗楚，为汉王朝的建立立下汗马功劳。

8. 古者兵皆出于农

【题解】

这章王夫之论述了兵与农的关系。王夫之认为，"古者兵皆出于农，无无家者也"，正是由于兵来源于农，所以在战争结束之后，兵员可以复归乡里，而不会引起骚乱等问题。王夫之尤其强调，打仗时不能骚扰百姓，"汉起巴蜀、三秦之卒，用九江、齐、赵之师，不战其地，不扰其人，无闾井之怨"。王夫之认为，治国要以民为本，所谓"国不縻，农不困，兵有所归"。

【原文】

秦、项已灭，兵罢归家，何其罢归之易而归以即乎安？古者兵皆出于农，无无家者也，罢斯归矣。汉起巴蜀、三秦之卒，用九江、齐、赵之师，不战其地，不扰其人，无闾井^①之怨，归斯安矣。后世召募失业之民，欲归而无所归，则战争初息而遣归之也难。善师古者，旁通而善用之。则汉抑有"民相聚山泽不书名数者，复其故爵田宅，教训而优恤之"之诏，是可为后世师者也。无所侵伤于民，而禁其仇杀；非有官爵田里，而为之授以隙地；宽假以徭役，而命为稍食之胥卒。以此散有余之卒，熟计而安存之，奚患亡术哉？高帝甫一天下，而早为之所。国不糜，农不困，兵有所归。下令于流水之源，而条委就理，不谓之有"大略"也得乎！

【注释】

①闾井：闾里，居民聚居之处。

9. 义是心之制

【题解】

这节强调义与术的关系。王夫之认为"以大义服天下者，以诚而已矣，未闻其以术也"，当然如果假义为术，则"义始贼"。在王夫之看来，义是"心之制也，非天下之名"。王夫之特别列举了刘邦与丁公的例子，当初刘邦兵败，丁公饶恕刘邦，后来项羽失败，丁公拜见刘邦，而刘邦却将丁公抓起来，然后在士兵之中游行示众，认为丁公作为项羽的部将，却将刘邦放走，是不忠义的表现。王夫之对此事进行了批判，认为刘邦"欲惩人臣之叛其主，而先叛其生我之恩，且嚣然曰是天下之公义也"。王夫之由此强调统治者要遵循"义"，认为要"纯用其天良之喜怒恩怨以为德威刑赏，而不杂以利者也"。

【原文】

　　以大义服天下者，以诚而已矣，未闻其以术也；奉义为术而义始贼。义者，心之制也，非天下之名也。心所勿安而忍为之，以标其名，天下乃以义为拂人之心而不和顺于理。夫高帝当窘迫之时，岂果以丁公①为可杀而必杀之哉？当诛丁公之日，又岂果能忘丁公之免己而不以为德哉？欲惩人臣之叛其主，而先叛其生我之恩，且嚣然曰是天下之公义也。则借义以为利，而吾心之恻隐亡矣。

　　夫义，有天下之大义焉，有吾心之精义焉。精者，纯用其天良之喜怒恩怨以为德威刑赏，而不杂以利者也。使天下知为臣不忠者之必诛而畏即于刑，乃使吾心违其恩怨之本怀，矫焉自诬以收其利。然则义为贼仁之斧而利之囮也乎？故赦季布②而用之，善矣，足以劝臣子之忠矣。若丁公者，废而勿用可也；斩之，则导天下以忘恩矣。恩可忘也，苟非刑戮以随其后，则君父罔极之恩，孰不可忘也？呜呼！此三代以下，以义为名为利而悖其天良之大蠹也。

【注释】

　　①丁公：名固，秦朝末年薛县人，西汉大将季布的同母异父的弟弟，司马贞认为他是季布的舅舅，西楚霸王项羽的武将。前205年，刘邦在彭城之战中大败而逃，丁公率兵在彭城以西追上了刘邦，两军短兵相接，刘邦急了，回头对丁公说："两条好汉难道要互相迫害吗？"丁公便带兵返回，刘邦因此突围而去。项羽失败后，丁公拜见刘邦，刘邦把丁公带到军队中游行示众，说："丁公作为项羽的臣子却不忠诚，让项羽失去天下的人，就是丁公。"于是刘邦杀死了丁公并说："让后世做臣子的人不要效仿丁公！"

②季布：生卒年不详，楚地下相（今江苏省宿迁市宿城区）人，曾效力于西楚霸王项羽，为项羽帐下五大将之一，多次击败刘邦军队。项羽败亡后，被汉高祖刘邦悬赏缉拿。后在夏侯婴说情下，刘邦饶赦了他，并拜他为郎中。惠帝时，官至中郎将。文帝时，任河东郡守。季布为人仗义，好打抱不平，以信守诺言、讲信用而著称。所以楚国人中广泛流传着"得黄金百斤，不如得季布一诺"的谚语。"一诺千金"这个成语也是从这儿来的。

10. 明哲保身

【题解】

这章讨论了张良这个人的性格。司马光评论张良，认为"明哲保身，子房有焉"，但是王夫之对此并不赞同。王夫之认为，张良有"家世相韩，为韩报雠"的背景，所以张良在帮助刘邦平定天下之时，为了防止刘邦嫉妒，就表明"愿弃人间事，从赤松子游"，但另一方面也确实说明张良"视汉之爵禄为鸿毛，而非其所志"。正因为如此，刘邦才把太子的事情托付给张良，始终对张良不怀疑。后世的徐庶也是类似于张良，进入曹营之后，一言不发，而曹操始终不能将其加害，反观谢灵运，虽然表面上"本自江海人，忠义感君子"，但是始终有功利之心，所以最终"身死而名辱"。

【原文】

留侯①欲从赤松子②游，司马温公③曰："明哲保身，子房有焉。"未足以尽子房也。子房之言曰："家世相韩，为韩报雠。"身方事汉，而暴白其终始为韩之心，无疑于高帝之妒。其忘身以伸志也，光明磊落，坦然直剖心臆于雄猜天子之前。且曰："愿弃人间事，从赤松子游。"视汉之爵禄为鸿毛，而非其所志。忠臣孝子青天皎日之心，不知有荣辱，不知有利害，岂尝逆亿信之必夷、越之必醢④，而厪⑤以全身哉！抑惟其然，而高帝固已喻其志之贞而心之洁矣，是以举太子以托之，而始终不忒。

呜呼！惟其诚也，是以履虎尾而不疚。即不幸而见疑，有死而已矣，弗能内怀忠而外姑为佞也。曹操之甚毒也，徐庶⑥怀先主之知，终始不与谋议，而操无能害，况高帝之可以理感者乎！若夫未忘故主，而匿情委曲以避患，谢灵运⑦之所以身死而名辱。"本自江海人，忠义感君子"，孰听之哉？

【注释】

①留侯：秦末张良运筹帷幄，佐刘邦平定天下，以功封留侯。诗文中常用为称颂功臣之典。

②赤松子：又名赤诵子，号左圣南极南岳真人左仙太虚真人，秦汉传说中的上古仙人。相传为神农时雨师。能入火自焚，随风雨而上下。赤松子曾服用水玉这种药物祛病延年，并把这种方法教给神农氏。他还能跳入火中去焚烧自己而无任何损害。他常常去神仙居住的昆仑山，住在西王母的石头宫殿里。他还能随着风雨忽上忽下戏耍。炎帝的小女儿追随他学习道法，也成了神仙中人，与他一起隐遁出世。到了高辛氏统治时，他又出来充当雨师布雨，现在天上管布雨的神仙仍是赤松子。

③司马温公：司马光（1019年11月17日—1086），字君实，号迂叟，汉族，陕州夏县（今山西夏县）涑水乡人，世称涑水先生，北宋政治家、史学家、文学家。历仕仁宗、英宗、神宗、哲宗四朝，卒赠太师、温国公，谥文正，为人温良谦恭、刚正不阿；做事用功刻苦、勤奋。以"日力不足，继之以夜"自诩，其人格堪称儒学教化下的典范，历来受人景仰。

④醢（hǎi）：古代的一种酷刑，把人杀死后剁成肉酱。

⑤厪（jǐn）：小屋，古同"廑"。

⑥徐庶：生卒年不详，字元直，原颍川郡长社县（治今河南长葛市东）人。东汉末年刘备帐下人物，后归曹操，并仕于曹魏。徐庶本名福，寒门子弟，早年为人报仇，被同党救出后改名徐庶，求学于儒家学舍。后中州兵起，与同郡石广元避难于荆州，与司马徽、诸葛亮、崔州平等人为友。刘备屯驻新野时，徐庶前往投奔，并向刘备推荐诸葛亮。曹操南下时因母亲被曹操所掳获，徐庶不得已辞别刘备，进入曹营。后来这件事被艺术加工，"身在曹营心在汉"、"徐庶进曹营，一言不发"等被广为流传。而徐庶也成为孝子的典范被称赞。

⑦谢灵运（385—433）：汉族，原籍陈郡阳夏（今河南省太康县），出生在会稽始宁（今绍兴市上虞区谢塘镇），是陈郡谢氏士族。南北朝时期杰出的诗人、文学家，东晋名将谢玄之孙，母亲是王羲之与郗璿的独女王孟姜的女儿刘氏，小名"客"，人称谢客。又以袭封康乐公，世称谢康乐。主要创作活动在刘宋时代，中国文学史上山水诗派的开创者。由谢灵运始，山水诗乃成中国文学史上的一大流派，最著名的是《山居赋》，也是见诸史册的第一位大旅行家。谢灵运还兼通史学，工于书法，翻译佛经，曾奉诏撰《晋书》。《隋书·经籍志》、《晋书》录有《谢灵运集》等14种。元嘉八年（431），文帝以之为临川内史，赐秩中二千石。在郡游放，与任永嘉太守时同样不理政务，为有司所纠。司徒遣使随州从事郑望生拘捕之，谢反而将郑扣押，并兴兵叛逸，并赋诗一首："韩亡子房奋，秦帝鲁连耻。本自江海人，忠义感君子。"以张良、鲁仲连自比，暗示要像他们那样为被灭亡的故国复仇雪耻。文帝爱其才，欲免官而已；彭城王谓不宜恕，但宜宥及后嗣，可降死一等，徙付广州。其后，有人犯赵钦，招供有人欲于三江口将谢劫走，有司又奏依法收治，太祖诏于广州行弃市刑。临死作诗曰："龚胜无余生，李业有终尽。嵇公理既迫，霍生命亦殒。凄凄凌霜叶，网网冲风菌。邂逅竟几何，修短非所愍。送心自觉前，斯痛久已忍。恨我君子志，不获岩上泯。"诗所称龚胜、李业，犹前诗子房、鲁连之意也。时元嘉十年，年四十九。

11. 重视外患

【题解】

本章分析了夷狄的问题。中国历史上的夷狄主要是指游牧民族，从事实上看，汉民族作为农耕民族，经常受到北方游牧民族的侵扰，此导致历朝历代都将国防或者军事作为政治的主要问题。王夫之认为，夷狄的起源，是来自于冒顿。公元前201年（汉六年），匈奴大规模进攻马邑，韩王信投降了匈奴。匈奴得到了韩信，于是率兵向南越过了句注山，攻打太原，直到晋阳城下。公元前200年（汉七年），刘邦亲自领兵前去迎击匈奴，但却被困在白登，后用陈平的计谋才得以出逃。王夫之认为，古往今来，正是由于内应的存在，才导致外敌入侵。王夫之强调，国家要对外患非常重视，否则就会贻害无穷。

【原文】

中国夷狄之祸，自冒顿①始。冒顿之阑入句注、保太原，自韩王信②之叛降始。信失韩之故封而徙于太原，其欲甘心于汉久矣。请都马邑，近塞而易与胡通；数使之胡求和，阳为汉和而阴自为降地；畜不逞以假手于冒顿，不待往降之日，而早知其志在胡矣。

非韩信则冒顿不逞，非石敬瑭③则邪律氏不横，求如郭子仪④与吐蕃、回纥有香火缘而无贰心者，今古无两人。然则以狡焉不逞之强帅置之边徼，未有不决堤焚林以残刘内地者也。饥鹰猘犬⑤，不畜之樊圈，而轶之飃飞霎⑥走之地，冀免祸于目前，而首祸于千古。甚哉高帝之偷也！

【注释】

①冒顿（mò dú）：（? —前 174）冒顿是人名，姓挛鞮（luān dī），单于是匈奴部落联盟的首领称号。于公元前 209 年（秦二世元年），杀父头曼单于而自立。他是匈奴族中第一个雄才大略的军事家、统帅。公元前 209 年至公元前 174 年在位。

②韩王信：（? —前 196）是秦末汉初的人物，西汉初年被刘邦封为韩王，后来投降匈奴，前 196 年与汉军作战时被杀。为避免与同时期同名同姓的淮阴侯韩信混淆，史书上多称其为韩王信。《史记·韩信卢绾列传》记载其事迹。

③石敬瑭：后晋高祖石敬瑭（892—942），五代十国时期后晋开国皇帝。年轻时朴实稳重，寡言笑，喜兵书，重李牧、周亚夫之行事，隶属李克用义子李嗣源帐下，后梁朱温与李克用、李存勖父子争雄，石敬瑭冲锋陷阵，战功卓著。后梁贞明元年（915），李存勖得魏州，梁将刘寻急攻清平（今山东清县），李存勖急往驰援，为刘寻所围。石敬瑭率十余骑击败刘寻，救李存勖于危难之中。李存勖拊其背而壮之，由此声威大振，在军中名噪一时。他还数次解救李嗣源于危急之中，从而得到器重，逐渐成为李嗣源之心腹。李嗣源遂把女儿永宁公主嫁给他，并让他统率"左射军"的亲兵。唐末帝李从珂继位后，任石敬瑭为河东节度使，但双方互相猜忌。清泰三年（936），石敬瑭起兵造反，后唐军兵围太原，石敬瑭向契丹求援，割让幽云十六州，并甘做"儿皇帝"，成为卖国贼。随后，石敬瑭灭后唐，定都汴梁，国号"晋"。天福七年（942），忧郁成疾，于六月死去，时年 51 岁，谥圣文章武明德孝皇帝，庙号高祖，葬于显陵（河南宜阳县西北）。

④郭子仪：（697—781），华州郑县（今陕西华县）人，祖籍山西太原，唐代政治家、军事家。郭子仪早年以武举高第入仕从军，积功至九原太守，一直未受重用。安史之乱爆发后，郭子仪任朔方节度使，率军勤王，收复河北、河东，拜兵部尚书、同中书门下平章事。公元 757 年，郭子仪与广平王李俶收复西京长安、东都洛阳，以功加司徒，封代国公。后

因承担相州兵败之责，被解除兵权，处于闲官。公元762年，太原、绛州兵变，郭子仪被封为汾阳王，出镇绛州，不久又被解除兵权。公元763年，仆固怀恩勾结吐蕃、回纥入侵，长安失陷。郭子仪被再度起用，任关内副元帅，再次收复长安。公元765年，吐蕃、回纥再度联兵内侵，郭子仪在泾阳单骑说退回纥，并击溃吐蕃，稳住关中。公元780年，郭子仪被尊为"尚父"，进位太尉、中书令。次年，郭子仪去世，赐谥忠武，追赠太师。

⑤猘（zhì）犬：猘，疯狗。

⑥奰（bì）：不醉而怒。

读四书大全说

卷一　大　学

《大学序》

【题解】

王夫之的学说意向，在《大学序》中就表达的很明确。也即确定稳固的道德理性性体的绝对规定，并由此导出知性与行性的统一合体。因此，大学所说的知性，本身是有着前提限定的，这一限定确定了王学知性的性质——是道德性体开出的，不具有常规的一般性，其含义是专有的，属于专项人文，直接落实到政教德行上去，完成其善的目的。因此，这一知性承载的不是人类智识，而是担负人类内心的道德裁决。因此，王夫之的知性学说是相对封闭的，是对人们当下生活的关注与处理，而不是开放的趋向未知，以便求得真知。

王夫之认为"智与知"有"体与用"的区别，"性与才"也是如此。体与用起到最起码的规定切分作用。智作为性体，它是体现某一项人文性的，即作为政教的人所具有的仁义礼智之性来定位，绝对不是那种泛化的知性理解。

王夫之用识字来比喻"知"，用写字来比喻"行"，开启了他注重"行"的整体学说方向。正如古人以小学主行、大学主知那样，实则已包含了儒学一条较为恒定的公式，即从小学到大学：行—知—行这个过程。知是作为行的前提和准备，是必要条件。

【原文】

一

凡"仁义礼智"兼说处，言性之四德。知字，大端在是非上说。人有人之是非，事有事之是非，而人与事之是非，心里直下分明，只此是智。胡云峰据朱子解"致知"知字："心之神明，所以妙众理、宰万物"，释此智字，大妄。知字带用说，到才上方有；此智字则是性体。"妙众理，宰万物"，在性体却是义、礼上发底。朱子释义曰"心之制，事之宜"，岂非以"宰万物"者乎？释礼曰"天理之节文"，岂非以"妙众理"者乎？

沈氏之说，特为精当。云"涵"云"具"，分明是个性体。其云"天理动静之机"，方静则有是而无非，方动则是非现，则"动静之机"，即"是非之鉴"也。惟其有是无非，故非者可现；若原有非，则是非无所折衷矣。非不对是，非者非是也。如人本无病，故知其或病或愈。若人本当有病，则方病时亦其恒也，不名为病矣。

二

先王以乐教人，固如朱子说，以调易人性情。抑乐之为道，其精微者既彻乎形而下之器，其度数声名亦皆以载夫形而上之道；如律度量衡，皆自黄钟生之类是也。解会及此，则天下之理亦思过半矣。若专以"急不得、缓不得"借为调心之法，将与释氏参没意味话头相似，非圣教也。

三

"书"有识字、写字两件工夫。识字便须知六书之旨，写字却须端妍合法。合法者，如今人不写省字之类。注疏家专以六书言，却遗下了一半。

《大学·圣经·一》

【题解】

《大学·圣经·一》的论述中心是明心抑或明性的问题。在王夫之看来，性是无法掩盖的。这里的性是指理义之性（即仁义礼智之性），也是良知性。心、性两者基本的不同，即性质上有不同。性与心相比较而言，它不是专属于人的，而首先是自属的绝对自体，自在自为者；而心则是归属于人这一层面的。性则有两面的位置：在天这一层面，它是绝对自为的；在人这一层面，它是人所蕴含的。心统性情，但不是纯乎性，否则这个世界就成理性世界了，因此心与性相比较有纯净和庞杂的区别。关键是在性、德两者之间。正如王夫之所说，性之在人，"终留不失，使人别于物之蒙昧者也"，表明他的理性希望，明显包含有强烈的人的主观意愿在里边。理性所标示的无疑是性善的路径，人与一般物类的区别也全部体现在理性的层面上，所谓不蒙昧，实指人的智性之明而言。

【原文】

缘"德"上著一"明"字，所以朱子直指为心。但此所谓心，包含极大，托体最先，与"正心"心字固别。性是二气五行①妙合凝结以生底物事，此则合得停匀，结得清爽，终留不失，使人别于物之蒙昧者也。德者有得之谓，人得之以为人也。由有此明德，故知有其可致而致之，意有其不可欺而必诚焉，心有所取正以为正，而其所著，发于四肢，见于事业者，则身修以应家国天下矣。明德唯人有之，则已专属之人。属之人，则不可复名为性。性者，天人授受之总名也。故朱子直以为心。而以其所自得者则亦性也，故又举张子"统性情"之言以明之。乃既以应万事，则兼乎情，上统性而不纯乎性矣。

性自不可拘蔽。尽人拘蔽他，终奈他不何，有时还迸露出来。如乍见孺子入井等。即不迸露，其理不失。既不可拘蔽，则亦不可加以明之之功。心便扣定在一人身上，受拘之故。又会敷施翕受，受蔽之故。所以气禀得以拘之，物欲得以蔽之，而格、致、诚、正亦可施功以复其明矣。

【注释】

①二气五行：指阴阳二气，金木水火土五行。

《大学·圣经·二》

【题解】

在《大学·圣经·二》中王夫之主要讲的是明的道德落实。儒学的思维路径是完全的道德学而不是知识学。王夫之认为，在感知范围中，心的感悟是完成知觉的必要途径。任何一种感官的体验都只能是作为心的知觉来规定的。而心知总是切实的、清楚明晰的，这就是所谓"虚灵不昧"。按照王夫之的意思，道德之明的明，还是体上的，如理义性体等；而到了致知的知上，就是用得上了。致知是人心的活动，也是大学的重要作用。王夫之用光来比喻致知，显然就含有主动施为、照亮人心的政教理性之功等意思在里面。在这里王夫之大学之学的中心已经彰显出来，即道德之明是不可以物理（性）之明去解释和理解的。

【原文】

朱子"心属火"之说，单举一脏，与肝脾肺肾分治者，其亦泥矣。此处说心，则五脏五官，四肢百骸，一切"虚灵不昧"底都在里面。如手能持等。"虚"者，本未有私欲之谓也。不可云如虚空。"灵"者，曲折洞达而咸善也。尚书灵字，只作善解，孟子所言仁术，此也，不可作机警训。"不昧"有初终、表里二义：初之所得，终不昧之；于表有得，里亦不昧。不可云常惺惺。只此三义，"明"字之旨已尽，切不可以光训"明"。

孟子曰："日月有明，容光必照焉。"明自明，光自光。如镜明而无光，火光而不明，内景外景之别也。"明德"只是体上明，到"致知"知字上，则渐由体达用，有光义矣。

《大学·圣经·三》

【题解】

王夫之在《读四书大全说》中随处可见的观点是：大学之道首先是要从完全正面的王道教化上去认知和体验。它绝对不是针对时弊设立的救治药方，而是立足于日常的修养和作为。一般人错误地理解圣贤经典为治病救人之书，实际上只是对人的日常行为进行规范。这一正面的确定，主要是指以圣贤的经典作为教化手段，落实在人们日常的生活的点滴持续用功上。

【原文】

"旧染之污"有二义，而暴君之风化、末世之习俗不与焉。大学之道，初不为承乱之君师言也。一则民自少至长，不承德教，只索性流入污下去。一则人之为善，须是日迁，若偶行一善，自恃为善人，则不但其余皆恶，即此一善，已挟之而成骄陵。故传云"日新"，云"作新"，皆有更进、重新之意。

新安引书"旧染污俗，咸与惟新"以释此，则是过泥出处而成滞累。如汤之自铭"日新"也，岂亦染桀之污俗乎？况书云"咸与惟新"，只是除前不究意，与此何干？

《大学·圣经·四》

【题解】

王夫之在这一小节中直接以政教道德来解说"新民"的含义。他认为在至善的路途上只有不及，没有太过的问题，因此"训止于至善为止歇、休止"是明显与王夫之所认同的善的长流相冲突的。从中我们可以看到一点，那就是王夫之身上强烈的情绪化时政特征。明亡的事实使他已从根本上否定了做得太过的可能，他坚持道德教化是永无止限、永远做得不够的。由此也可以看出王夫之所做学问的"为政"目的。明德至善主要是用来要求为政者的，"新民"只是政治教化的一项任务，在王夫之的论述中不存在以人为最终目的的意涵。因此，要求民众为善、从善，只是统治者施加在老百姓身上的教化任务而已。

【原文】

"必至于是"是未得求得，"不迁"是已得勿失。"止于至善"须一气读下，归重"至善"一"至"字。言必到至善地位，方是归宿，而既到至善地位，不可退转也。朱子以"不能守"反"不迁"，最为明切。此中原无太过，只有不及。语录中作无太过不及说，自不如章句之当。盖既云至善，则终无有能过之者也。

或疑明德固无太过之虑，若新民，安得不以过为防？假令要民为善，教格过密，立法过峻，岂非太过？然使但向事迹上论，则明德亦将有之。如去私欲而至于绝婚宦，行仁而从井救人，立义而为宰辞粟，亦似太过。不知格物、致知、正心、诚意以明明德，安得有太过？补传云"即凡天下之物，莫不因其已知之理而益穷之，以求至乎其极"，何等繁重！诚意传云"如恶恶臭，如好好色"，何等峻切！而有能过是以为功者乎？

新民者，以孝、弟、慈齐家而成教于国，须令国人皆从而皆喻。又如仁人于妨贤病国之人，乃至迸诸四夷，不与同中国。举贤唯恐不先，退不善唯恐不远，则亦鳃鳃然惟不及之为忧，安得遽①防太过，而早觅休止乎？"如切如磋，如琢如磨"，是学问中精密之极致；亲贤乐利，须渐被于没世后之君子小人而不穷。奈何训止为歇息，而弃"至善"至字于不问耶？或问云"非可以私意苟且而为"，尽之矣。

【注释】

①遽（jù）：古代报信的快马或驿车；急，急速，仓促，匆忙。

《大学·圣经·七、八》

【题解】

《大学·圣经·七、八》主要是对定、静、安、虑、得等项目的性质进行说明。功效次第不是工夫节目，五者是相互联系、不可分割的。既是为学的功效和结果，也是为学的前提条件。这里把五者功效看成格物的条件，从一念的生成，到天下治平的整个过程，都与此功效紧密地联系在一起。事实上，大学只是为政教谋求人心方面的基础，作为纲领本来是很简单直白的。而后世的学者因为要将圣言字字解释得意味深远，便往里面添加了太多的内涵，导致了人们对经典理解的谬误。王夫之认为至善是一个要不断努力用功的过程，而定、静、安、虑如果是至善上面的功效，这怎么协调呢？也许只能说这功效也是在事物发展过程中不断加深的。其实，儒学平天下的思维本来是一种维系性的思维。王夫之将其解释为无尽的实践进程，当然也可自圆其说。而事实是，大学的原义，至善并不是高远而不可企及的。相反，其表现为平实切近（这从定、静、安、虑、得等下文就可以看出来）。至于格物等八条目，实则是一种条件性的论述，是说赖以达成的先决条件，本身并无更多深奥或难理解的意涵。

【原文】

朱子说"定、静、安、虑、得是功效次第，不是工夫节目"。谓之工夫，固必不可。乃所谓功效者，只是做工夫时自喻其所得之效，非如中庸形、著、明、动，逐位各有事实。故又云："才知止，自然相因而见。"

总之，此五者之效，原不逐段歇息见功，非今日定而明日静也。自"知止"到"能得"，彻首彻尾，五者次见而不舍。合而言之，与学相终始；分而言之，格一物亦须有五者之效方格得，乃至平天下亦然。又格一易格之物，今日格之而明日已格，亦然。戒一念之欺，自其念之起，至于念之成，亦无不然。若论其极，则自始教"格物"，直至"明明德于天下"，自"欲明明德于天下"立志之始，乃至天下可平，亦只于用功处见此五者耳。为学者当自知之。

"知止"是知道者明德新民底全体大用，必要到此方休。节云知止，具云知止于至善。"定"则于至善中曲折相因之致，委悉了当。内不拘小身心意知而丧其用，外不侈大天下国家而丧其体，十分大全，一眼觑①定，则定理现，故曰有定。定体立矣。偏曲之学，功利之术，不足以摇之，从此下手做去，更无移易矣。此即从"知止"中得，故曰："才知止，自然相因而见。"

后四者其相因之速亦然。就此下手做去时，心中更无恐惧疑惑，即此而"心不妄动"，是谓之静。妄动者，只是无根而动。大要识不稳，故气不充，非必有外物感之。如格一物，正当作如是解，却无故若警若悟，而又以为不然，此唯定理不见，定志不坚也。若一定不易去做，自然不尔，而气随志静，专于所事以致其密用矣。唯然，则身之所处，物之来交，无不顺而无不安，静以待之故也。如好善如好好色，则善虽有不利，善虽不易好，而无往不安心于好。此随举一条目，皆可类推得之。要唯静者能之，心不内动，故物亦不能动之也。

虑而云"处事精详"者，所谓事，即求止至善之事也。所以谓之事者，以学者所处之事，无有出于明德新民之外也。才一知当止于至善，即必求至焉；而求止至善，必条理施为，精详曲至。唯内不妄动，而于外皆顺，则条理粲然，无复疏脱矣。不乱于外，故能尽于其中也。

于内有主，于外不疑，条理既得，唯在决行之而已矣。行斯得矣。一日具知，则虑而得可见于一日之闲；终身不舍，则定静安相养于终身之久要。则定静安虑相因之际，不无相长之功，而不假更端之力。惟至于得，则笃行之事，要终而亦创始。故或问云"各得其所止之地而止之"，"而止之"三字在能得后。亦明非得之为尽境也。

【注释】

①觑（qù）：瞧，看。

《大学·圣经·九》

【题解】

《大学·圣经·九》所要说明的中心意思就是，大学之学的首要环节乃是绝对前提即志的确定：正志。王夫之认为大学的任务首先在于修正人心中所依循的准则。一旦人心中的"志"确定，则效用会无穷。大学正心被完全地规定、限定为志的修正、正志，把志与意二者严格地分隔开，不允许相互干涉。而在这志中也就包含了不折不扣的绝对前定性。所谓"身与意中间一重本领"即指志而言。以意为中心在为学中作为方法指导使用，导致的直接结果就是心理化倾向、心理的意愿。而心理意愿的助长可能会使儒教为学偏离它本应的轨迹。故而在方法界定上一定要正确，这就是要以志为心，这才是正心的实质。

【原文】

朱子于正心之心，但云"心者身之所主也"，小注亦未有委悉及之者，将使身与意中闲一重本领，不得分明。非曰"心者身之所主也"其说不当，但止在过关上著语，而本等分位不显，将使卑者以意为心，而高者以统性情者言之，则正心之功，亦因以无实。

夫曰正其心，则正其所不正也，有不正者而正始为功。统性情之心，虚灵不昧，何有不正，而初不受正。抑或以以视、以听、以言、以动者为心，则业发此心而与物相为感通矣，是意也，诚之所有事，而非正之能为功者也。盖以其生之于心者传之于外，旋生旋见，不留俄顷，即欲正之，而施功亦不彻也。

盖曰"心统性情"者，自其所含之原而言之也。乃性之凝也，其形见则身也，其密藏则心也。是心虽统性，而其自为体也，则性之所生，与五官百骸并生而为之君主，常在人胸臆之中，而有为者则据之以为志。故欲知此所正之心，则孟子所谓志者近之矣。

惟夫志，则有所感而意发，其志固在，无所感而意不发，其志亦未尝不在，而隐然有一欲为可为之体，于不睹不闻之中。欲修其身者，则心亦欲修之。心不欲修其身者，非供情欲之用，则直无之矣。传所谓"视不见，听不闻，食不知味"者是已。夫唯有其心，则所为视、所为听、所欲言、所自动者，胥此以为之主。惟然，则可使正，可使不正，可使浮寄于正不正之闲而听命于意焉。不于此早授之以正，则虽善其意，而亦如雷龙之火，无恒而易为起灭，故必欲正其心者，乃能于意求诚。乃于以修身，而及于家、国、天下，固无本矣。

夫此心之原，固统乎性而为性之所凝，乃此心所取正之则；而此心既立，则一触即知，效用无穷，百为千意而不迷其所持。故大学之道，必于此授之以正，既防闲之使不向于邪，又辅相之使必于正，而无或倚靡无托于无正无不正之交。当其发为意而恒为之主，则以其正者为诚之则。中庸所谓"无恶于志"。当其意之未发，则不必有不诚之好恶用吾慎焉，亦不必有可好可恶之现前验吾从焉；而恒存恒持，使好善恶恶之理，隐然立不可犯之壁垒，帅吾气以待物之方来，则不睹不闻之中，而修齐治平之理皆具足矣。此则身意之交，心之本体也；此则修诚之际，正之实功也。故曰"心者身之所主"，主乎视听言动者也，则唯志而已矣。

《大学·圣经·十》

【题解】

这一节主要讨论格物与致知的总体关系。王夫之认为，对大学之学的原则探究，最后要落实到格物致知上。格物与致知是一件事情，然而如果仔细分析，则内涵又有所区别。从总的规定上来讲，格物与致知都是内在的规定，而不是外部的规定，虽然物事是外在性的。王夫之认为良好的意念或者意愿虽然是发自心之本体或者性体，但还须以对事理的明知为基础。意和知与外在物事是各自独立的，它们之间虽互相影响，但只是规定在可用方法性这一原则之上的。而绝对的决定性关系还是要基于性体发用这一总则之上，善之本体原则无疑是优先的。因此，王学就是性体、心之本体作用下的主知途径，一方面是要确定不动摇人心中的本然基石，一方面又要顾及事理知识上的明确合宜，亦即明晰性。

【原文】

朱子说"格物、致知只是一事，非今日格物，明日又致知"，此是就者两条目发出大端道理，非竟混致知、格物为一也。正心、诚意，亦非今日诚意，明日又正心。乃至平天下，无不皆然，非但格致为尔。

若统论之，则自格物至平天下，皆止一事。如用人理财，分明是格物事等。若分言之，则格物之成功为物格，"物格而后知至"，中闲有三转折。藉令概而为一，则廉级不清，竟云格物则知自至，竟删抹下"致"字一段工夫矣。

若云格物以外言，致知以内言，内外异名而功用则一，夫物诚外也，吾之格之者而岂外乎？功用既一，又云"致知在格物"，则岂可云格物在格物，致知在致知也？

今人说诚意先致知，咸云知善知恶而后可诚其意，则是知者以知善知恶言矣。及说格物致知，则又云知天下之物，便是致知。均一致知，而随上下文转，打作两橛，其迷谬有如此者。

至如或问小注所引语录，有谓"父子本同一气，只是一人之身分成两个"为物理，于此格去，则知子之所以孝，父之所以慈。如此迂诞鄙陋之说，必非朱子之言而为门人所假托附会者无疑。天下岂有欲为孝子者，而痴痴呆呆，将我与父所以相亲之故去格去致，必待晓得当初本一人之身，而后知所以当孝乎？即此一事求之，便知吾心之知，有不从格物而得者，而非即格物即致知审矣。

且如知善知恶是知，而善恶有在物者，如大恶人不可与交，观察他举动详细，则虽巧于藏奸，而无不洞见；如砒毒杀人，看本草，听人言，便知其不可食：此固于物格之而知可至也。至如吾心一念之非几，但有愧于屋漏，则即与跖①为徒；又如酒肉黍稻本以养生，只自家食量有大小，过则伤人：此若于物格之，终不能知，而唯求诸己之自喻，则固分明不昧者也。

是故孝者不学而知，不虑而能，慈者不学养子而后嫁，意不因知而知不因物，固矣。唯夫事亲之道，有在经为宜，在变为权者，其或私意自用，则且如申生、匡章②之陷于不孝，乃藉格物以推致其理，使无纤毫之疑似，而后可用其诚。此则格致相因，而致知在格物者，但谓此也。

天下之物无涯，吾之格之也有涯。吾之所知者有量，而及其致之也不复拘于量。颜子闻一知十，格一而致十也。子贡闻一知二，格一而致二也。必待格尽天下之物而后尽知万事之理，既必不可得之数。是以补传云"至于用力之久，而一旦豁然贯通焉"，初不云积其所格，而吾之知已无不至也。知至者，"吾心之全体大用无不明"也。则致知者，亦以求尽夫吾心之全体大用，而岂但于物求之哉？孟子曰："梓匠轮舆，能与人规矩，不能使人巧。"规矩者物也，可格者也；巧者非物也，知也，不可格者也。巧固在规矩之中，故曰"致知在格物"；规矩之中无巧，则格物、致知亦自为二，而不可偏废矣。

大抵格物之功，心官与耳目均用，学问为主，而思辨辅之，所思所辨者皆其所学问之事。致知之功则唯在心官，思辨为主，而学问辅之，所学问者乃以决其思辨之疑。"致知在格物"，以耳目资心之用而使有所循也，非耳目全操心之权而心可废也。朱门诸子，唯不知此，反贻鹅湖之笑。乃有数字句、汇同异以为学，如朱氏公迁者。呜呼！以此为致知，恐古人小学之所不暇，而况大学乎？勿轩熊氏亦然。

【注释】

①跖（zhí）：即盗跖，原名展雄，姬姓，展氏，又名柳下跖、柳展雄，是当时鲁国贤臣柳下惠的弟弟，为鲁孝公的儿子公子展的后裔，因以展为姓。系战国、春秋之际奴隶起义领袖。"跖"一作"蹠"。在先秦古籍中被

诬为"盗跖"和"桀跖"。

②申生、匡章：申生，东周列国春秋时期人物。晋献公的第一夫人齐姜生下的太子。齐姜死后献公在众妾之中提拔自己喜欢的骊姬为第一夫人，并生了儿子名曰奚齐。骊姬为使其子奚齐为嗣，随后开始诋毁太子申生。在多次阴谋陷害下，太子申生自缢于新城，愁闷地离开了这个无法容身的人间。匡章也叫章子、匡子，战国时齐将。齐威王时，曾率军打退秦国的进攻。公元前314年（齐宣王六年），乘燕国内乱，率兵十万，从渤海进发，五十日，直破燕都。后二年，在濮水上游抵御秦军，失利。齐湣王即位，联合韩、魏攻打楚国。匡章在楚沙（今河南省唐河西南）大败楚军，杀楚将唐昧。

《大学·圣经·一一》

【题解】

本节的主要意思是大学为学是直接配合政治事功上的修齐治平的。但政治运作毕竟只是为官者的事务，而不是学者的事务。两者间的关系，就是严格的学与仕的传统对应关系。大学为学正应从习惯的学仕思路去加以理解。而所谓政教者，政与教的关系，也就是仕与学的关系。从这里我们可以看到，儒学作为政治道德学系统无处不在的自身配套的严整对称性。

【原文】

大学于治国平天下，言教不言养。盖养民之道，王者自制为成宪，子孙守之，臣民奉之。入官守法，仕者之所遵，而非学者之事，故大学不以之立教。所云厚薄，如论语"躬自厚而薄责于人"之旨，即所谓"其家不可教而能教人者无之"也。其云以推恩之次第言者，非是。

《大学·传·第一、二章》

【题解】

王夫之在《大学·传》的第一章和第二章中所要表达的主要意思是，大学之学起初并不是普通人修身养性和安身立命所用的。大学之学的任务和对象是专门为统治者设立的，"民可使由之，不可使知之"的传统儒学态度在此又一次彰显。因此，中国传统知识分子不是人的代言者，而是圣贤政教的代言者。

【原文】

第一章

章句云："明命即天之所以与我，而我之所以为德者。"须活看一"即"字。如"性即理也"，倘删去"即"字，而云"性理也"，则固不可。即者，言即者个物事，非有异也。

当有生之初，天以是命之为性；有生以后，时时处处，天命赫然以临于人，亦只是此。盖天无心成化，只是恁地去施其命令，总不知道。人之初生而壮、而老、而死，只妙合处遇可受者便成其化。在天既无或命或不命之时，则在人固非初生受命而后无所受也。

孟子言"顺受其正"，原在生后。彼虽为祸福之命，而既已云"正"，则是理矣，理则亦明命矣。若以为初生所受之命，则必凝滞久留而为一物。朱子曰："不成有一物可见其形象。"又曰："无时而不发现于日用之闲。"其非但为初生所受明矣。吴季子①专属之有生之初，乃不达朱子之微言。使然，则汤常以心目注想初生时所得，其与参本来面目者，相去几何耶？

愚于周易尚书传义中，说生初有天命，向后日日皆有天命，天命之谓性，则亦日日成之为性，其说似与先儒不合。今读朱子"无时而不发现于日用之闲"一语，幸先得我心之所然。

【注释】

①吴季子：即季札（前576—前484），姬姓，名札，又称公子札、延陵季子、延州来季子、季子，春秋时吴王寿梦第四子，封于延陵（今常州一带），后又封州来，传为避王位"弃其室而耕"于常州武进焦溪的舜过山下。季札不仅品德高尚，而且是具有远见卓识的政治家和外交家。广交当世贤士，对提高华夏文化做出了贡献。葬于上湖（今江阴申港），传说碑铭"呜呼有吴延陵君子之墓"十个古篆是孔子所书。

第二章

君德可言新，于民不可言明。"明明德于天下"，固如朱子所云"规模须如此"，亦自我之推致而言，非实以其明明德者施教于民也。新则曰"作新"，则实以日新之道鼓舞之矣。

明是复性，须在心意知上做工夫。若民，则勿论诚正，即格物亦断非其所能。新只是修身上，止除却身上一段染污，即日新矣。故章句释盘铭，亦曰"旧染之污"。但在汤所谓染污者细，民之所染污者粗。且此亦汤为铭自警之词，固无妨非有染污而以染污为戒。

《大学·传·第三章》

【题解】

在这一章中王夫之主要说明敬与体的关系。敬是原始儒教的精神素质的根本，在王夫之这里作了两种区分。一是施发于对象之敬，另一个更为根本的就是体敬。"体"在王夫之的典籍中运用的很频繁，它是指直接通往绝对层面的意思。从理论上说，敬是一种很高的精神，也可以说是一切精神的前提和根本。事实上儒家自身往往也达不到这一精神高度。此外，在第三章第二节则主要论述敬与"恂栗"、"威仪"之间的内在联系。

【原文】

一

"敬"字有二义：有所施敬而敬之敬是工夫，若但言敬而无所施，乃是直指心德之体。故先儒言"主敬"，言"持敬"，工夫在"主"、"持"二字上。敬为德体，而非言畏言慎之比。章句云"无不敬"，犹言无不仁，无不义。现成下一"敬"字，又现成统下一"止"字，故又曰"安所止"，皆赞其已成之德。工夫只在"缉熙①"上。"缉熙"者，即章句所谓"常目在之"，传所谓"日日新，又日新"也。

由其天理恒明，昏污净尽，则实理存于心，而庄敬日强。由其庄敬日强，而欲无不净，理无不明，则德造其极而无所迁退。此"缉熙敬止"相因之序也。

敬但在心体上说，止则在事上见。仁敬孝慈信，皆"安所止"之事也。缉熙者，明新之功。敬止者，明新之效。熙而缉，则不已于明新，而必止于至善也。无不敬而止之安，则明新不已，而既止于至善矣。实释"在止于至善"意，吃紧在"缉熙"二字。诸家拈"敬止"作主者非是。

【注释】

①缉（jī）熙（xī）：缉，把麻拆成缕连接起来；熙，光明，兴起，兴盛。

二

朱子谓恂栗①威仪为成就后气象，拈出极精。其又云"严敬存乎中，光辉著乎外"，"存"字但从中外上与"著"字为对，非若"存心"、"存诚"之"存"，为用力存之也。既云"存乎中"，又云"气象"，此亦大不易见。唯日近大人君子，而用意观之，则"存乎中"者，自有其气象，可望而知耳。

所以知恂栗之为气象，而非云存恂栗于中者，以学修之中原有严密学修皆有。武毅修之功，不待更咏瑟僴②。且诗云"瑟兮僴兮"，"兮"之为义，固为语助，而皆就旁观者可见可闻，寓目警心上说。如"挑兮达兮③"、"佟兮哆兮④"、"发兮揭兮⑤"之类，皆是。其藏于密而致存养之功者，不得以"兮"咏叹之。

此"恂栗"字，与上"敬"字略同，皆以言乎已成之德。但彼言敬，看文王处较深远阔大，在仁敬孝慈信之无贰无懈上说；此以"瑟兮僴兮"咏"恂栗"，专于气象上相喻耳。

"恂栗"二字，与"威仪"一例，虽俱为气象之善者，而所包亦广。"恂栗"而不能"瑟兮僴兮"者有之矣，唯此君子之"恂栗"为"瑟兮僴兮"，所以为存中气象之至善。咏学修放此，亦道此君子学修之精密，如切如磋，如琢如磨，极其至也。止此一气象，其严密武毅者则属"恂栗"，其宣著盛大者则属"威仪"。章句两"貌"字，是合并写出，一人不容有二貌也。

但其宣著盛大者，多在衣冠举动上见，衣冠如"襜如也"之类。严密武毅则就神情气魄上见。徒有其威仪，而神情严密。气魄，武毅。或疏或弛，则以知其非根心所生之色，故以"存乎中"言之。然亦有神情气魄不失有道者之色，而举动周旋，或脱略而不一中于礼，则其感人者不著不盛，故又须威仪之宣著盛大有以传之，方是至善。

【注释】

①恂（xún）栗：恂，恐惧战栗。

②瑟僩（xiàn）：僩，壮勇、威武的样子。庄重而胸襟开阔的样子。

③挑兮达兮：往来相见貌。源于《诗·郑风·子衿》："挑兮达兮，在城阙兮。"

④侈（chǐ）兮哆（duō）兮：口大张貌。源于《诗·小雅·巷伯》："哆兮侈兮，成是南箕。"

⑤发兮揭兮：风起。源于《诗·桧风·匪风》："匪风发兮，匪车揭兮。"意思为那风发发地响，车儿像飞一样。

《大学·补传》

【题解】

这一节主要是对大学所说"知"的性质的讨论。在王夫之看来大学所说的知，不是知识学意义上的真知和探究真知的知等，而只是修齐治平等治理国家层面的特殊规定性的知道。因此，王夫之对知的理解，不是通常知识性的，而是表现为一种专有性的、专属性的知。从这里我们可以看到王夫之并不具有正当的知识意识，而且他所批评的宋明学人本质上亦不能例外。

【原文】

补传（凡大全所辑无关疑义者，则不复著说，故第四章传阙。中庸、论语、孟子如此类者尤多）。

小注谓"已知之理"，承小学说来，此乃看得朱子胸中原委节次不妄处。乃既以小学所习为已知之理，则亦洒扫应对进退之当然，礼乐射御书数之所以然者是也。

以此求之，传文"天下之物莫不有理"八字，未免有疵。只此洒扫应对进退、礼乐射御书数，约略旁通，已括尽修齐治平之事。自此以外，天下之物，固莫不有理，而要非学者之所必格。若遇一物而必穷之，则或如张华、段成式之以成其记诵词章之俗儒，或且就翠竹黄花①、灯笼露柱②索觅神通，为寂灭无实之异端矣。

【注释】

①翠竹黄花：指眼前事物。出自宋·释道原《景德传灯录·慧海禅师》："迷人不知法身无象，应物现形，遂唤青青翠竹，总是法身；郁郁黄华，无非般若。黄华若是般若，般若即同无情；翠竹若是法身，法身即同草木。"

②灯笼露柱：禅宗用语，指万世万物的表象。

《大学·传·第六章·第一节》

【题解】

这一节继续着前面《补传》对大学之知性质的讨论，指出大学的知行是一体的，不可能分开。知往往是一个笼统的概念，比如感官之知、思维之知等。而行在知行关系中具有主导地位。当然这里所指的行是致知、求知之行，与最终归属——道德之行、循理用中之行——不同。

【原文】

一

先儒分致知格物属知，诚意以下属行，是通将大学分作两节。大分段处且如此说，若逐项下手工夫，则致知格物亦有行，诚意以下至平天下亦无不有知。

　　格致有行者，如人学弈棋相似，但终日打谱，亦不能尽达杀活之机；必亦与人对弈，而后谱中谱外之理，皆有以悉喻其故。且方其逬著心力去打谱，已早属力行矣。

　　盖天下之事，固因豫立，而亦无先知完了方才去行之理。使尔，无论事到身上，由你从容去致知不得；便尽有暇日，揣摩得十余年，及至用时，不相应者多矣。如为子而必诚于孝，触目警心，自有许多痛痒相关处，随在宜加细察，亦硬靠著平日知道的定省温清样子做不得。是故致知之功，非抹下行之之功于不试，而姑储其知以为诚正之用。是知中亦有行也。

　　知此，则诚意以下亦有知之之功，亦可知矣。如意才起处，其为善为恶之分界有显然易别者，夙昔所致之知可见其效，而无待于更审矣。其疑善疑恶，因事几以决，亦有非夙昔之可豫知者。则方慎之际，其加警省而为分别也，亦必用知。

　　即以好好色恶恶臭言之。起念好恶时，惺然不昧，岂不属知？好而求得，恶而求去，方始属行。世岂有在心意上做工夫，而死守旧闻，一直做去，更不忖度之理？使然，非果敢而窒者，则亦硁硁之小人而已。

　　大要致知上总煞分明，亦只是大端显现；研几审理，终其身而无可辍也。倘云如白日丽天，更无劳其再用照烛，此圣神功化极致之所未逮，而况于学者？而方格致之始，固事在求知，亦终不似俗儒之记诵讲解以为格物，异端之面壁观心以为致知，乃判然置行于他日，而姑少待之也。

　　知此，则第六章传章句所云"己所独知"，第八章传文所云"知恶"、"知美"之类，皆行中之知，无待纷纭争诚意之功在致知前、致知后矣。经言先后，不言前后。前后者，昨今之谓也。先后者，缓急之谓也。

《大学·传·第六章·第二、三节》

【题解】

这两节主要讲"诚意"。王夫之所指的诚意是专门修剪过的诚意，突出的是修剪的自然化，而不是立本于自然。在王夫之的理论中，一切都必从理上去讲，着重人为的作用，主要强调的是自然化、自然的程度，而不是真正的自然本身。其实王夫之自己很清楚，自然趋势是不可以强行遏制的，这从他的大论说中可以很清楚地看到。所以诚意最终只能是：真的从理上自然发出来。就这一点论，与中庸是一贯的。诚意于此理，有个载体，这就是中之大用流行，兑现为意发之诚，又合于理。

【原文】

二

或问云："无不好者拒之于内，无不恶者挽之于中。"夫好恶而必听命于中之所为主者，则亦必有固好者挽之于内，固恶者拒之于中矣。

传文原非以"毋自欺"为"诚其意"硬地作注脚，乃就意不诚者转念之弊而反形之。自欺是不诚。若无不诚，亦须有诚。要此诚意之功，则是将所知之理，遇著意发时撞将去，教他吃个满怀；及将吾固正之心，吃紧通透到吾所将应底事物上，符合穿彻，教吾意便从者上面发将出来，似竹笋般始终是者个则样。如此扑满条达，一直诚将去，更不教他中闲招致自欺，便谓之毋自欺也。

传者只为"诚其意"上更无可下之语，只说诚意已足。故通梢说个"毋自欺"。章句云"毋者禁止之辞"，如今郡县禁止词讼，只是不受，非拏著来讼者以刑罚治之也。不然，虚内事外，只管把者意拣择分派，此为非自欺而听其发，此为自欺而遏绝之，勿论意发于仓卒，势不及禁，而中心交战，意为之乱，抑不能滋长善萌。况乎内无取正之则、笃实之理为克敌制胜之具，岂非张空拳而入白刃乎？经传皆云"诚其意"，不云"择其意"、"严其意"，后人盖未之思耳。

但当未有意时，其将来之善几恶几，不可预为拟制，而务于从容涵养，不可急迫迫地逼教好意出来。及其意已发而可知之后，不可强为补饰，以涉于小人之掩著。故待己所及知，抑仅己所独知之时而加之慎。实则以诚灌注乎意，彻表彻里，彻始彻终，强固精明，非但于独知而防之也。

慎字不可作防字解，乃缜密详谨之意。恶恶臭，好好色，岂有所防哉？无不好，无不恶，即是慎。盖此诚字，虽是用功字，原不与伪字对；伪者，欺人者也。乃与不诚为对；如中庸言"不诚无物"之不诚。不诚则或伪，伪不仅于不诚。不诚者，自欺者也；不诚则自欺，自欺则自体不成，故无物。若伪，则反有伪物矣。总为理不满足，所以大概说得去、行得去便休。

诗云"何有何亡，黾勉①求之"，只为是个贫家，所以扯拽教过。若诚其意者，须是金粟充满，而用之如流水，一无吝啬，则更不使有支撑之意耳。此则慎独为诚意扣紧之功，而非诚意之全恃乎此，及人所共知之后，遂无所用其力也。虽至人所共知，尚有有其意而未有其事之时。意中千条百绪，统名为意。

只为意不得诚，没奈何只索自欺。平常不肯开者自欺一条活路，则发意时所以力致其诚者，当何如敦笃也。故诚意者必不自欺，而预禁自欺者亦诚意之法，互相为成也。

【注释】

①亹（mǐn）勉：亹，亹勉即指勉励，尽力之义。

三

恶恶臭，好好色，是诚之本体。诚其意而毋自欺，以至其用意如恶恶臭、好好色，乃是工夫至到，本体透露。将此以验吾之意果诚与否则可，若立意要如此，而径以如恶恶臭、如好好色，则直是无下手处。

好好色、恶恶臭者，已然则不可按遏，未然则无假安排，是以得谓之诚。其不尔者，如阉宦之不好色，鼽窒①人之不恶臭，岂有所得用其力哉？

【注释】

①鼽窒（qiú zhì）：指鼻塞不通。

《大学·传·第六章·第四节》

【题解】

接着上一节，王夫之在本节继续论述诚意，诚首先是被理解为对现实事物或者真理的确认，然后依据这确定的事实，并以此为依据，再来做道德层面的判断和修正。本节主要讲自谦应是指意诚的（其实也就是在理上的）完满状态。人们经常会看到儒学中倒序的说法，如诚意与意诚、正心与心正、修身与身修，等等。在这里，后者是前者的用功目的，而自谦在此便不是放在用功上去立位的，而是放到所达成上去定位的。实际上它就是指完足的意诚——意诚的完满状态。

四

　　章句之说，与或问异。看来，或问于传文理势较顺。传云"此之谓自谦"，明是指点出诚好诚恶时心体，非用功语。章句中"务"字、"求"字，于语势既不符合，不如或问中"既如此矣""则庶乎"七字之当。或问虽有"而须臾之顷，纤芥之微，念念相承，无少闲断"一段，自以补传意之所必有，非于此始著力，如章句"务决去，求必得"之吃紧下工夫也。其云"内外昭融，表里澄彻"，正是自谦时意象；而心正身修，直自谦者之所得耳。如此，则"故君子"一"故"字亦传递有因，不尔，亦鹘突不分明矣。此文势顺不顺之分也。

　　若以理言，章句云"使其恶恶则如恶恶臭，好善则如好好色"，所谓使者，制之于此而彼自听令乎？抑处置有权而俾从吾令乎？若制之于此而彼自听令，是亦明夫非"决去、求得"之为功矣。如处置有权而"务决去之"，"求必得之"，窃恐意之方发，更不容人逗留而施其挟持也。

　　且求善去恶之功，自在既好既恶之余，修身之事，而非诚意之事。但云好好色、恶恶臭，则人固未有务恶恶臭、求好好色之理。意本不然而强其然，亦安得谓之诚耶？

　　子夏入见圣道之时，非不求必得也。而唯其起念之际，非有根心不已之诚，意根心便是诚。则出见纷华而意移。由此言之，求必得者，固不能如好好色矣。

　　章句为初学者陷溺已深，寻不著诚意线路，开此一法门，且教他有入处。若大学彻首彻尾一段大学问，则以此为助长无益之功，特以"毋自欺"三字示以警省反观之法，非扣紧著好恶之末流以力用其诚也。

　　唯诚其意而毋自欺，则其意之好善恶恶也，如恶恶臭，如好好色，无乎不诚，而乃可谓之自谦。故君子必慎其独，以致其诚之之功焉。本文自如此说，固文顺而理安也。

"自谦"云者，意诚也，非诚其意也。故或问以"内外昭融"一段，接递到心正身修上，与经文"意诚而后心正"二句合辙，而非以释经文"欲正其心者先诚其意"之旨。此之不察，故难免于惑乱矣。

小注中有"要自谦"之语，须活看。若要自谦，须慎独，须毋自欺，须诚其意。不然，虽欲自谦，其将能乎？

《大学·传·第六章·第五节》

【题解】

这两节主要是对"自"的解释。王夫之认为从诚意、意诚不能作良心发现解就看得出来，诚意还是从道德完全性上去要求的。自欺也只从善上定位理解，即善则无所欺之谓。可见"自"之一义关系到道德之善的完全性与有恒性两者。王夫之所谓正心者，其具体归结就是正志。自的标准是有还是没有恒体。意之发都是瞬间的事，是无恒的。所以意的体认，直接关系到儒学的为学是否会流于心理化的研究路径。在此正心之功与诚意之功被切分为两个环节，而宗旨则是令意与正心（正志）相一致，不要产生妨害。由于意动是无恒的，所以对心志有直接的干扰作用。

五

"自欺"、"自谦"一"自"字，章句、或问未与分明拈出。或问云"苟焉自欺，而意之所发有不诚者"，将在意上一层说，亦微有分别。此自字元不与人相对。其立一欺人以相对者，全不惺忪之俗儒也，其谬固不待破。且自欺既尔，其于自谦也，亦可立一谦人之名以相形乎？

不尔，则必以意为自。虽未见有显指意为自者，然夫人胸中若有所解，而惮出诸口，则亦曰意而已矣。苟以意为自，则欺不欺，慊不慊，既一意矣，毋自欺而自谦，又别立一意以治之，是其为两意也明甚。若云以后意治前意，终是亡羊补牢之下策。过后知悔，特良心之发见，而可云诚意而意诚哉？况其所发之意而善也，则已早无所欺矣；如其所发而不善也，此岂可使之谦焉快足者乎？

今以一言断之曰：意无恒体。无恒体者，不可执之为自，不受欺，而亦无可谦也。乃既破自非意，则必有所谓自者。此之不审，苟务深求，于是乎"本来面目"、"主人翁"、"无位真人"①，一切邪说，得以乘闲惑人。圣贤之学，既不容如此，无已，曷亦求之经、传乎？则愚请破从来之所未破，而直就经以释之曰：所谓自者，心也，欲修其身者所正之心也。盖心之正者，志之持也，是以知其恒存乎中，善而非恶也。心之所存，善而非恶。意之已动，或有恶焉，以陵夺其素正之心，则自欺矣。意欺心。唯诚其意者，充此心之善，以灌注乎所动之意而皆实，则吾所存之心周流满惬而无有馁也，此之谓自谦也。意谦心。

且以本传求之，则好好色、恶恶臭者，亦心而已。意或无感而生，如不因有色现前而思色等。心则未有所感而不现。如存恻隐之心，无孺子入井事则不现等。好色恶臭之不当前，人则无所好而无所恶。虽妄思色，终不作好。意则起念于此，而取境于彼。心则固有焉而不待起，受境而非取境。今此恶恶臭、好好色者，未尝起念以求好之恶之，而亦不往取焉，特境至斯受，因以如其好恶之素。且好则固好，恶则固恶，虽境有闲断，因伏不发，而其体自恒，是其属心而不属意明矣。

　　传之释经，皆以明其条理之相贯，前三章虽分引古以征之，第四章则言其相贯。故下云"诚中形外"、"心广体胖"，皆以明夫意为心身之关钥，意居心身之介，此不可泥经文为次。而非以戒欺求谦为诚意之实功。藉云戒欺求谦，则亦资以正其心，而非以诚其意。故章末云："故君子必诚其意。"犹言故欲正其心者，必诚其意。以心之不可欺而期于谦，则不得不诚其意，以使此心终始一致，正变一揆，而无不慊于其正也。即中庸所谓"无恶于志"。

　　夫唯能知传文所谓自者，则大义贯通，而可免于妄矣。故亟为显之如此，以补先儒之未及。

【注释】

　　① "本来面目"、"主人翁"、"无位真人"：禅宗用语，禅宗祖师通过这些词语让人放弃对名相的执着，达到"明心见性"的境界。

《大学·传·第六章·第六节》

【题解】

　　这一小节主要讲人的意念与心志的关系。人的意念是捉摸不定的，道德的力量总是较比自然的力量要薄弱。人的意念一旦向着恶的方向发展，所谓德行也好，道德也罢，便可能失去成立的基点。因此，王夫之不给予意以自、以恒体的地位，与不赋以情以纯善性体的地位，只是把它看作可以随机发生变化的事物。总之，在这里王夫之所讨论的区域、范围不出人心的自然层面与人心的社会属性和道德层面，二者总是存在冲突，恰如理与欲永远相辩一样。

六

小人之"厌然掩其不善而著其善",固不可谓心之能正,而亦心之暂欲正者也。特其意之一于恶,则虽欲使其暂欲正之心得附于正而终不能。以此推之,则君子之欲正其心者,意有不诚,虽欲恃其素正而无不正,其终不能亦审矣。故君子欲正其心,必慎其独。

"闲居",独也。"无所不至",不慎之下流也。"如见其肺肝"者,终无有谅其忸怩知愧之心,而心为意累,同入于恶而不可解也。

今以掩著为自欺欺人,迹则似矣。假令无所不至之小人,并此掩著之心而无之,是所谓"笑骂由他笑骂,好官任我为之"者,表里皆恶,公无忌惮,而又岂可哉?盖语君子自尽之学,则文过为过之大,而论小人为恶之害,则犹知有君子而掩著,其恶较轻也。

总以此一段传文,特明心之权操于意,而终不与上"自欺"、"自谦"相对。况乎欺之为义,谓因其弱而陵夺之,非掩盖和哄之谓。如石勒言"欺人孤儿寡妇",岂和哄人孤儿寡妇耶?厌然掩著,正小人之不敢欺君子处。藉不掩不著,则其欺陵君子不更甚乎?小人既非欺人,而其志于为恶者,求快求足,则尤非自欺。则朱子自欺欺人之说,其亦疏矣。

《大学·传·第六章·第七、八节》

【题解】

这两节主要在论述知的性质。大学之知,本质上还是一种修省之知。在这里王夫之把常规的经典释义变换了,如"十目十手"一条。另外,诚意是从知上的清明性去立位的,即所谓"纤毫不昧"。这样，知的清晰便为格正、裁断提供了直接的基础。也就是在透彻的自知下，加以格正。所以诚意是在知上立位，而本质乃是修省之知的。所谓慎之功，也就是指严于格正之修。从这里说，大学之用功绝对是人为性而不能达于自然境地的。王夫之说得很明白："慎独之学，为诚愈者而发"，"则夫君子之慎独也，以人所不及知而己独知之，故其几尚托于静，而自喻最明"。显然已完全摈除了人知的传统的舆论性解释，将人知含义转化为己知、自知含义的，从而规定为完全的自我道德明知性表达。

七

三山陈氏谓心为内，体为外，由心广故体胖。审尔，则但当正心，无问意矣。新安以心广体胖为诚意者之形外，其说自正。

若不细心静察，则心之为内也固然。乃心内身外，将位置意于何地？夫心内身外，则意固居内外之交。是充由内达外之说，当由心正而意诚，意诚而身修，与经文之序异矣。今既不尔，则心广亦形外之验也。心广既为形外之验，则于此言心为内者，其粗疏不审甚矣。

盖中外原无定名，固不可执一而论。自一事之发而言，则心未发，意将发，心静为内，意动为外。又以意之肖其心者而言，则因心发意，心先意后，先者为体于中，后者发用于外，固也。

然意不尽缘心而起，则意固自为体，而以感通为因。故心自有心之用，意自有意之体。人所不及知而己所独知者，意也。心则己所不睹不闻而恒存矣。乃己之睹闻，虽所不及而心亦在。乃既有其心，如好恶等，皆素志也。则天下皆得而见之，是与夫意之为人所不及知者较显也。故以此言之，则意隐而心著，故可云外。

体胖之效，固未必不因心广，而尤因乎意之已诚。若心广之形焉而见效者，则不但体胖也。禹"恶旨酒而好善言①"，武王"不泄迩，不忘远"②，其居心之远大而无拘累，天下后世皆具知之，岂必验之于体之胖哉？小人之为不善而人见其肺肝，亦心之形见者也。不可作意说。故形于外者，兼身心而言也。

【注释】

①恶旨酒而好善言：讨厌美酒而喜欢有道理的言论。

②不泄（xiè）迩（ěr），不忘远：泄，通"媟"，狎侮，轻慢。此句意为不轻慢身边的人，不忘记远处的人。

八

"十目所视"一段，唯云峰胡氏引中庸"莫见乎隐"一节以证此，极为吻合。章句谓此承上文而言。乃上文所引小人之为不善，特假以征诚中形外之旨，而业已以"故君子慎其独也"一句结正之，则不复更有余意。慎独之学，为诚意者而发，亦何暇取小人而谆谆戒之耶？

且小人之掩著，特其见君子则然耳，若其无所不至，初不畏天下之手目也。况为不善而无所不至矣，使其能逃天下之手目，亦复何补？"何益"云者，言掩著之心虽近于知耻，而终不足以盖其愆，岂以幸人之不知为有益哉？既非幸人之不知为有益，则手目之指视，不足为小人戒也。

且云"无所不至"，则非但有其意，而繁有其事矣，正万手万目之共指共视，而何但于十？藉云"闲居"者独也，固人所不及知也；则夫君子之慎独也，以人所不及知而己独知之，故其几尚托于静，而自喻最明。若业已为十目十手之所指视，则人皆知之矣，而何名为独？凡此皆足以征章句之疏矣。

中庸云"莫见乎隐，莫显乎微"，谓君子之自知也。此言十目十手，亦言诚意者之自知其意。如一物于此，十目视之而无所遁，十手指之而无所匿，其为理为欲，显见在中，纤毫不昧，正可以施慎之之功。故曰："其严乎！"谓其尚于此而谨严之乎！能致其严，则心可正而身可修矣。其义备中庸说中，可参观之。

《大学·传·第七章》

【题解】

这一章主要讲的是王夫之的治心之道。他的治心之道，是建立在理上的，与心理路径相差甚远。王夫之说："不动者，心正也；执持其志者，正其心也。"从中我们可看出其持志正心，以理为基础，有此理则不动。正心诚意在王学中可以归结为一句话，就是：以理养心。一切最终都要在理上完成。配道义，就是治心以理为主。而养气则属自然生理、心理方面的调节行为，总体上仍在以理治心的范围之内。可见治心在王学中的论述中分为两个层面，一是义理的，这是主干。一是自然生理心理方面的，这是辅助。大学明明德，是由心、身、意、知构成的。王夫之说："此心字在明德中，与身、意、知各只分得一分，不可作全体说。"所以义理上要分正心、诚意、修身、致知四项说。"正其心于仁义，而持之恒在。"仁义是理义之心，愤懑恐惧是情意之心。道德方面是儒学的目的，自然生理心理方面显然不是。因此，儒家关注的重点不是人类心灵，而是德行问题。

【原文】

一

程子谓"忿懥①、恐惧、好乐、忧患,非是要无此数者,只是不以此动其心",乃探本立论,以显实学,非若后人之逐句求义而不知通。

不动其心,元不在不动上做工夫。孟子曰:"不动心有道。"若无道,如何得不动?其道固因乎意诚,而顿下处自有本等当尽之功,故程子又云:"未到不动处,须是执持其志。"不动者,心正也;执持其志者,正其心也。大全所辑此章诸说,唯"执持其志"四字分晓。朱子所称"敬以直内",尚未与此工夫相应。

逐句求义者见传云"有所忿懥则不得其正",必疑谓无所忿懥而后得其正。如此戏论,朱子亦既破之矣,以其显为悖谬也。而又曰"湛然虚明,心如太虚,如镜先未有象,方始照见事物",则其所破者用上无,而其所主者体上无也。体用元不可分作两截,安见体上无者之贤于用上无耶?况乎其所谓"如一个镜,先未有象",虚明之心固如此矣。即忿懥等之"不得其正"者,岂无事无物时,常怀著忿惧乐患之心?天下乃无此人。假令有无可忿当前而心恒懊恼,则亦病而已矣。是则"不得其正"者,亦先未有所忿懥,而因所感以忿懥耳。若其正者则乐多良友,未得其人而展转愿见;忧宗国之沦亡,覆败无形,而耿耿不寐,亦何妨于正哉?

又其大不可者,如云"未来不期,已过不留,正应事时不为系缚",此或门人增益朱子之言,而非定论。不然,则何朱子显用佛氏之邪说而不恤耶?佛氏有"坐断两头,中闲不立"之说,正是此理。彼盖谓大圆智镜,本无一物,而心空及第,乃以随缘赴感,无不周尔。迨其末流,不至于无父无君而不止。大学之正

其心以修齐治平者，岂其然哉？既欲其虚矣，又欲其不期、不留而不系矣，则其于心也，但还其如如不动者而止，而又何事于正

故释氏之谈心，但云明心、了心、安心、死心，而不言正。何也？以苟欲正之，则已有期、有留、有系，实而不虚也。今有物于此，其位有定向，其体可执持，或置之不正而后从而正之。若窅窅空空之太虚，手挪不动，气吹不移，则从何而施其正？且东西南北，无非太虚之位，而又何所正耶？

用"如太虚"之说以释"明明德"，则其所争，尚隐而难见。以此言"明"，则犹近老氏"虚生白"之旨。以此言"正心"，则天地悬隔，一思而即知之矣。故程子直以孟子持志而不动心为正心，显其实功，用昭千古不传之绝学，其功伟矣。

孟子之论养气，曰"配义与道"。养气以不动心，而曰"配义与道"，则心为道义之心可知。以道义为心者，孟子之志也。持其志者，持此也。夫然，而后即有忿懥、恐惧、好乐、忧患，而无不得其正。何也？心在故也。而耳目口体，可得言修矣。此数句正从传文反勘出。

传者于此章，只用半截活文，写出一心不正、身不修之象，第一节心不正之象。以见身心之一贯。故章首云"所谓修身在正其心者"，章末云"此谓修身在正心"，但为两"在"字显现条理，以见欲修其身者，不可竟于身上安排，而大学正心之条目，非故为迂玄之教。若正心工夫，则初未之及，诚意修身等传，俱未尝实说本等工夫。固不以无所忿懥云云者为正之之功，而亦不以致察于四者之生，使不以累虚明之本体为正也。

夫不察则不正，固然矣。乃虑其不正而察之者，何物也哉？必其如鉴如衡而后能察，究竟察是诚意事。则所以能如鉴如衡者，亦必有其道矣。故曰"不动心有道"也。

盖朱子所说，乃心得正后更加保护之功，此自是诚意以正心事。而非欲修其身者，为吾身之言行动立主宰之学。故一则曰"圣人之心莹然虚明"，一则曰"至虚至静，鉴空衡平"，终于不正之由与得正之故，全无指证。则似朱子于此"心"字，尚未的寻落处，不如程子全无忌讳，直下"志"字之为了当。此"心"字在明德中，与身、意、知各只分得一分，不可作全体说。若云至虚至明，鉴空衡平，则只消说个正心，便是明明德，不须更有身、意、知之妙。其引伸传文，亦似误认此章实论正心工夫，而于文义有所不详。盖刻求工夫而不问条理，则将并工夫而或差矣。

今看此书，须高著眼，笼著一章作一句读，本文"所谓"、"此谓"，原是一句首尾。然后知正心工夫之在言外，而不牵文害义，以虚明无物为正。则程子之说，虽不释本文，而大义已自无遗。传盖曰：所谓"修身在正其心"者，以凡不能正其心者，一有所忿懥、恐惧、好乐、忧患，则不得其正矣，意不动尚无败露，意一动则心之不正者遂现。唯其心不在也。持之不定，则不在意发处作主。心不在焉，而不见、不闻、不知味，则虽欲修其身而身不听，此经所谓"修身在正其心"也。释本文。

"不得其正"，心不正也，非不正其心。"不见"、"不闻"、"不知味"，身不受修也，非身不修也。"心不在"者，孟子所谓"放其心"也。"放其心"者，岂放其虚明之心乎？放其仁义之心也。

盖既是虚虚明明地，则全不可收，更于何放？止防窒塞，无患开张。故其不可有者，留也、期也、系也。留则过去亦在，期则未来亦在，系则现前亦在。统无所在，而后心得其虚明，佛亦不作。何以又云"心不在焉"，而其弊如彼乎？朱子亦已明知其不然，故又以操则存、求放心、从大体为征。夫操者，操其存乎人者仁义之心也；求者，求夫仁人心、义人路也；从者，先立夫天之所与我者也。正其心于仁义，而持之恒在，岂但如一镜之明哉？惜乎其不能畅言之于章句，而启后学之纷纭也！

【注释】

①忿懥：愤恨、愤怒的样子。

二

切须知以何者为心，不可将他处言心者混看。抑且须知忿懥、恐惧、好乐、忧患之属心与否。以无忿懥等为心之本体，是"心如太虚"之说也，不可施正，而亦无待正矣。又将以忿懥等为心之用，则体无而用有，既不相应。如镜既空，则但有影而终无光。且人之释心意之分，必曰心静而意动，今使有忿懥等以为用，则心亦乘于动矣。只此处从来不得分明。

不知大学工夫次第，固云"欲正其心者先诚其意"，然煞认此作先后，则又不得。且如身不修，固能令家不齐；乃不能齐其家，而过用其好恶，则亦身之不修也。况心之与意，动之与静，相为体用，而无分于主辅，故曰"动静无端"。故欲正其心者必诚其意，而心苟不正，则其害亦必达于意，而无所施其诚。

凡忿懥、恐惧、好乐、忧患，皆意也。不能正其心，意一发而即向于邪，以成乎身之不修。此意既随心不正，则不复问其欺不欺、慊①不慊矣。若使快足，入邪愈深。故愚谓意居身心之交，八条目自天下至心，是步步向内说；自心而意而知而物，是步步向外说。而中庸末章，先动察而后静存，与大学之序并行不悖。则以心之与意，互相为因，互相为用，互相为功，互相为效，可云由诚而正而修，不可云自意而心而身也。心之为功过于身者，必以意为之传送。

【注释】

①慊（qiè）：满足，满意。

三

朱子说"鉴空衡平之体，鬼神不得窥其际"，此语大有病在。南阳忠国师勘胡僧公案①，与列子所纪壶子②事，正是此意。凡人心中无事，不思善，不思恶，则鬼神真无窥处。世有猜棋子戏术，握棋子者自不知数，则彼亦不知，亦是此理。此只是谚所云"阴阳怕懵懂"，将作何用，岂可谓之心正？心正者，直是质诸鬼神而无疑。若其光明洞达，匹夫匹妇亦可尽见其心，岂但窥其际也而已哉？

【注释】

①南阳忠国师勘胡僧公案：南阳慧忠（677—775），唐代著名禅师，慧能五大弟子之一。俗姓冉，浙江诸暨人。他熟悉经律，佛学素养深厚。被任命为唐代国师，备受三朝礼遇，与神会在北方共同宣扬慧能的禅学思想。大历十年示寂，谥号"大证禅师"，人称"南阳慧忠"或"南阳国师"。肃宗时，从西天来了一位大耳三藏法师，此人修禅习定功夫甚深，很有神力，能感通他人心念，有"他心通"的本领。虽说"远道来的和尚会念经"，可堂堂的朝廷，来位自称神异的和尚，总也得考验考验。于是肃宗便请忠国师试验一下三藏法师。三藏一见慧忠，便行礼参拜。国师问："你得'他心通'的道行？""不敢。"大耳三藏倒也恭谨。慧忠说："你说说老僧我现在在什么地方？""和尚你是一国之师，怎么却跑到西川看人竞渡去了呢？"忠国师心生之念被大耳猜着了。过了一阵儿，慧忠禅师又问："你说老僧现在又在什么地方？""和尚是一国之师，现在怎么又跑到天津桥上看

人家耍猴子去了呢？"三藏说。天津桥在东都洛阳。国师说："你再看看老僧在什么地方？"这一回，三藏竟没有测出，正在迷惘之际，慧忠禅师叱道："这野狐精，你的他心通在什么地方！"大耳三藏无言以对。

②列子所纪壶子：据《列子·黄帝》记载，郑国有个巫师叫季咸，能预知祸福寿夭，他能算出某人某年某月某日死，从不出错。列子十分敬服，就对他的老师壶子说："本来我以为先生之道最了不起，想不到还有比您更了不起的。"壶子说："你叫他来给我看看相，算算命。"巫咸第一次来时，壶子示以地之相。巫咸看完相，出来对列子说："我看到了湿透的死灰，你的老师十天之内必死无疑。"列子进去，流着眼泪转告了壶子。壶子说："你叫他再来。"第二天，壶子示以天之相。巫咸出来对列子说："你的老师运气不错，幸亏遇到我，才有了转机，我让他死灰复燃了。"列子高兴地进去转告了壶子。壶子说："你让他再来。"第三天，壶子示以全息的人之相。巫咸一看世间诸相应有尽有，不敢妄言，出来对列子说："你的老师心不诚，在面相上故意隐瞒自己的内心欲念，叫我怎么看？"列子进去转告了老师。壶子说："你叫他再来。"第四天，壶子示之以无相之相。巫咸一看，站都站不稳，转过身撒腿就逃。列子追之不及，回来问壶子怎么回事。壶子告以原委："人总是以自己极有限的所知来揣度万物。巫咸不过是所知较多，尤其是对凡夫俗子颇为深知。凡夫俗子自以为得天道、得地道、得人道，并以得道之心与自然之道相抗，所以巫师能够给凡夫俗子看相，甚至能做出准确的预言。其实不是看相者有道，而是被相者不自知地告诉看相者的。这个巫咸能看出我的地之相和天之相——这是人之相的两种——已经算是有点混饭吃的小本事了。我第三天让他看全息的人之相，他就已经看不明白了。我第四天再让他看自然的清净本相，他就知道看与被看的位置完全颠倒了。所以再不敢狂妄，赶紧逃跑了。列子听了，知道自己对老师的智慧什么也没学到，于是回家给妻子老老实实做了三年饭。平时对待任何有生命的生物，像对待人一样恭敬，毕生对任何事物都不敢妄称了解。就这样，列子像泥土一样任行自然，终于成了仙人。

四

"仰面贪看鸟，回头错应人"，恁般时，心恰虚虚地，鬼神亦不能窥其际，唯无以正之故也。不然，岂杜子美①于鸟未到眼时，预期一鸟而看之；鸟已飞去后，尚留一鸟于胸中；鸟正当前时，并将心系著一鸟乎？唯其无留、无期、无系，适然一鸟过目，而心即趋之，故不觉应人之错也。

正心者，过去不忘，未来必豫，当前无丝毫放过。则虽有忿懥、恐惧、好乐、忧患，而有主者固不乱也。

【注释】

①杜子美：杜甫（712—770），字子美，号少陵野老，一号杜陵野客、杜陵布衣，唐朝现实主义诗人，其著作以社会写实著称。生于中国河南巩县（今河南省巩义市）。祖籍湖北襄阳（今湖北省襄阳市）。因其曾任左拾遗、检校工部员外郎，因此后世称其杜拾遗、杜工部，杜甫与李白合称"李杜"，为了与另两位诗人李商隐与杜牧即"小李杜"区别，杜甫与李白又合称"大李杜"，杜甫也常被称为"老杜"。据岑仲勉考证杜甫是杜预第四子杜耽之后，且为杜预十四世孙，然而胡可先根据杜预叔父杜并墓志所记载的先祖，指出杜甫是杜预长子杜锡的后代。虽然在世时名声并不显赫，但在身后，杜甫的作品最终对中国文学和日本文学产生了深远的影响，约1500首诗歌被保留了下来，作品集为《杜工部集》。他在中国古典诗歌中的影响非常深远，被后人称为"诗圣"，他的诗也被称为"诗史"。

《大学·传·第九章》

【题解】

本章的重点是王夫之关于修齐治平等方面的论说。齐家治国的思路，本质上还是反映了中国古代家国同构的社会结构形态。也就是国家是家的延伸和扩大，家与国之间不是有机的关系，而是比较机械的构成关系。王夫之说："见教家教国，理则一而分自殊，事之已殊，有不待推而不可者。"性情之学与齐治家国的关系区分得非常清楚，而这一分殊的思维路径也表现出政教政治特有的原始特征。

孝慈是儒家思想的根本，这一原始政教思维理络从来没有改变。但同时人们应该认识到，这孝慈也不是普通意义上的孝慈，而是专属于政治目的，即事君长之道，这才是其实质。因此，王夫之坚定的排除日常人情混入他所说的孝慈之教中，以为那些都只是妇孺之仁。王夫之所言的仁、孝、慈、爱等，骨子里都是要学的，绝不是天然生就不待学的对象。因此，儒学的根本在这一个"学"字当中。正是这个学作了教与自然的界限。

【原文】

一

章句"立教之本"云云，亦但从性情会通处，发明家国之一理，以见教家之即以教国耳。"识端推广"，乃朱子从言外衍说，非传意所有。缘恐人将孝弟慈说得太容易，以为不待学而自能，竟同处子之不学养子一例，故补此一说，见教家教国，理则一而分自殊；事之已殊，有不待推而不可者。

其云"立教之本"，即指上孝弟慈，金仁山之说为近。所云本者，以家国对勘：教家者教国之本，孝弟慈者事君、事长、使众之本也。唯其不假强为，则同命于天，同率于性，天理流行，性命各正，非仅可通于家而不可行于国也。唯养子不待学，则使众亦不待别有所学，而自无不可推矣。故立教之本，有端可识，而推广无难也。

章句恰紧在一"耳"字，而朱子又言"此且未说到推上"，直尔分明。玉溪无端添出明德，仁山以"心诚求之"为推，皆是胡乱忖度。"心诚求之"元是公共说的，保赤子亦如此，保民亦如此。且此但言教而不言学。一家之教，止教以孝于亲、弟于长、慈于幼，何尝教之以推？所谓推者，乃推教家以教国也，非君子推其慈于家者以使国之众也。

所引书词，断章立义。但据一"如"字，明二者之相如；而教有通理，但在推广，而不待出家以别立一教。认章句之旨不明，乃谓君子推其慈家之恩以慈国，其于经传"齐""治"二字何与，而传文前后六"教"字，亦付之不问。小儒见杌①惊鬼，其瞀②乱有如此者，亦可叹也已！

【注释】

①杌（wù）：局势、局面、心情等不安。

②瞀（mào）：心绪紊乱。

二

径以孝弟慈为"明明德"者，黄氏①之邪说也。朱门支裔，背其先师之训，淫于鹅湖②者，莫此为甚。其始亦但牵枝分段，如今俗所谓章旨者，而其悖遂至于是。王阳明疑有子支离，只欲将仁与孝弟并作一个。若论孝弟慈之出于天性，亦何莫非"明德"？尽孝、尽弟、尽慈，亦何不可云"明明德"？而实则不然。如廿一史所载孝友、独行传中人物，乃至王祥③、李密④一流，不可云他孝弟有亏欠在；而其背君趋利，讵便可许之为克明其德？

至如所云"天明地察"，则又不可以此章所言孝者例之。此但据教家教国而言，则有七八分带得过，而君子之教已成。故曰："敬敷五教在宽。"且不敢遽责其为王祥、李密，而况其进焉者乎？

明明德之事，经文所云格物、致知、诚意、正心、修身，缺一不成，章句已分明言之。倘必待格致诚正之已尽，而后可云孝子、弟弟、慈长，则即令尧、舜为之长，取一家之人，戒休董威之，且没世而不能。如但以保赤子之慈，而即可许之明明德，则凡今之妇妪，十九而明其明德矣。

于德言明，于民言新，经文固自有差等。陆、王乱禅，只在此处，而屈孟子不学不虑之说以附会己见，其实则佛氏呴呴呕呕⑤之大慈大悲而已。圣贤之道，理一分殊，断不以乳媪推干就湿⑥、哺乳嚼粒之恩为天地之大德。故朱子预防其弊，而言识、言推，显出家国殊等来。家国且有分别，而况于君德之与民俗，直是万仞壁立，分疆画界。比而同之，乱天下之道也。

【注释】

①黄氏：指黄干，即黄榦。字直卿，号勉斋，黄瑀第四子。宋绍兴二十二年（1152）生。自幼聪颖，志趣广远。年十七，父殁。淳熙二年(1175)，黄榦往见刘清之求学，清之奇其才，令从朱子授业。黄氏与朱子的观点有所不同，朱子主张"今日格一物，明日格一物"的方法，而黄氏在继承朱子学的基础上，又认同陆九渊所提倡的"心即理"的修行方法。

②鹅湖：山名。亦为书院名。江西省铅山县北鹅湖山，有湖，多生荷。晋末有龚氏者，畜鹅于此，因名鹅湖山。宋淳熙二年朱熹与吕祖谦、陆九渊兄弟讲学鹅湖寺，后人立为四贤堂。淳祐中赐额"文宗书院"，明正德中徙于山巅，改名"鹅湖书院"。此处当指陆九渊的心学。

③王祥：王祥（184，一作180—268），字休徵。琅玡临沂（今山东临沂）人。三国曹魏及西晋时大臣，书圣王羲之的族曾祖父。王祥侍奉后母极孝，为二十四孝之一"卧冰求鲤"的主人翁。王祥性情非常孝顺。他的生母薛氏早逝，继母朱氏对他并不好，多次在王祥父亲面前说王祥的坏

话，所以王祥的父亲也不喜欢他，常让他打扫牛圈，但王祥却更加恭谨。父母有病时日夜伺候，不脱衣睡觉，汤药必自己先尝。王祥家有棵红沙果树结了果实，母亲令王祥守护，每逢有大风雨，王祥总是抱住树哭泣。他的孝心就是如此专诚而纯正。

④李密：李密（224—287），字令伯，一名虔，犍为武阳（今四川彭山）人。幼年丧父，母何氏改嫁，由祖母抚养成人。后李密以对祖母孝敬甚笃而名扬于乡里。师事当时著名学者谯周，博览五经，尤精《春秋左传》。初仕蜀汉为尚书郎。蜀汉亡，晋武帝召为太子洗马，李密以祖母年老多病、无人供养而力辞。祖母去世后，方出任太子洗马，迁汉中太守。后免官，卒于家中。著有《述理论》十篇，不传世。《华阳国志》、《晋书》均有李密传。

⑤呴呴呕呕（hǒu hǒu ǒu ǒu）：形容言语絮叨。

⑥乳媪（rǔ ǎo）推干就湿：乳媪，乳母。本句形容抚育孩子的辛劳。

三

程子所云"慈爱之心出于至诚"，乃以引伸养子不待学之意，初不因传文"诚求""诚"字而设。凡母之于子，性自天者，皆本无不诚，非以"诚"字为工夫语。吴季子无端蔓及诚意，此如拈字酒令，搭著即与安上，更不顾理。学者最忌以此种戏心戏论窥圣贤之旨。如母之于赤子，岂尝戒欺求谦，慎其独知，而后知保哉？

诚之为说，中庸详矣。程子所云"出于至诚"者，"诚者天之道也"。天以是生人。"诚其意"者，"诚之者人之道也"。须择善而固执。天道不遗于夫妇，人道则唯君子为能尽之。若传文"心诚求之"之"诚"，则不过与"苟"字义通。言"心"言"求"，则不待言"诚"而其真实不妄自显矣。

经传之旨，有大义，有微言，亦有相助成文之语。字字求义，而不顾其安，鲜有不悖者。况此但据立教而言，以明家国之一理。家之人固不能与于诚意之学，矧①国之人万有不齐，不因其固有之良，导之以易从之功，而率之与讲静存动察之学，不亦傎乎！

若云君子之自诚其意者，当以母之保子为法，则既非传者之本意；而率入大学之君子，相与呴呴呕呕以求诚，"好仁不好学，其蔽也愚"，此之谓夫！故戏论之害理，剧于邪说，以其似是而非也。

【注释】

①矧（shěn）：另外，况且，何况。

四

机者发动之由，只是动于此而至于彼意，要非论其速不速也。国之作乱，作乱自是分争草窃，非但不仁不让而已也。非一人之甫为贪戾而即然。且如无道如隋炀帝①，亦延得许久方乱；汉桓帝②之后无灵帝③，黄巾之祸④亦不如是之酷。且传文此喻，极有意在。如弩机一发，近者亦至之有准，远者亦至之有准，一条蓦直去，终无迂曲走移。一人贪戾，则近而受之者家，远而受之者国，其必至而不差，一也。

矢之中物，必有从来。仁让作乱之成于民，亦必有从来。如云礼达分定，则民易使，实是上之人为达之而为定之，岂但气机相感之浮说乎？一家之仁让，非自仁自让也，能齐其家者教之也。教成于家而推以教国者，即此仁让，而国无不兴焉。盖实恃吾教仁教让者以为之机也。若但以气机感通言之，则气无畛域，无顿舍，直可云身修而天下平矣。

大学一部，恰紧在次序上，不许人作无翼而飞见解。吴季子

"瞬息不留"之淫词，为害不小。既瞬息不留，则一念初起，遍十方界，所有众生，成佛已竟，何事言修、言齐、言治、言平之不已哉？

五

韦齐［斋］云"有诸己不必求诸人，无诸己不必非诸人"，断章取义，以明君子自治之功则然。子曰"攻其恶，无攻人之恶"，要为修慝者言之尔。盖明德之功而未及于新民也。经云："欲治其国者，先齐其家。"既欲治其国矣，而可不必求，不必非乎？但有诸己者与求诸人者，无诸己者与非诸人者，亦自有浅深之不同。如舜之事父母，必至于"烝烝乂不格奸"⑤，而后自谓可以为人子。其求于天下之孝者，亦不过服劳奉养之不匮而已。

细为分之，则非但身之与国，不可以一律相求，即身之于家，家之于国，亦有厚薄之差。曾子固不以己之孝责曾元⑥，而天子使吏治象之国，亦不概施夫异姓不毗之诸侯也。故曰理一而分殊。然原其分殊，而理未尝不一，要以帅人而后望人之从，其道同也。故在家无怨者，在邦亦无怨也。

【注释】

①隋炀帝：即隋炀帝杨广（569—618），华阴人（今陕西华阴）人，生于隋京师长安，是隋朝第二位皇帝，一名英，小字阿㦎。隋文帝杨坚、独孤皇后的次子，开皇元年（581）立为晋王，开皇二十年（600）十一月立为太子，仁寿四年（604）七月继位。他在位期间修建大运河（开通永济渠、通济渠，加修邗沟、江南运河），营建东都迁都洛阳城，开创科举制度，因为滥用民力，造成天下大乱直接导致了隋朝的灭亡。公元618年在江都被部下缢杀。唐朝谥炀皇帝，夏王窦建德谥闵皇帝，其孙杨侗谥为

世祖明皇帝。

②汉桓帝：即汉桓帝刘志（132—167），字意，汉章帝刘炟曾孙，河间孝王刘开之孙，蠡吾侯刘翼之子，母匽明，东汉第十一位皇帝。本初元年质帝崩，梁太后与兄大将军梁冀定策，迎立为帝，时年十五。太后临政。初由外戚梁冀掌握朝政。延熹二年与宦官单超等合谋诛灭梁氏，政权落入宦官之手。九年，朝中官员、太学生员与外戚联合反对宦官当权，他下诏逮捕李膺等二百余人，禁锢终身，史称"党锢之祸"。刘志一生崇尚佛、道，沉湎女色。信任宦官，察举非人，时人讥为"举秀才，不知书；举孝廉，父别居"。东汉王朝自此江河日下，濒于灭亡。谥桓，葬于宣陵。

③灵帝：即汉灵帝刘宏（157，一作156—189），生于冀州河间国（今河北深州）。汉章帝刘炟的玄孙。世袭解渎亭侯，父刘苌早逝，母董氏。永康元年（167）十二月汉桓帝刘志逝世后，刘宏被外戚窦氏挑选为皇位继承人，于建宁元年（168）正月即位。刘宏在位期间，大部分时间施行党锢及宦官政治，又设置西园，巧立名目搜刮钱财，甚至卖官鬻爵以用于自己享乐，在位晚期爆发了黄巾起义，而凉州等地也陷入持续动乱之中。中平六年（189）四月十一日（5月13日），刘宏去世，谥号孝灵皇帝，葬于文陵。

④黄巾之祸：即黄巾起义，又称黄巾之乱，是东汉晚期的农民起义，也是中国历史上规模最大的一次以宗教形式组织的民变之一，开始于汉灵帝光和七年（184），当时朝廷腐败，宦官外戚争斗不止、边疆战事不断，国势日趋疲弱，又因全国大旱，颗粒不收而赋税不减，走投无路的贫苦农民在张角的号令下，纷纷揭竿而起，他们头扎黄巾，高喊"苍天已死，黄天当立，岁在甲子，天下大吉"的口号，向官僚地主发动了猛烈攻击，并对东汉朝廷的统治产生了巨大的冲击，为平息叛乱，各地拥兵自重，虽最终起义以失败而告终，但军阀割据，东汉名存实亡的结局已不可挽回，最终导致三国局面的形成。

⑤烝烝乂不格奸：来自《尚书·尧典》。烝烝，淳厚的样子；乂（yì）治理，安定；格，至；奸，邪恶的事情。本句意思为：淳厚善良，不至于

作奸犯科。

⑥曾子固不以己之孝责曾元：来自于《孟子·离娄》，"曾子养曾皙，必有酒肉；将彻，必请所与；问有余，必曰'有'。曾皙死，曾元养曾子，必有酒肉；将彻，不请所与；问有余，曰'亡矣'——将以复进也。此所谓养口体者也。若曾子，则可谓养志也。事亲若曾子者，可也。"此句意为曾子并不是按照自己侍奉其父亲曾皙的标准来要求曾元。

卷二 中 庸

《中庸序》

【原文】

随见别白曰知，触心警悟曰觉。随见别白，则当然者可以名言矣。触心警悟，则所以然者微喻于己，即不能名言而已自了矣。知者，本末具鉴也。觉者，如痛痒之自省也。知或疏而觉则必亲，觉者隐而知则能显。赵格庵①但据知觉之成效为言耳，于义未尽。

【注释】

①赵格庵：赵顺孙（1215—1277），字和仲，号格庵，缙云云塘人。南宋淳祐十年（1250）进士，曾任吏部尚书、参知政事等职。经常与奸臣贾似道对抗，为贾所忌。度宗欲封赵为相，辞谢。蒙古军南侵，襄阳危急，贾似道匿而不报，他竭力与之争论，愤然出朝，因忧愤成疾而卒。著有《四书纂疏》、《孝宗系年录》、《中兴名臣言行录》等书。

名篇大旨

【题解】

这一节主要讲王夫之中庸的体用逻辑。体用是宋明理学探讨宇宙所使用的原理和逻辑。王夫之首先关心的乃是中的体性规定。所谓中庸之用，也还是修齐治平意义上的。王夫之的中庸学，方法上是以存养省察为本的，同时强调智仁勇诚的核心地位。所谓中庸，也就是中（理体）发用，中是指理而说的。与大学一样，中庸在儒教为学中，性质上也是工夫层面的，而非知识意义上的。所以中庸推到极致，也只是要处事的适宜。有利于现实事务的处理是儒家学说的根本特性。王夫之将中庸限制在人的事务上，与物界无关，就最能说明中庸的政教之事的实质。以性道为中体，以教为用，而庸是仅限于中体的用，其目的在于天德王道。这是典型的政教认同的表达。通常我们所说的儒家思想的现世性，也就是经世致用的政教性，即现实政治性质。此外，在本章中，王夫之用汉学的文字训诂的治学方法考证了在先秦典籍中，"庸"之义都是指"用"，从而否定了朱子所谓"平常"之义。"用"为"道之见于事物者"，"在常而常，在变而变"，因此也不能作"平常无奇"解，由此体现了船山的治学精神。

【原文】

中庸之名，其所自立，则以圣人继天理物，修之于上，治之于下，皇建有极，而锡民之极者言也。二"极"字是中，"建"字"锡"字是庸。故曰："中庸其至矣乎！民鲜能久矣。"又曰："中庸不可能也。"是明夫中庸者，古有此教，而唯待其人而行；而非虚就举凡君子之道而赞之，谓其"不偏不倚，无过不及"之能中，"平常不易"之庸矣。

天下之理统于一中：合仁、义、礼、知而一中也，析仁、义、礼、知而一中也。合者不杂，犹两仪五行、乾男坤女统于一太极而不乱也。离者不孤，犹五行男女之各为一，而实与太极之无有异也。审此，则"中和"之中，与"时中"之中，均一而无二矣。朱子既为分而两存之，又为合而贯通之，是已。然其专以中和之中为体则可，而专以时中之中为用则所未安。

但言体，其为必有用者可知；言未发则必有发。而但言用，则不足以见体。"时中"之中，何者为体耶？"时中"之中，非但用也。中，体也；时而措之，然后其为用也。喜怒哀乐之未发，体也；发而皆中节，亦不得谓之非体也。所以然者，喜自有喜之体，怒自有怒之体，哀乐自有哀乐之体。喜而赏，怒而刑，哀而丧，乐而乐，音岳。则用也。虽然，赏亦自有赏之体，刑亦自有刑之体，丧亦自有丧之体，乐音岳亦自有乐之体，是亦终不离乎体也。书曰："允执厥中。"中，体也；执中而后用也。子曰："君子而时中。"又曰："用其中于民。"中皆体也；时措之喜怒哀乐之闲，而用之于民者，则用也。以此知夫凡言中者，皆体而非用矣。

周子曰："中也者，和也。"言发皆中节之和，即此中之所为体撰者以为节也。未发者未有用，而已发者固然其有体。则"中和"之和，统乎一中以有体，不但中为体而和非体也。"时中"之中，兼和为言。和固为体，"时中"之中不但为用也明矣。

中无往而不为体。未发而不偏不倚，全体之体，犹人四体而共名为一体也。发而无过不及，犹人四体而各名一体也。固不得以分而效之为用者之为非体也。若朱子以已发之中为用，而别之以无过不及焉，则将自其已措咸宜之后，见其无过焉而赞之以无过，见其无不及焉而赞之以无不及。是虚加之词，而非有一至道焉实为中庸，胥古今天下之人，乃至中材以下，得一行焉无过无不及，而即可以此名归之矣。夫子何以言"民鲜能久"，乃至"白刃可蹈"，而此不可能哉？

以实求之：中者体也，庸者用也。未发之中，不偏不倚以为体，而君子之存养，乃至圣人之敦化，胥用也。已发之中，无过不及以为体，而君子之省察，乃至圣人之川流，胥[1]用也。未发未有用，而君子则自有其不显笃恭之用。已发既成乎用，而天理则固有其察上察下之体。中为体，故曰"建中"，曰"执中"，曰"时中"，曰"用中"；浑然在中者，大而万理万化在焉，小而一事一物亦莫不在焉。庸为用，则中之流行于喜怒哀乐之中，为之节文，为之等杀，皆庸也。

故"性"、"道"，中也；"教"，庸也。"修道之谓教"，是庸皆用中而用乎体，用中为庸而即以体为用。故中庸一篇，无不缘本乎德而以成乎道，则以中之为德本天德，性道。而庸之为道成王道，天德、王道一以贯之。是以天命之性，不离乎一动一静之闲，而喜怒哀乐之本乎性、见乎情者，可以通天地万物之理。如其不然，则君子之存养为无用，而省察为无体，判然二致，将何以合一而成位育之功哉？

夫手足，体也；持行，用也。浅而言之，可云但言手足而未有持行之用；其可云方在持行，手足遂名为用而不名为体乎？夫唯中之为义，专就体而言，而中之为用，则不得不以"庸"字显之，故新安陈氏所云"'中庸'之中为中之用"者，其谬自见。

若夫庸之为义，在说文则云"庸，用也"；字从庚从用，言用之更新而不穷。尚书之言庸者，无不与用义同。自朱子以前，无有将此字作平常解者。庄子言"寓诸庸"，庸亦用也。易系

[文言] 所云"庸行""庸言"者，亦但谓有用之行、有用之言也。盖以庸为日用则可，日用亦更新意。而于日用之下加"寻常"二字，则赘矣。道之见于事物者，日用而不穷，在常而常，在变而变，总此吾性所得之中以为之体而见乎用，非但以平常无奇而言审矣。

朱子既立庸常之义，乃谓汤、武放伐，亦止平常。夫放君伐主而谓之非过不及，则可矣，倘必谓之平常而无奇，则天下何者而可谓之奇也？若必以异端之教而后谓之奇，则杨、墨之无父无君，亦充义至尽而授之以罪名，犹未至如放君伐主之为可骇。故彼但可责其不以中为庸，而不可责之以奇怪而非平常。况中庸一篇元不与杨、墨为敌，当子思之时，杨、墨之说未昌。且子言"民鲜能久"，则中庸之教，著自古者道同俗一之世，其时并未有异端起焉，则何有奇怪之可辟，而须标一平常之目耶？

子所云过不及者，犹言贤者俯而就，不肖者企而及，谓夫用其喜怒哀乐者，或过于情，或不及夫情，如闵子②、子夏③之释服鼓琴者尔。至其所辨异于小人之道无忌惮而的然日亡者，盖亦不能察识夫天命之理，以尽其静存动察之功，而强立政教如管、商④之类，为法苛细，的然分明，而违理拂情，不能久行于天下而已。岂其无忌惮也，果有吞刀吐火、御风入瓮⑤之幻术，为尤异于汤、武之放伐也乎？

朱子生佛、老方炽之后，充类而以佛、老为无忌惮之小人，固无不可。乃佛、老之妄，亦唯不识吾性之中而充之以为用，故其教亦浅鄙动俗，而终不能奇；则亦无事立平常之名，以树吾道之垒也。

况世所谓无奇而为庸者，其字本作"佣"。言如为人役用之人，识陋而行卑，中庸所谓"鲜能知味"之下游也。君子之修道立教而为佣焉，其以望配天达天之大德，不亦远哉？故知曰"中庸"者，言中之用也。

【注释】

①胥：全，都。

②闵子：即闵子骞，名损，字子骞，春秋鲁国武棠邑（今鱼台县大闵村）人。生于公元前536年，卒于公元前487年。孔子弟子，以德行著称。

③子夏：卜商（前507—?），字子夏，汉族，春秋末年晋国温地（今河南温县）人，一说卫国人，"孔门十哲"之一，七十二贤之一，人称卜子。性格勇武，为人"好与贤己者处"。以"文学"著称，曾为莒父宰。后来到魏国西河进学。提出过"仕而优则学，学而优则仕"的思想，还主张做官要先取信于民，然后才能使其效劳。李悝、吴起都是他的弟子，魏文侯也尊以为师。相传《诗》、《春秋》等书，均是由他传授下来。

④管、商：管仲与商鞅的并称，代指法家。

⑤吞刀吐火、御风入瓮：泛称魔术。

《中庸·第一章·第一节》

【题解】

本节王夫之主要是对"天命之谓性"的"命"字进行诠释，设定"天"与"人"的关系。"天"为下达命令的主体，"人"是禀受其命令的客体。"天"与"人"之间具有不可分割的关系是必然的，因为"人"的本性是先天性的。而"天"是人本性内在的道德性来源或者根源，因此道德性本身正是人最原始的面貌。在这一过程中，"天"只是作为道德性的根源，排除了人格性或者目的性，但"人"则赋予"天"作为自身行为或意识的基础或标准的绝对权威，而视为敬而远之的对象。"天"虽然是"人"生活的道德性根源，但只不过是自己本身运行的无意识的存在。

【原文】

一

章句言"命犹令也"。小注朱子曰:"命如朝廷差除。"又曰:
"命犹诰敕①。"谓如朝廷固有此差除之典,遇其人则授之,而受
职者领此诰敕去,便自居其位而领其事。以此喻之,则天无心而
人有成能,审矣。

董仲舒对策有云"天令之谓命",朱子语本于此。以实求之,
董语尤精。令者,天自行其政令,如月令、军令之谓,初不因命
此人此物而设,然而人受之以为命矣。令只作去声读。若如北溪
所云"分付命令他",则读"令"如"零",便大差谬。人之所
性,皆天使令之,人其如傀儡,而天其如提弧者乎?

天只阴阳五行,流荡出内于两闲,何尝屑屑然使令其如此
哉?必逐人而使令之,则一人而有一使令,是释氏所谓分段生死
也。天即此为体,即此为化。若其命人但使令之,则命亦其机权
之绪余而已。如此立说,何以知天人之际!

【注释】

①诰敕(gào chì):朝廷封官授爵的敕书。

《中庸·第一章·第二、三节》

【题解】

本节的主题思想是说中庸的宗旨是人们日常生活的修养提供
伦理依据,它不涉及除人以外的其他事物。王夫之所讲的中庸之
道是有一定范围的、只限于人类社会的,也就是人道的中庸之
道。性、道显然是不可以把人与物都拿来讨论的,这里所谓性、
道即指中庸学之道,因为理首先就是人所专有的。之所以提及其

他事物，主要是为了作类比。简而言之，中庸之道作为政教之显然只限于人类，物类当然不存在营建政教的问题。因此，王夫之所说的兼人物言者，实际上反映了儒家学说惯有的一种心理行为习惯（学术上的），那就是物界人以人事为宗旨的话题，以之为一种类证的手段。

二

章句于性、道，俱兼人物说，或问则具为分疏：于命则兼言"赋与万物"，于性则曰"吾之得乎是命以生"；于命则曰"庶物万化由是以出"，于性则曰"万物万事之理"。与事类言而曰理，则固以人所知而所处者言之也。其于道也，则虽旁及鸟兽草木、虎狼蜂蚁之类，而终之曰"可以见天命之本然，而道亦未尝不在是"，则显以类通而证吾所应之事物，其理本一，而非概统人物而一之也。

章句之旨，本自程子。虽缘此篇云"育物"，云"尽物之性"，不容闲弃其实，则程、朱于此一节文字，断章取义，以发明性道之统宗，固不必尽合中庸之旨者有之矣。两先生是统说道理，须教他十全，又胸中具得者一段经纶，随地迸出，而借古人之言以证己之是。

若子思①首发此三言之旨，直为下戒惧慎独作缘起。盖所谓中庸者，天下事物之理而以措诸日用者也。若然，则君子亦将于事物求中，而日用自可施行。然而有不能者，则以教沿修道而设，而道则一因之性命，固不容不于一动一静之闲，审其诚几，静存诚，动研几。而反乎天则。是行乎事物而皆以洗心于密者，本吾藏密之地，天授吾以大中之用也。审乎此，则所谓性、道者，专言人而不及乎物，亦明矣。

天命之人者为人之性，天命之物者为物之性。今即不可言物无性而非天所命，然尽物之性者，亦但尽吾性中皆备之物性，使私欲不以害之，私意不以悖之，故存养省察之功起焉。

如必欲观物性而以尽之，则功与学为不相准。故或问于此，增入学问思辨以为之斡旋，则强取大学格物之义，施之于存养省察之上。乃中庸首末二章，深明入德之门，未尝及夫格致，第二十章说学问思辨，乃以言道之费耳。则番阳李氏所云"中庸明道之书，教者之事"，其说为通。亦自物既格、知既致而言。下学上达之理，固不待反而求之于格致也。

况夫所云尽人物之性者，要亦于吾所接之人、所用之物以备道而成教者，为之知明处当，而赞天地之化育。若东海巨鱼，南山玄豹，邻穴之蚁，远浦之苹，虽天下至圣，亦无所庸施其功。即在父子君臣之闲，而不王不禘②，亲尽则祧③，礼衰则去，位卑则言不及高。要于志可动气、气可动志者尽其诚，而非于不相及之地，为之燮理④。故理一分殊，自行于仁至义尽之中，何事撤去藩篱，混人物于一性哉？

程子此语，大费斡旋，自不如吕氏之为得旨。故朱子亦许吕为精密，而特谓其率性之解，有所窒碍；非如潜室所云，但言人性，不得周普也。

至程子所云马率马性，牛率牛性者，其言性为已贱。彼物不可云非性，而已殊言之为马之性、牛之性矣，可谓命于天者有同原，而可谓性于己者无异理乎？程子于是显用告子"生之谓性"之说，而以知觉运动为性，以马牛皆为有道。

夫人使马乘而使牛耕，固人道之当然尔。人命之，非天命之。若马之性则岂以不乘而遂失，牛之性岂以不耕而遂拂乎？巴豆之为下剂者，为人言也，若鼠则食之而肥矣。倘舍人而言，则又安得谓巴豆之性果以克伐而不以滋补乎?

反之于命而一本,凝之为性而万殊。在人言人,在君子言君子。则存养省察而即以尽吾性之中和,亦不待周普和同,求性道于猫儿狗子、黄花翠竹也。固当以或问为正,而无轻议蓝田之专言人也。

【注释】

①子思:子思名孔伋,字子思,孔子嫡孙。生于东周敬王三十七年(前483),卒于周威烈王二十四年(前402),终年八十二岁。春秋时期著名的思想家。受教于孔子的高足曾参,孔子的思想学说由曾参传子思,子思的门人再传孟子。后人把子思、孟子并称为思孟学派,因而子思上承曾参,下启孟子,在孔孟"道统"的传承中有重要地位。子思在儒家学派的发展史上占有重要的地位,他上承孔子中庸之学,下开孟子心性之论,并由此对宋代理学产生了重要而积极的影响。因此,北宋徽宗年间,子思被追封为"沂水侯";元朝文宗至顺元年(1330),又被追封为"述圣公",后人由此而尊他为"述圣"。

②禘(dì):古代帝王、诸侯举行各种大祭的总名。

③祧(tiāo):承继先代。

④燮(xiè)理:燮,燮理指协和治理。

三

章句"人知己之有性"一段,是朱子借中庸说道理,以辨异端,故或问备言释、老、俗儒、杂伯之流以实之,而曰"然学者能因其所指而反身以验之",则亦明非子思之本旨也。小注所载元本,乃正释本文大义,以为下文张本。其曰"知所用力而自不能已",则"是故君子"二段理事相应之义,皎如白日矣。

程、朱二先生从戴记中抽出这一篇文字,以作宗盟,抑佛、老，故随拈一句，即与他下一痛砭，学者亦须分别观之始得。子思之时，庄、列未出，老氏之学不显，佛则初未入中国。人之鲜能夫中庸者，自饮食而不知味；即苟遵夫教，亦杳不知有所谓性道，而非误认性道之弊。子思于此，但以明中庸之道藏密而用显，示君子内外一贯之学，亦无暇与异端争是非也。

他本皆用元注，自不可易。唯祝氏本独别。此或朱子因他有所论辨，引中庸以证之，非正释此章语。辑章句者，喜其足以建立门庭，遂用祝本语，非善承先教、成全书者也。自当一从元本。

《中庸·第一章·第四节》

【题解】

本节的中心在论述"教"。《中庸》中，人应实现的最终目的是"道"，而践行这些"道"的操作方法就是"修道"，即"教"。"教固本于天，具于性，而为道之所宜尽其修者也。知此而君子体道之功可知矣"。以君子为代表的人是实行这些"教"的主体，竭尽全力不断地做出努力就是人的事情。"道"可以用"教"来完成，"教"是人不断做出努力的过程，是重视实践的《中庸》哲学之核心。王夫之利用"用中"或"用乎体"或"以体为用"等表现来强调从作用角度的"教"的重要性。进而断言，《中庸》中所说的"道"都是对"教"的解释，而人所追求的所有形态的"道"则均集中于"教"中。船山甚至说，《中庸》最终归结于"教"，"教"就是《中庸》。

四

所谓性者，中之本体也；道者，中和之大用也；教者，中庸之成能也。然自此以后，凡言道皆是说教，圣人修道以立教，贤人由教以入道也。生圣人之后，前圣已修之为教矣，乃不谓之教而谓之道，则以教立则道即在教，而圣人之修明之者，一肖夫道而非有加也。

故程子曰"世教衰，民不兴行"，亦明夫行道者之一循夫教尔。不然，各率其性之所有而即为道，是道之流行于天下者不息，而何以云"不明""不行"哉？不行、不明者，教也。教即是中庸，即是君子之道，圣人之道。章句、或问言礼、乐、刑、政，而不提出"中庸"字，则似以中庸赞教，而异于圣言矣。然其云"日用事物"，是说庸。云"过不及者有以取中"，是中之所以为庸。则亦显然中庸之为教矣。

三句一直赶下，至"修道之为教"句，方显出中庸来，此所谓到头一穴也。李氏云"道为三言之纲领"，陈氏云"'道'字上包'性'字，下包'教'字"，皆为下"道也者"单举"道"字所惑，而不知两"道"字文同义异。吕氏于"率"字说工夫，亦于此差。"率性之谓道"一句是脉络，不可于此急觅工夫。若认定第二句作纲，则"修道"句不几成蛇足耶？

《中庸·第一章·第七节》

【题解】

王夫之集中批判的是朱熹把"道"理解为万物的自然属性，遂把形而上之道转化为知识论意义的道。他首先指出"人物"一词有错误。王夫之认为"道"意味着人与人接触的对象之间的关系秩序，因此断定其就是人的纲纪（人纪）。也就是他所说的《中庸》的道只是界定于人的中庸之道即人道。而且指出，假如"率性"的对象为"人物"，则"人"和"物"从对等的关系上解释各自的"道"，故为了突出从人的立场上理解的事物之道的意义，《或问》中的"事事物物"即所谓"事务"的术语更加合理。

七

章句"人物各有当行之路"，语自有弊，不如或问言"事物"之当。盖言"事物"，则人所应之事、所接之物也。以物与人并言，则人行人道，而物亦行物道矣。即可云物有物之性，终不可云物有物之道，故经传无有言物道者。此是不可紊之人纪。

今以一言蔽之曰：物直是无道。如虎狼之父子，他那有一条迳路要如此来？只是依稀见得如此。万不得已，或可强名之曰德，如言虎狼之仁、蜂蚁之义是也。而必不可谓之道。

若牛之耕，马之乘，乃人所以用物之道。不成者牛马当得如此拖犁带鞍！倘人不使牛耕而乘之，不使马乘而耕之，亦但是人失当然，于牛马何与？乃至蚕之为丝，豕①之充食，彼何恩于人，而捐躯以效用，为其所当然而必由者哉？则物之有道，固人应事接物之道而已。是故道者，专以人而言也。

【注释】

①豕：指猪。

《中庸·第一章·第八、九节》

【题解】

王夫之认为中庸的极致，还是在礼，而礼实包括礼乐刑政而言。王夫之说："自其德之体用言之，曰中庸；自圣人立此以齐天下者，曰教。自备之于至德之人者，曰圣人之道；自凝之于情德之人者，曰君子之道。要其出于天而显于日用者，曰礼而已矣。故礼生仁义之用，而君子不可以不知天，亦明夫此为中庸之极至也。"所谓礼乃是天理之节文，王夫之所言的"天"乃是统无形无象者与有形有象者而言的。通常所谓有形体、形象之天只是在天成象之象，至于天，本是不可以形象限之的。中庸之极致在礼、仁义之日用，以此成教，以推原天为其根据，这些都表现了中庸学本质上的世俗性要求。诚如王夫之所言："道教因于性命，君子之功不如是而不得也。"

【原文】

八

教之为义，章句言"礼乐刑政之属"，尽说得开阔。然以愚意窥之，则似朱子缘中庸出于戴记，而欲尊之于三礼之上，故讳专言礼而增乐、刑、政以配之。

二十七章说"礼仪三百"，孔子说"殷因于夏礼"，韩宣子[①]言"周礼在鲁"，皆统治教政刑，由天理以生节文者而谓之礼。若乐之合于礼也，经有明文。其不得以乐与刑政析言之，审矣。或问"亲疏之杀"四段，显画出一个礼来，何等精切！吕氏"感应重轻"一段文字，俱与一部中庸相为櫽括[②]。章句中言品节，亦与"礼者天理之节文"一意，但有所规避，不直说出耳。

自其德之体用言之，曰中庸；自圣人立此以齐天下者，曰教。自备之于至德之人者，曰圣人之道；自凝之于修德之人者，曰君子之道。要其出于天而显于日用者，曰礼而已矣。故礼生仁义之用，而君子不可以不知天，亦明夫此为中庸之极至也。

【注释】

①韩宣子：韩起（？—前514），姬姓，韩氏，名起，谥号曰"宣"，史称韩宣子。春秋后期晋国卿大夫，六卿之一，韩厥之子，政治生命超长

的政治家。

②檃（yǐn）括：语出：《荀子·性恶》：“枸木必将待檃括烝矫然后直。”意为所以枸木一定要等到将它用工具矫正然后才会变直。

九

章句“皆性之德而具于心”，是从“天命之谓性”说来；“无物不有，无时不然”，则亦就教而言之矣。“道也者”三句，与“莫见乎隐”两句，皆从章首三句递下到脉络处，以言天人之际，一静一动，莫不足以见天命，而体道以为教本。

“戒慎不睹，恐惧不闻”，泰道也。所谓“不遐遗，朋亡，得尚于中行”，所以配天德也。“慎其独”，复道也。所谓“不远复，无祗悔”①，“有不善未尝不知，知之未尝复行”，所以见天心也。道教因于性命，君子之功不如是而不得也。

【注释】

①不远复，无（zhī）祗悔：这是复卦第一爻爻辞，“不远复，无祗悔，元吉”，行不远就返回，没有严重悔恨，很吉利。祗，恭敬有礼的样子。无祗悔，指不至于在某些事情上犯严重的错误。

《中庸·第一章·第十、十一节》

【题解】

在这两节当中，王夫之引出中庸学存养省察的宗旨，是借“道不可须臾离”一义来说的：“圣贤之所谓道，原丽乎事物而有，而事物之所接于耳目与耳目之得被于事物者，则有限矣。”圣贤之道，实际上就是应事接物之道，因此与事物有着绝对的相因关系。但是在事物交接或不交接的时候，此道是一样要存持于人的，这就是具体。由此，在一旦事物来交接之际，此体才能发用：应事接物、处之得宜。所以"存持"也就是"不放"。而中庸的至极目的，也就是万事得宜。概而言之，大学之学所讲说的主要在知，而到了中庸之学，主干则移到有上了。这是体用路轨的起始点。当然，这里面还包括如何有的问题。这有是专指的理有、理性性体之有，亦即道德性之有。大学与中庸的关系，在王学中可以通过这些基本思路去把握和思考。

【原文】

十

朱子所云"非谓不戒惧乎所睹、所闻，而只戒惧乎不睹、不闻"，自是活语，以破专于静处用功、动则任其自然之说。然于所睹所闻而戒惧者，则即下文所谓慎独者是。而自隐微可知以后，大段只是循此顺行，亦不消十分怯蒠矣。

后人见朱子此语，便添一句说"不睹不闻且然，则所睹所闻者，其戒惧益可知"，则竟将下慎独工夫包在里面，较或问所破一直串下之说而更悖矣。

一一

圣贤之所谓道，原丽乎事物而有，而事物之所接于耳目与耳目之得被于事物者，则有限矣。故或问以目不及见、耳不及闻为言，而朱子又引尚书"不见是图"以证之。夫事物之交于吾者，或有睹而不闻者矣，或有闻而不睹者矣，且非必有一刻焉为睹闻两不至之地，而又岂目之概无所睹，耳之概无所闻之谓哉？则知云峰所云"特须臾之顷"者，其言甚谬。盖有多历年所而不睹不闻者矣。唯其如是，是以不可须臾离也。

父在而君不在，则君其所不睹也。闻父命而未闻君命，则君命其所不闻也。乃何以使其事君而忠之道随感而遂通？此岂于不睹君之时，预有以测夫所以事之之宜；而事君之道，又岂可于此离之，待方事而始图哉？

君子之学，唯知吾性之所有，虽无其事而理不闲。唯先有以蔽之，则人欲遂入而道以隐。故于此力防夫人欲之蔽，如朱子所云"塞其来路"者，则蔽之者无因而生矣。

然理既未彰，欲亦无迹，不得预拟一欲焉而为之堤防。斯所谓"塞其来路"者，亦非曲寻罅隙①而窒之也。故此存养之功，几疑无下手之处。而蛟峰所云"保守天理"，初非天理之各有名目。朱子答门人持敬之问，而曰"亦是"，亦未尝如双峰诸人之竟以敬当之。

乃君子之于此，则固非无其事矣。夫其所有得于天理者，不因事之未即现前而遽忘也。只恁精精采采，不昏不惰，打迸着精神，无使几之相悖，而观其会通，以立乎其道之可生，不有所专注流倚，以得偏而失其大中，自然天理之皆备者，扑实在腔子里，耿然不昧，而条理咸彰。则所以塞夫人欲之来路者，亦无事驱遣，而自然不崛起相侵矣。

使其能然，则所睹闻在此，而在彼之未尝睹、未尝闻者，虽万事万物，皆无所荒遗。而不动之敬，不言之信，如江河之待决，要非无实而为之名也。要以不睹不闻之地，事物本自森然，尽天下之大，而皆须臾不离于己，故不可倚于所睹所闻者，以致相悖害。

戒慎恐惧之功，谨此者也。非定有一事之待睹待闻而歇之须臾，亦非一有所睹遂无不睹，一有所闻遂无不闻，必处暗室，绝音响，而后为不睹不闻之时。况如云峰所言"特须臾之顷"者，尤如佛氏"石火电光"之谓乎？微言既绝，圣学无征，舍康庄而求蹊闲，良可叹也！

【注释】

①罅（xià）隙：裂缝，缝隙；缺点，劣迹。

《中庸·第一章·第十二节》

【题解】

这一节主要讲"存养"的具体展开。首先王夫之提到慎独，慎独在这里显然被理解表述为了一种能力。并不是所有人都能慎独的，只有具存养之功的人才能慎独。也就是先立基于有，然后才可以慎。也就是说，"存养"是慎独的前提条件。存养加慎独，便能达到一种道德彻知性，也就是知上的终始之道，知善恶之隐微、显著、终始。王夫之在此节指出存养对于道德的"知"的重要性。任何道德真知都是存养规定上的，这是存养与知的关系。存养之功，其归在习于善。由此，每一念之发，都能于善上终始，这是自己独知的。因此可以说，王夫之在这里的表述，也能说明他自己是有过工夫体验这一基础的，这是宋明儒为学的必由之路。

【原文】

一二

大学言慎独，为正心之君子言也。中庸言慎独，为存养之君子言也。唯欲正其心，而后人所不及知之地，己固有以知善而知恶。唯戒慎恐惧于不睹不闻，而后隐者知其见，微者知其显。故章句云"君子既常戒惧"，或问亦云"夫既已如此矣"，则以明夫未尝有存养之功者，人所不及知之地，己固昏焉而莫辨其善恶之所终，则虽欲慎而有所不能也。

盖凡人起念之时，闲向于善，亦乘俄顷偶至之聪明，如隔雾看花，而不能知其善之所著。若其向于恶也，则方贸贸然求以遂其欲者，且据为应得之理，而或亦幸阴谋之密成，而不至于泛滥。又其下焉者，则安其危，利其灾，乐其所以亡，乃至昭然于人之耳目，而己犹不知其所自起。则床笫阶庭之外，已漠然如梦，而安所得独知之地，知隐之莫见，微之莫显也哉？

唯尝从事于存养者，则心已习于善，而一念之发为善，则善中之条理以动天下而有余者，人不知而己知之矣。心习于善，而恶非其所素有，则恶之叛善而去，其相差之远，吉凶得失之相为悬绝者，其所自生与其所必至，人不知而己知之矣。

乃君子则以方动之际，耳目乘权，而物欲交引，则毫厘未克，而人欲滋长，以卒胜夫天理，乃或虽明知之，犹复为之，故于此尤致其慎焉，然后不欺其素，而存养者乃以向于动而弗失也。"有不善未尝不知"，"莫见乎隐，莫显乎微"之谓也。"知之未尝复为"，慎独之谓也。使非存养之已豫，安能早觉于隐微哉？此朱子彻底穷原，以探得莫见莫显之境，而不但如吕氏以"人心至灵"一言，为儱侗①覆盖之语也。若程子举伯喈弹琴之事以证之，而谓为人所早知为显见，或问虽有两存之语，章句已不之从矣。

所传伯喈弹琴事，出于小说，既不足尽信。小说又有夫子鼓琴，见狸捕鼠，颜渊疑而退避事，与螳螂捕蝉事同，要皆好事之言。且自非夔、旷②之知，固不能察其心手相通之妙。是弹者之与闻者，相遇于微茫之地，而不得云莫见莫显。且方弹之时，伯喈且不能知捕蝉之心必传于弦指，则固己所不知而人知之，又与独之为义相背而不相通。况夫畏人之知而始惮于为恶，此淮南之于汲黯③，曹操之于孔融④，可以暂伏一时之邪，而终不禁其横流之发。曾君子之省察而若此哉？

"莫见乎隐，莫显乎微"，自知自觉于"清明在躬、志气如神"者之胸中。即此见天理流行，方动不昧，而性中不昧之真体，率之而道在焉，特不能为失性者言尔。则喜怒哀乐之节，粲然具于君子之动几，亦犹夫未发之中，贯彻纯全于至静之地。而特以静则善恶无几，而普遍不差，不以人之邪正为道之有无，天命之所以不息也；动则人事乘权，而昏迷易起，故必待存养之有功，而后知显见之具足，率性之道所以由不行而不明也。一章首尾，大义微言，相为互发者如此。章句之立义精矣。

【注释】

①儱侗（lǒng dòng）：浑然无分别，模糊而不具体。

②夔（kuí）、旷：夔与师旷的并称。夔，舜时乐官；旷，春秋晋乐师。南朝梁刘勰《文心雕龙·知音》："洪钟万钧，夔旷所定。"

③淮南之于汲黯：淮南即为淮南王刘安（前179—前122），西汉皇族，淮南王。汉高祖刘邦之孙、淮南厉王刘长之子。汉文帝八年（前172），刘长被废王位，在旅途中绝食而死。汉文帝十六年（前164），文帝把原来的淮南国一分为三封给刘安兄弟三人，刘安以长子身份袭封为淮南王，时年十六岁。刘安博学善文辞，好鼓琴，才思敏捷，奉武帝命作《离骚传》。他是西汉的思想家、文学家，奉汉武帝之命所著《离骚传》是中国最早对屈原及其《离骚》作高度评价的著作。他曾招宾客方术之士数千人，编写《鸿烈》亦称《淮南子》（后称该书为《淮南鸿烈》或《淮南子》），其内容以道家的自然天道观为中心，认为宇宙万物都是由"道"所派生，他善用历史传说与神话故事说理，如《共工怒触不周山》、《女娲补天》、《后羿射日》等。汲黯（？—前112），西汉名臣。字长孺，濮阳（今河南濮阳）

人。景帝时因为父亲的原因任太子洗马。武帝初为谒者，后来出京做官为东海太守，有政绩。被召为主爵都尉，列于九卿。汲黯为人耿直，好直谏廷诤，武帝称为"社稷之臣"。主张与匈奴和亲。后犯小罪免官，居田园数年，召拜淮阳太守，卒于任上。"淮南之于汲黯"是指淮南王刘安阴谋反叛，畏惧汲黯，说："汲黯爱直言相谏，固守志节而宁愿为正义捐躯，很难用不正当的事情诱惑他。至于游说丞相公孙弘，就像揭掉盖东西的蒙布或者把快落的树叶震掉那么容易了。"

④曹操之于孔融：曹操（155—220），字孟德，一名吉利，小字阿瞒，沛国谯县（今安徽亳州）人，汉族。东汉末年杰出的政治家、军事家、文学家、书法家。三国中曹魏政权的缔造者，以汉天子的名义征讨四方，对内消灭二袁、吕布、刘表、韩遂等割据势力，对外降服南匈奴、乌桓、鲜卑等，统一了中国北方，并实行一系列政策恢复经济生产和社会秩序，奠定了曹魏立国的基础。曹操在世时，担任东汉丞相，后为魏王，去世后谥号为武王。其子曹丕称帝后，追尊为武皇帝，庙号太祖。孔融（153—208），字文举。鲁国（治今山东曲阜）人。东汉末年文学家，"建安七子"之一，家学渊源，是孔子的二十世孙，太山都尉孔宙之子。少有异才，勤奋好学，与平原陶丘洪、陈留边让并称俊秀。汉献帝即位后任北军中侯、虎贲中郎将、北海相，时称孔北海。在任六年，修城邑，立学校，举贤才，表儒术，经刘备表荐兼领青州刺史。建安元年（196），袁谭攻北海，孔融与其激战数月，最终败逃山东。不久，被朝廷征为将作大匠，迁少府，又任太中大夫。性好宾客，喜评议时政，言辞激烈。"曹操之于孔融"是指孔融曾多次批评曹操，曹操对其也多有畏惧，但最终孔融因触怒曹操而为其所杀。

《中庸·第一章·第十三节》

【题解】

王夫之所讲的慎独之知不是测知猜度。道德性之知首先表现为平实的裁决判断，是针对人的做事、行为的，不带任何神秘色彩的认识和理解。它并不承负知上的神奇效应。慎独的自知，其实还是指的人心中的道德醒觉。王夫之说："唯夫在己之自知者，则当念之已成，事之已起，只一头趁着做去，直尔不觉。虽善恶之分明者未尝即昧（为是君子故）"自知所强调的是明察己之初机，即最初的动机，即便在一念之发起、生成上，儒学也是强调自知的实质。

【原文】

一三

若谓"显""见"在人，直载不上二"莫"字。即无论悠悠之心眼，虽有知人之鉴者，亦但因其人之素志而决之；若渊鱼之察，固谓不祥，而能察者又几人也？须是到下梢头，皂白分明，方见十分"显""见"。螳螂捕蝉之杀机，闻而不觉者众矣。小人闲居为不善，须无所不至，君子方解见其肺肝。不然，亦不可逆而亿之。

唯夫在己之自知者，则当念之已成，事之已起，只一头趁着做去，直尔不觉；虽善恶之分明者未尝即昧，为是君子故。而中闲千条万绪，尽有可以自恕之方，而不及初几之明察者多矣。故曰"莫见乎隐，莫显乎微"也。

然必存养之君子而始知者，则以庸人后念明于前念，而君子则初几捷于后几。其分量之不同，实有然者。知此，则程子之言，盖断章立义，以警小人之邪心，而非圣学之大义，益明矣。

《中庸·第一章·第十四节》

【题解】

道德正始是存养省察的核心任务。动静显有体用性之分别，反过来说，体用亦有动静之分，这就是相互规定。从用与动的性质来说，性格上无疑都是经世的，因此从根本处言，体不是目的，静也不是，真实的目的乃是用和动。所以人文性质永远是配合的。由人心说到本原去，则是明圣道教原是直溯终极根本的，乃世间至极之理，万世遵循的典范。王夫之说遵循道教不是只停留在表面上要求，而是从根本处着力。中庸学之存养省察、尽性至命、情发中节、万物位育等，无不是政教中和的环节，实际上，庸就是要落实为和的。也就是用中（中发用）致和的意思。通常所谓诚者天之道，诚之者人之道者，其实质乃是一种上限规定，亦即"天道诚，故人道诚之，而择善固执之功起焉"。"本天以言至诚，推人道以合天道"，其中所含的一顺一逆之理，无非是规定人为的标的，也就是为学之归宿，在于与规定于人的相合一，亦即达到完全化的程度。

一四

章首三个"之谓"，第四节两个"谓之"，是明分支节处。章句"首言道之本原"一段，分此章作三截，固于文义不协；而"喜怒哀乐"四句，亦犯重复。或问既以"道也者"两节各一"故"字为"语势自相唱和"，明分"道也者"二句作静中天理之流行。章句于第四节复统已发、未发而云"以明道不可离之意"，亦是渗漏。

绎[①]朱子之意，本以存养之功无闲于动静，而省察则尤于动加功；本缘道之流行无静无动而或离，而隐微已觉则尤为显见；故"道不可离"之云，或分或合，可以并行而不悖，则微言虽碍，而大义自通。然不可离者，相与存之义也。若一乘乎动，则必且有扩充发见之功，而不但不离矣。倘该动静而一于不离，则将与佛氏所云"行住坐卧不离者个"者同，究以废吾心之大用，而道之全体亦妄矣。此既于大义不能无损，故或问于后二节，不复更及"不可离"之说。而章句言"以明"言"之意"，亦彼此互证之词，与"性情之德"直云"此言"者自别。朱子于此，言下自有活径，特终不如或问之为直截耳。

者一章书，显分两段，条理自著，以参之中庸全篇，无不合者，故不须以"道不可离"为关锁。十二章以下亦然。"天命之谓性"三句，是从大原头处说到当人身上来。"喜怒哀乐之未发"二句，是从人心一静一动上说到本原去。唯由"天命"、"率性"、"修道"以有教，则君子之体夫中庸也，不得但循教之迹，而必于一动一静之交，体道之藏，而尽性以至于命。唯喜怒哀乐之未发者即中，发而中节者即和，而天下之大本达道即此而在，则君子之存养省察以致夫中和也，不外此而成"天地位、万物育"之功。是两段文字，自相唱和，各有原委，固然其不可紊矣。

后章所云"诚者天之道也，诚之者人之道也"，天道诚，故人道诚之，而择善固执之功起焉。功必与理而相符，即前段之旨也。其云"诚者自成也，而道自道也，诚者物之终始"，不外自成、自道而诚道在，天在人中。不外物之终始而诚理著，而仁知之措，以此咸宜焉。尽人之能，成己成物。而固与性合撰，功必与效而不爽，一后段之旨也。以此推夫"诚则明矣，明则诚矣"，本天以言至诚，推人道以合天道，要不外此二段一顺一逆之理，而杨氏所谓"一篇之体要"，于此已见。

　　若前三言而曰"之谓"，则以天命大而性小，统人物故大，在一己故小。率性虚而道实，修道深而教浅，故先指之而后证之。以天命不止为己性而有，率性而后道现，修道兼修其体用而教唯用，故不容不缓其词，而无俾偏执。谓命即性则偏，谓道即性则执。实则君子之以当然之功应自然之理者，切相当而非缓也。故下二"故"字为急词。

　　后两言曰"谓之"者，则以四情之未发与其已发，近取之己而即合乎道之大原，则绎此所谓而随以证之于彼。浑然未发而中在，粲然中节而和在，故不容不急其词，而无所疑待。实则于中而立大本，于和而行达道，致之之功，亦有渐焉，而弗能急也。致者渐致，故章句云"自戒惧"云云，缓词也。功不可缓而效无速致，天不可恃而己有成能，俱于此见矣。

　　乃前段推原天命，后段言性道而不及命，前段言教，而后段不及修道之功，则以溯言由人合天之理，但当论在人之天性，而不必索之人生以上，与前之论本天治人者不同。若夫教，则"致中和"者，固必由乎修道之功，而静存动察，前已详言，不必赘也。章句为补出之，其当。

　　若后段言效而前不及者，则以人备道教，而受性于天，亦惧只承之不逮，而不当急言效，以失君子戒惧、慎独、兢惕②之心。故必别开端绪于中和之谓，以明位育之功，乃其理之所应有，而非君子之缘此而存养省察也。呜呼！密矣。

　　要以援天治人为高举之，以责功之不可略，推人合天为切言之，以彰理之勿或爽；则中庸之德，其所自来，为人必尽之道；而中庸之道，其所征著，为天所不违之德。一篇之旨，尽于此矣。故知或问之略分两支，密于章句一头双脚之解也。

【注释】

①绎：分析。

②兢惕（jīng tì）：戒惧。

《中庸·第一章·第十五节》

【题解】

王夫之在这里提到的喜、怒、哀、乐就是有专门限定的。明白地说就是应喜、应怒、应哀、应乐。是体化的情，是现成的当理之情，合于节之和的情。所谓"皆全具于内而无缺"者，就是理与节的完全化，这同通常的随缘外界的情是有不同界定的。它不是随机性的、随应性的情，不是不定性的情。王夫之的论说宗旨，乃是要指明喜乐不仅是发出来的情、迹象层面的东西。实际上四情有其内在根据，就是本有，亦即情之中。中庸提到的四情是一定性的，不是自然情绪那样随变的反应。所谓"中"，不仅是纯善的，而且是人人性中本有的，这本有是相对于本无的理解。喜怒哀乐之所以不能作外发迹象性的理解，正是因为本有这所自中，这本有之中，就是潜藏于人的本性里。因此，道德品节不是受外在影响而产生的，乃是由内发出，也就是内体达用而成外的意思。

一五

"喜怒哀乐之未发谓之中"，是儒者第一难透底关。此不可以私智索，而亦不可执前人之一言，遂谓其然，而偷以为安。

今详诸大儒之言，为同为异，盖不一矣。其说之必不可从者，则谓但未喜、未怒、未哀、未乐而即谓之中也。夫喜、怒、哀、乐之发，必因乎可喜、可怒、可哀、可乐。乃夫人终日之闲，其值夫无可喜乐、无可哀怒之境，而因以不喜、不怒、不哀、不乐者多矣，此其皆谓之中乎？

于是或为之说曰："只当此时，虽未有善，而亦无恶，则固不偏不倚，而亦何不可谓之中？则大用咸储，而天下之何思何虑者，即道体也。"

夫中者，以不偏不倚而言也。今曰但不为恶而已固无偏倚，则虽不可名之为偏倚，而亦何所据以为不偏不倚哉？如一室之中，空虚无物，以无物故，则亦无有偏倚者；乃既无物矣，抑将何者不偏，何者不倚耶？必置一物于中庭，而后可谓之不偏于东西，不倚于楹壁。审此，则但无恶而固无善，但莫之偏而固无不偏，但莫之倚而固无不倚，必不可谓之为中，审矣。此程子"在中"之说，与林择之①所云"里面底道理"，其有实而不为戏语者，皆真知实践之言也。

乃所云在中之义及里面道理之说，自是活语。要以指夫所谓中者，而非正释此"中"字之义。曰在中者，对在外而言也。曰里面者，对表而言也。缘此文上云"喜怒哀乐之未发"，而非云"一念不起"，则明有一喜怒哀乐，而特未发耳。后之所发者，皆全具于内而无缺，是故曰在中。乃其曰在中者，即喜怒哀乐未发之云，而未及释夫"谓之中"也。若子思之本旨，则谓此在中者"谓之中"也。

朱子以此所言中与"时中"之中，各一其解，就人之见不见而为言也。时中而体现，则人得见其无过不及矣。未发之中，体在中而未现，则于己而喻其不偏不倚耳，天下固莫之见也。未发之中，诚也，实有之而不妄也。时中之中，形也，诚则形，而实有者随所著以为体也。

实则所谓中者一尔。诚则形，而形以形其诚也。故所谓不偏不倚者，不偏倚夫喜而失怒、哀、乐，抑不偏倚夫喜而反失喜，乃抑不偏倚夫未有喜而失喜。余三情亦然。是则已发之节，即此未发之中，特以未发，故不可名之为节耳。盖吾性中固有此必喜、必怒、必哀、必乐之理，以效健顺五常之能，而为情之所由生。则浑然在中者，充塞两闲，而不仅供一节之用也，斯以谓之中也。

以在天而言，则中之为理，流行而无不在。以在人而言，则庸人之放其心于物交未引之先，异端措其心于一念不起之域，其失此中也亦久矣。故延平之自为学与其为教，皆于未发之前，体验所谓中者，乃其所心得；而名言之，则亦不过曰性善而已。善者，中之实体，而性者则未发之藏也。

若延平②终日危坐以体验之，亦其用力之际，专心致志，以求吾所性之善，其专静有如此尔；非以危坐终日，不起一念为可以存吾中也。盖云未发者，喜、怒、哀、乐之未及乎发而有言、行、声、容之可征耳。且方其喜，则为怒、哀、乐之未发；方其或怒、或哀、或乐，则为喜之未发。然则至动之际，固饶有静存者焉。圣贤学问，于此却至明白显易，而无有槁木死灰之一时为必静之候也。

在中则谓之中，见于外则谓之和。在中则谓之善，延平所云。见于外则谓之节。乃此中者，于其未发而早已具彻乎中节之候，而喜、怒、哀、乐无不得之以为庸。非此，则已发者亦无从得节而中之。故中该天下之道以为之本，而要即夫人喜、怒、哀、乐四境未接，四情未见于言动声容者而即在焉。所以或问言"不外于吾心"者，以此也。

抑是中也，虽云庸人放其心而不知有则失之；乃自夫中节者之有以体夫此中，则下逮乎至愚不肖之人，以及夫贤知之过者，莫不有以大得乎其心，而知其立之有本；唯异端以空为本，则竟失之。然使逃而归儒，居然仍在。则人心之同然者，然，可也。彼初未尝不有此自然之天则，藏于私意私欲之中而无有丧。乃君子之为喜、为怒、为哀、为乐，其发而中节者，必有所自中，非但用力于发以增益其所本无，而品节皆自外来；则亦明夫夫人未发之地，皆有此中，而非但君子为然也。此延平性善之说所以深切著明，而为有德之言也。

子思之旨，本以言道之易修，而要非谓夫人之现前而已具足。程、朱、延平之旨，本以言中之不易见，而要非谓君子独有，而众人则无。互考参观，并行不悖，存乎其人而已。

【注释】

①林择之：宋朝时期理学家。

②延平：即指李侗（1093—1163）南宋学者，字愿中，学者称延平先生，南剑州剑浦（属今福建南平）人。李侗为程颐的二传弟子，年轻时拜杨时、罗从彦为师，得授《春秋》、《中庸》、《论语》、《孟子》。学成退居山田，谢绝世故四十年。认为万物统一于天理，只是天理的变化。提出"理与心一"，主张"默坐澄心，体认天理"的认识方法。朱熹曾从游其门，并将其语录编为《延平答问》。李侗对朱熹十分器重，把贯通的"洛学"传授朱熹。自此朱熹不但承袭二程的"洛学"，并综合了北宋各大家的思想，奠定了他一生学说的基础。

《中庸·第一章·第十六、十七节》

【题解】

在这两节中王夫之指出朱子虽然坚持以道心与人心为天理与人欲截然分开，朱子以为"各有故当"，提出人心不同于人欲。王夫之则进一步指出喜、怒、哀、乐是以仁、义、礼、知为本，即情以性为体，由性生情。也就是说人心之中涵有性情，性为情之体，这样人心与道心就紧密联系在一起，而不是截然对立。"惟性生情，情以性显，故人心原以资道心之用。"王夫之在此明确指出"道心之中有人心，非人心之中有道心也"，并指出未发之时，已有"四情之根"，但此时仍然为道心。船山认为道心、人心是由情以区别的。王夫之并没有否定道心为性，人心为情，但是却认为两者之间互相联系，这是王夫之对朱子学说的一个重要修正。总之，王夫之在对《中庸》核心范畴的解释过程中，通过对这些核心概念的创造性阐释，将理学推向新的高度。

一六

序引"人心惟危"四语，为中庸道统之所自传，而曰"天命率性，则道心之谓也"，然则此所谓中者即道心矣。乃喜、怒、哀、乐，情也。延平曰："情可以为善。"可以为善，则抑可以为不善，是所谓惟危之人心也。而本文不言仁、义、礼、知之未发，而云喜、怒、哀、乐，此固不能无疑。

朱子为贴出"各有攸当"四字，是吃紧语。喜、怒、哀、乐，只是人心，不是人欲。"各有攸当"者，仁、义、礼、知以为之体也。仁、义、礼、知，亦必于喜、怒、哀、乐显之。性中有此仁、义、礼、知以为之本，故遇其攸当，而四情以生。乃其所生者，必各如其量，而终始一致。

若夫情之下游，于非其所攸当者而亦发焉，则固危殆不安，大段不得自在。亦缘他未发时，无喜、怒、哀、乐之理，所以随物意移，或过或不及，而不能如其量。迨其后，有如耽乐酒色者，向后生出许多怒、哀之情来。故有乐极悲生之类者，唯无根故，则终始异致，而情亦非其情也。

惟性生情，情以显性，故人心原以资道心之用。道心之中有人心，非人心之中有道心也。则喜、怒、哀、乐固人心，而其未发者，则虽有四情之根，而实为道心也。

一七

看先儒文字，须看他安顿处，一毫不差。或问"喜、怒、哀、乐，各有攸当"二句，安在"方其未发"上，补本文言外之意，是别嫌明微，千钧一发语。"浑然在中"者，即此"各有攸当"者也。到下段却云"皆得其当"，"得"字极精切。言得，则有不得者。既即延平"其不中节也则有不和"之意，而得者即以得其攸当者也，显下一"节"字在未发之中已固有之矣。

又于中而曰"状性之德"，则亦显此与下言"谓之和"者，文同而义异。不是喜怒哀乐之未发便唤作中，乃此性之未发为情者，其德中也。下云"著情之正"，著者，分别而显其实也。有不中节者则不和，唯中节者斯谓之和，故分别言之。其中节者即和，而非中节之中有和存，则即以和著其实也。

此等处，不可苟且读过。朱子于此见之真，而下语斟酌，非躁心所易测也。

自相乖悖之谓乖，互相违戾之谓戾。凡无端之喜怒，到头来却没收煞，以致乐极悲生，前倨后恭①，乖也。其有喜则不能复怒，怒则不能复喜，哀乐亦尔。陷溺一偏，而极重难返，至有临丧而歌，方享而叹者，戾也。中节则无所乖，皆中节则无所戾矣。

【注释】

①前倨后恭：倨，即傲慢；恭，即恭敬。前倨后恭，就是指先傲慢无

礼，后来态度发生了180度的转变，对同一个人十分恭敬。原因通常在于一开始认为这个人对自己影响不大，可以冷淡对待，井水不犯河水；但后来发现他可以决定自己是否升官发财，是自己的上司或老板眼中的红人，赶紧改变态度，假装恭敬。所以这种人被称为"势利眼"。

《中庸·第一章·第十八节》

【题解】

　　这一节主要讲王夫之学术的实学态度和立场。从中我们可以看到王夫之对实学的认同。他着重人为的用功，而不是强调效果或效用。王夫之说："夫其不切于吾身者，非徒万物，即天地亦非圣人之所有事。而不切于吾身之天地万物，非徒孔孟，即尧舜亦无容越位而相求。"天地万物如果不关乎人的事物，那么它们便不成为人的处理对象，这是中庸的基本规定。从这里我们可以看到宋明理学的思维特征。所谓的儒者的事业，也就是致世之用；自然物类的关系，也是纳入经世致用思维中以确立其本位的。此外，在本节最后，王夫之还对佛教之虚妄进行了批判，指出佛教是"幻妄不经"之学。

一八

　　云"'天地位，万物育'，以理言"者，诚为未尽。盖天地所以位之理，则中是也；万物所以育之理，则和是也。今但言得位育之理于己，是亦不过致中而至于中，致和而至乎和，而未有加焉，则其词不已赘乎？

　　但以事言之，而又有功与效之别。本文用两"焉"字，是言乎其功也。章句改用两"矣"字，则是言乎其效也。今亦不谓圣神功化之极，不足以感天地而动万物，而考之本文，初无此意。

泛求之中庸全书，其云"配天"者，则"莫不尊亲"之谓尔；其云"譬如天地"者，则"祖述""宪章"之谓尔；其云"如神"者，则"前知"之谓尔；其云"参天地"者，则"尽人、物之性"之谓尔。未尝有所谓三辰得轨，凤见河清也。

或问所云"吾身之天地万物"，专以穷而在下者言之。则达而在上者，必于吾身以外之天地万物，著其位育之效矣。夫其不切于吾身者，非徒万物，即天地亦非圣人之所有事。而不切于吾身之天地万物，非徒孔、孟，即尧、舜亦无容越位而相求。

帝尧之时，洪水未治，所谓天下之一乱也。其时草木畅茂，禽兽繁殖，则为草木禽兽者，非不各遂其育也，而圣人则以其育为忧。是知不切于身之万物，育之未必为利，不育未必为害。达而在上，用于天下者广，则其所取于万物者弘；穷而在下，用于天下者约，则取于万物者少；要非吾身之所见功，则亦无事于彼焉，其道一也。

至于雨旸寒燠①之在天，坟埴②山林之在地，其欲奠位于各得者，亦以济人物之用者为位。而穹谷之山或崩，幽涧之水或涌，与夫非烟非雾之云，如蜜如饧之露，不与于身之所资与身之所被及者，亦不劳为之燮理③也。

若其为吾身所有事之天地万物，则其位也，非但修吾德而听其自位，圣人固必有以位之。其位之者，则吾致中之典礼也。非但修吾德而期其自育，圣人固有以育之。其育之者，则吾致和之事业也。祀帝于郊而百神享，在璇玑玉衡④而四时正，一存中于敬以位天也，而天以此位焉。奠名山大川而秩祀通，正沟洫田畴而经界定，一用中于无过不及以位地也，而地以此位焉。若夫于己无贪，于物无害，以无所乖戾之情，推及万物，而俾农不夺、草不窃、胎⑤不伐、夭不斩，以遂百谷之昌、禽鱼之长者，尤必非取效于影响也。万物须用之，方育之，故言百谷禽鱼。若兔葵⑥、燕麦、蝾螈⑦、蚯蚓，君子育之何为？又况堇草虺蛇⑧之为害者耶？

或问云"于此乎位，于此乎育"，亦言中和之德所加被于天地万物者如是。又云"圣神之能事，学问之极功"，则不但如章句之言效验。且章句推致其效，要归于修道之教，则亦以礼乐刑政之裁成天地、品节万物者言之，固不以三辰河岳⑨之瑞、麟凤芝草⑩之祥为征。是其为功而非效亦明矣。

抑所云"吾身之天地万物"，亦推身之所过所存者而言。既不得以一乡一家为无位之圣人分界段，而百世以下，流风遗教所及，遂无与于致中和之功。而孝格父母，慈化子孙，又但发皆中节之始事。据此为言，义固不广。

若不求其实，而于影中之影、象外之象，虚立一吾身之天地万物以仿佛其意象，而曰即此而已位育矣，则尤释氏"自性众生"之邪说。而云："一曼答辣之内，四大部洲以之建立；一滴化为乳海，一粒化为须弥⑪，一切众生，咸得饱满。"其幻妄不经，适足资达人之一笑而已。

今请为引经以质言之曰："会通以行其典礼"，"以裁成天地之宜，辅相天地之道"，"位焉、育焉"之谓也，庶不诬尔。自十二章至二十章，皆其事也。

【注释】

①雨旸（yáng）寒燠（yù）：旸，晴天。燠，暖，热。

②埴（zhí）：黏土，指水边高地。

③燮（xiè）理：燮，协和治理。

④璇玑玉衡：出自中国古籍《尚书·舜典》，原文是"在璇玑玉衡，

以齐七政"。由于记载简略，含义难以理解，从汉代起就产生两种不同看法：一主星象说，一主仪器说。

⑤胎：其本意应当是指某种事物的根基，底座，基础。比如植物种子的胚胎，动物的胎盘等。

⑥兔葵：植物名。

⑦蝾螈（róng yuán）：又称火蜥蜴。蝾螈是有尾两栖动物，体形和蜥蜴相似，但体表没有鳞，也是良好的观赏动物，包括北螈、蝾螈、大隐鳃鲵（一种大型的水栖蝾螈）。它们大部分栖息在淡水和沼泽地区，主要是北半球的温带区域。它们靠皮肤来吸收水分，因此需要潮湿的生活环境。环境到摄氏零度以下后，它们会进入冬眠状态。类蝌蚪两栖动物。

⑧堇（jīn）草虺（huǐ）蛇：堇，堇菜科野生种的统称，有多个品种及杂交种，三色堇的近亲。虺，毒蛇。

⑨三辰河岳：三辰，即"日、月、星"这三个天体。河岳，黄河和五岳的并称。

⑩麟凤芝草：麟凤，即麒麟和凤凰；芝草，菌属，古以为瑞草，服之能成仙。治愈万症，其功能应验，灵通神效，故名灵芝，又名"不死药"。

⑪须弥：据佛教解释，我们所住的世界中心是一座大山，叫须弥山。须弥的意思是"妙高"、"妙光"、"善积"等，因此须弥山有时又译为"妙高山"等。

《中庸·第二章》

【题解】

这一章主要讲《中庸》的内部结构编排。王夫之说："《中庸》第一章既彻底铺排，到第二章以后，却又放开，从容广说，乃有德之言涵泳宽和处，亦成一书者条理之必然也。""自第二章以下十章，皆浅浅说，渐向深处。""此十章书步步与他分别，渐撇到精密处，方以十二章以后八章，显出君子之道，妄既阅而真乃现也。一书之条理，原尔分明不乱。"大体上说，《中庸》前面各章是讲不是，后面各章才讲是，所谓中庸的是与不是，主要是从正反两面论述，形成一种对照的写作形式，在义理上产生互补的作用和效果。从这里来看，王夫之的说法与经典是保持一致的，作为为政之学的《中庸》，其章节安排是简单明了的。

【原文】

第二章

或问于第二章、第三章，皆有"未遽及"之语。此朱子一部中庸浑然在胸中，自然流出来底节目，非汉人随句诠解者所逮，而况后人之为字诱句迷，妄立邪解者乎？

中庸第一章既彻底铺排，到第二章以后，却又放开，从容广说，乃有德之言涵泳宽和处，亦成一书者条理之必然也。不则为皮日休天隐子、刘蜕山书，随意有无，全无节次矣。

自第二章以下十章，皆浅浅说，渐向深处。第二章只言君子小人之别，劈开小人在一边，是入门一大分别。如教人往燕，迎头且教他向北去，若向南行，则是往粤。而既知北辕以后，其不可东北而之于齐，西北而之于晋，皆所未论。中庸只此一章辨小人，迳路既分，到后面不复与小人为辨，行险徼幸是就情事上说，非论小人之道。直至末章，从下学说起，乃更一及之。

或问于第三章云："承上章小人反中庸之意而泛论之。"吃紧在"泛论"二字。不可误认朱子之意，以民之鲜能为反中庸。小人自小人，民自民。反则有以反之，鲜能只是鲜能。末章云"小人之道"，小人固自有道，与不兴行之民漫无有道者不同。民无小人陷溺之深，则虽不兴行，而尚不敢恣为反中庸之事。民亦无小人为不善之力，则既鲜能中庸，而亦不得成其反中庸之道。

向后贤知之过，愚不肖之不及，则又从鲜能之民，拣出中闲不安于不知味者言之。所谓愚不肖者，亦特对贤知而言天资之滞钝者也，与夫因世教衰而不兴行、可由而不知之民，自进一格。到十一章所言"索隐行怪"，则又就贤知之专志体道而为之有力者身上撇开不论，而后就遵道之君子进而求作圣之功。此中庸前十章书次第之井井者也。

"小人反中庸"，只如叔孙通之绵蕝①，欧阳永叔之濮议②，王介甫之新法③，直恁大不可而有害于世，故先儒以乡原当之，极是。若鲜能之民，则凡今之人而皆然。贤知之过，愚不肖之不及，则孔、孟之门多有之。要亦自其见地操履处，显其过不及，而未尝显标一过不及者以为道。且过不及，亦皆以行乎中庸之教，而初未反戾乎中庸。抑过则业亦有所能，而不及者亦非全乎其不能，与不兴行之民自别。至于"索隐行怪"，则又从天理上用力推测安排，有私意而无私欲，其厌恶小人而不用其道者，更不待说，盖庄、列、陆、王④之类是也。

小人只是陷于流俗功利而有权力者，如欧阳濮议，但以逢君；王介甫狼狈处，尤猥下。隐怪方是异端，过不及乃儒之疵者。三种人各有天渊之别。此十章书步步与他分别，渐撇到精密处，方以十二章以后八章，显出"君子之道"，妄既辟而真乃现也。一书之条理，原尔分明不乱。

"舜知"、"回仁"、"夫子论强"三章，乃随破妄处，随示真理，皆只借证，且未及用功实际，终不似"道不远人"诸章之直示归宿。盖阅尽天下之人，阅尽天下之学术，终无有得当于中庸，而其效亦可睹，所以云"中庸其至矣乎"。北溪所云"天下之理无以加"者，此之谓也。

或以隐怪为小人，或以贤知为隐怪，自章句之失。而后人徇之，益入于梦迷而不可别白。取中庸全书，作一眼照破，则曲畅旁通矣。

【注释】

①绵蕞（zuì）：据《史记·刘敬叔孙通列传》载，叔孙通欲为汉高祖创立朝仪，使征鲁诸生三十余人，叔孙通"遂与所徵三十人西，及上左右为学者与其弟子百馀人为緜蕞野外"，习肆月余始成。后因谓制定整顿朝仪典章为"绵蕞"或"绵蕝"。

②濮（pú）议：宋英宗时代对生父尊礼濮安懿王赵允让的讨论，引起了一系列政治事件。宋仁宗无嗣，死后以濮安懿王允让之子赵曙继位，是为宋英宗。即位次年（治平二年），诏议崇奉生父濮王典礼。侍御史吕诲、范纯仁、吕大防及司马光、贾黯等力主称仁宗为皇考，濮王为皇伯，而中书韩琦、欧阳修等则主张称濮王为皇考。英宗因立濮王园陵，贬吕诲、吕大防、范纯仁三人出外。旧史称之为"濮议"。后亦借指朝中的争议。

③王介甫之新法：王介甫即指王安石，由于深得神宗赏识，熙宁二年（1069），王安石出任参知政事，次年，又升任宰相，开始大力推行改革，进行变法。王安石明确提出理财是宰相要抓的头等大事，阐释了政事和理财的关系，并认为，只有在发展生产的基础上，才能解决好国家财政问题。执政以后，王安石继续发挥了他的这一见解。在改革中，他把发展生产作为当务之急而摆在头等重要的位置上。王安石虽然强调了国家政权在改革中的领导作用，但他并不赞成国家过多地干预社会生产和经济生活，反对搞过多的专利征榷，提出和坚持"榷法不宜太多"的主张和做法。在王安石上述思想的指导下，变法派制定和实施了一系列新法，从农业到手工业、商业，从乡村到城市，展开了广泛的社会改革。与此同时，王安石为首的变法派改革军事制度，以提高军队的素质和战斗力，强化对广大农村的控制；为培养更多的社会需要的人才，对科举、学校教育制度也进行了改革。变法触犯了大地主、大官僚的利益，两宫太后、皇亲国戚和保守派士大夫结合起来，共同反对变法。因此，王安石在熙宁七年（1074）第

一次罢相。次年复拜相。王安石复相后得不到更多支持，不能把改革继续推行下去，于熙宁九年（1076）第二次辞去宰相职务，从此闲居江宁府。宋哲宗元祐元年（1086），保守派得势，此前的新法都被废除。王安石不久便郁然病逝。

④庄、列、陆、王：指庄子，列子，陆九渊，王阳明。

《中庸·第三章》

【题解】

王夫之把中庸之道看作儒家至极之道。他说："天下之理无以加，是赞至字语。"（即中庸其至矣乎）"至字有二义：极也，到也。""所行者至于所道，则事理合辙，而即天理即人心，相应相关。"所以说一切都归宿于理上，理就是制定给人的道路、轨道。古代经典都从路来解说道，就是突出道的作用在于规范人的行为方式或活动空间。先秦时人们所说的中庸之道，是指礼乐制度的实行，礼乐即是中，后代学术所讲的"理"就是从礼中生长而来。

本章的论说中，王夫之从性情上划分本原与发生两个层次，仍在理上定位，而道德之学着眼的还是功效目的，也可以说这是中庸为德之学的特性。王夫之之所以不从性情心行上去说，关键是其意向并不在普通个体性的为学成就上面，而是在政教整体兑现施行的效果、效用上面。一句话，中庸并不强求在每个个人身上的实现，对大多数老百姓而言，中庸仍然是使由之而非使知之的，故此这里不以心行性情为主。

中庸之道主要注重有德位的圣王的推行、力行，成天下之治，这就是其功效目的。因此，我们说，中庸之学作为为政之学，首先是圣贤君子之事，治政者之事，而不是为细民俯德所立，中庸仅仅是居德位者无过不及的规范。故而，中庸的标准与程度要求在不同的对象本来是各异的。

【原文】

第三章

一

"天下之理无以加"，是赞"至"字语。若以此为"至"字本释，则于文句为歇后，其下更须著一字，如大学言"至善"方尽。后人于此添入至平、至奇、至微、至大一切活套话，皆于此未谛。所以章句用"未至"、"为至"二语反形，乃得亲切。

"至"字有二义：极也，到也。章句却用至到一释，不作至极说。所行者至于所道，则事理合辙，而即天理即人心，相应相关。犹适燕而至于燕，则燕之风物，切于耳目肌肤，而己所言行，皆得施于燕也。

此中庸之为德，上达天地鬼神，下彻夫妇饮食，俱恰与他诚然无妄之理相为通合。若射者之中鹄，镞①已入侯，而非浮游依倚，相近而实相远，故曰至也。论语"知及之""及"字，及十二章"察"字，正可作此注脚。

【注释】

①镞（zú）：箭头。

二

"中庸之为德"，"德"字浅，犹言功德；亦与"鬼神之为德""德"字一例，则亦可以性情功效言之。但中庸是浑然一道理，说不得性情。其原本可与鬼神之性通，其发生可与鬼神之情通，而大要在功效上说。可令人得之而见德于人，则亦可云德之为言得也。特与行道而有得于心不同，以未尝言及行之者，而心亦无主名故。

三

唯道不行、不明，故民鲜能。民者，凡民也，待文王而后兴。有文王，则此道大明，而流行于家、邦、天下，民皆率由之矣。江汉之游女①，兔罝之野人②，咸有以效其能于中庸。唯有德位者或过或不及，以坏世教，而后民胥梦梦也。

中庸之道，圣以之合天，贤以之作圣，凡民亦以之而寡过。国无异政，家无殊俗，民之能也。岂尽人而具川流敦化之德，成容、执、敬、别之业，乃云能哉？三山陈氏逆说，不成理。

【注释】

①江汉之游女：来源于《诗·国风》篇名，《汉广》是《诗经》里面《国风》中的一首古诗。这是一首恋情诗。抒情主人公是位青年樵夫。他钟情一位美丽的姑娘，却始终难遂心愿。情思缠绕，无以解脱，面对浩渺的江水，他唱出了这首动人的诗歌，倾吐了满怀惆怅的愁绪。全诗三章的起兴之句，传神地暗示了作为抒情主人公的青年樵夫，伐木刈薪的劳动过程。

②兔罝之野人：罝（jū），来源于《诗·周南》篇名。《兔罝》是《诗经》里面《国风》中的一首古诗。这首诗从首章的"肃肃兔罝，椓之丁丁"，到二章、三章的"施于中逵"、"施于中林"，虽皆为"兴语"，其实亦兼有直赋其事的描摹之意。《诗序》云："《兔罝》，后妃之化也。《关雎》之化行，则莫不好德，贤人众多也。"孔颖达疏："《笺》云：'罝兔之人，鄙贱之事，犹能恭敬，则是贤者众多也。'"后因以"兔罝"指在野之贤人。

《中庸·第四章》

【题解】

传统思想有一些不可跨越的局限性，王夫之的思想也不例外。正如上古名言礼不下庶人所说的，儒家学说在本质上是从来没有真正贯穿到普通个人的。关于普通个体的人文系统，也可以说是文化、文明体系，在中国传统文化中还缺乏必要的发育，没有与人性的要求配套起来，所以民间在历史中暂时性地选择了释老。至于礼丧求诸野、不耻下问等说法本来也无不有专门的限定，根据经典的真实意思，像孔子认为文为在鲁，有宋存焉等，天子宗国应向邦国征取意见等，都可以相互解释。其谓释老"乃至取礼乐刑政，一概扫除，则相去天渊"，也是同样的意涵。都是在强调政道道教的作用，也就是真正的中庸、中之用，不能违背和超越界限。

【原文】

第四章

或问"揣摩事变"四字，说近平浅，却甚谛当。所谓"知者过之"，只是如此。本文一"之"字，原指道而言。贤知者亦在此道上用其知行，固与异端之别立宗风者迥别。如老子说"反者道之动，弱者道之用"，佛氏说"本觉妙明，性觉明妙"，他发端便不走者条路，到用处便要守雌守黑，空诸所有，乃至取礼乐刑政，一概扫除，则相去天渊，不可但云"过之"矣。如人往燕，过之者误逾延庆、保安，到口外去；异端则是发轫时便已南辕。故知知者之过，亦测度揣摩，就事而失其则耳。

此章及下章三"道"字，明是"修道之谓教"一"教"字在事上说。章句所云"天理之当然",乃以推本教之所自出,而赞其已成之妙。云峰以不偏不倚、无过不及分释,依稀亦似见得。以朱子元在发而皆中之节上言无过不及,则亦言道之用而已。

道之用即是教。就子臣弟友以及于制礼作乐,中闲自有许多变在。先王所修之道,固已尽其变,而特待人择而执之。若但乘一时之聪明志意,以推测求合,则随物意移,非不尽一事之致,极乎明察,而要非经远可行之道,此知者之过也。若贤者之过,则亦如徐积①之孝,不忍履石,屈原之忠,自沈于渊,乃至礼过繁而乐过清,刑过核而政过密,亦岂如异端之绝圣智而叛君亲也哉?此等区处,切须拣别,勿以异端混入。

【注释】

①徐积:徐积(1028—1103),北宋聋人教官。字仲车,楚州山阳(今江苏淮安)人。因晚年居楚州南门外,故自号南郭翁。生于宋仁宗天圣六年,卒于宋徽宗崇宁二年,年七十六岁。三岁父殁,因父名石,终身不用石器,行遇石,避而勿践。事母至孝,母亡,庐墓三年,哭不绝音。初从胡瑗学。

《中庸·第九章》

【题解】

从本章的论述中可以发现,王夫之的中庸学是属于政治学范畴的东西。无论明道还是知理,最终都要归结于政治效果层面。他所指的中庸学的基础,主要是帝王统治之术的。如文中所论"则尧、舜、禹之所以授受,上因天理自然、不偏不倚之节文,下以尽人物之性者,果何所择而何所执乎?""文之以礼乐,则中庸是已"、"唯均天下国家,则亦中庸之所有事"都是指先王治道这一学术。从王夫之将中庸之学定位在从政者的学问上，我们可以看出中庸学的最终目的是有利于为政治国，而与单纯的个体修养和道德关系不大。窥一斑而见全豹，由此我们也完全可以看出整个儒家学术总体上也不是以人的、个体性的终极关怀为目的和主攻方向的。儒家中涉及人文的东西只要还是从教化这一层面入手的。因此，那些认为儒学是一种人本之学的观点乃是值得商榷的，因为在儒家的学术中并不表现为以人为目的。

【原文】

第九章

一

　　第九章之义，章句、或问本无疵瑕，小注所载朱子语录，则大段可疑。程、朱虽摘出中庸于戴记之中，不使等于诸礼，而实不可掩者，则于"修道之谓教"注中，已明中庸之非无定体矣。今乃云"中庸便是三者之闲，非是别有一个道理"，则竟抹杀圣贤帝王一段大学术、大治道，而使为浮游不定之名，寄于一切。则尧、舜、禹之所以授受，上因天理自然、不偏不倚之节文，下以尽人物之性者，果何所择而何所执乎？

　　此一章书，明放着"子路问成人"一章是显证据。"天下国家可均"，"冉求①之艺"也。"爵禄可辞"，"公绰②之不欲"也。"白刃可蹈"，"卞庄子③之勇"也。"文之以礼乐"，则"中庸"是已。到中庸上，须另有一炉锤在，则于以善成其艺、廉、勇之用，而非仅从均之、辞之、蹈之之中，斟酌较好，便谓中庸。使然，则本文只平说可均、可辞、可蹈，固彻上彻下而为言，何所见其有太过不及而非中也哉？

　　中庸一书，下自合妻子、翕兄弟，上至格鬼神、受天命，可谓尽矣，而终未及夫辞禄蹈刃。则以就事言之，其局量狭小，仅以尽之在己，而不足于位天地、育万物之大；以人言之，则彼其为人，称其性之所近，硬直做去，初未知天下有所谓中庸者而学之也。

唯均天下国家，则亦中庸之所有事。而但言均而已，不过为差等其土宇畈章，位置其殷辅人民，则子路所谓"何必读书然后为学"者，固可治千乘之赋。求之后世，则汉文几至刑措，可谓均之至矣；而至于礼乐，固谦让而未遑。唯其内无存养省察之功、见天命流行之实体，而外不能备三重之权以寡过也。

存养省察者，三重之本，天理悉著于动静，而知天知人之道见。静见天心则知天，动察物理则知人。三重者，存养省察中所为慎独乐发，以备中和之理而行于天下者也。中庸一篇，始终开合，无非此理。今乃区区于均天下、辞禄、蹈刃之中求中庸，又奚可哉？均天下国家者，须撇下他那名法权术，如贾生、晁错议定诸侯等。别与一番经纶，使上安民治，风移俗易，方展得中庸之用出。若以辞爵禄言之，则道不可行，而退以明道为己任，如孔子归老于鲁，著删定之功，方在中庸上显其能，而非一辞爵禄之得其宜，便可谓之中庸。至蹈白刃，则虽极其当如比干者，要亦逢时命之不犹，道既不可行而又不可明，弗获已而自靖于死，不得爱身以存道矣。

本文前三"也"字，一气趋下，末一"也"字结正之。谓可乎彼者之不可乎此，非谓尽人而不可能；亦能均天下、能辞禄、能蹈刃者之不可许以能乎中庸尔。可均、可辞、可蹈者而不可能，则能中庸者，必资乎存养省察、修德凝道以致中和之用者而后可。故下云"唯圣者能之"，语意相为唱和，义自显也。中庸之为德，存之为天下之大本，发之为天下之达道，须与尽天下底人日用之，而以成笃恭而天下平之化，岂仅于一才一节之闲争得失哉？

或问云"盖三者之事，亦知、仁、勇之属"，一"属"字安顿极活；较小注"三者亦就知、仁、勇说来，盖贤者过之之事"等语，便自不同。三者之于中庸，堂室迥别，蹊径早殊。仅能三者，而无事于中庸，则且未尝不及，而况于过？

【注释】

①冉求：冉求（前522—前489），汉族，字子有，通称冉有，山东省菏泽市定陶县冉堌镇人。春秋末年著名学者、孔子门徒。孔门七十二贤之一。以政事见称。多才多艺，尤擅长理财，曾担任季氏宰臣。前487年率左师抵抗入侵齐军，并身先士卒，以步兵执长矛的突击战术取得胜利，又趁机说服季康子迎回了在外流亡14年的孔子。帮助季氏进行田赋改革，聚敛财富，受到孔子的严厉批评。冉求是孔子的最好的得意门生之一，在孔子的教导下逐渐向仁德靠拢，其性情也因此而逐渐完善。

②公绰：即孟公绰，是孔子非常敬重的人之一。孔子在教育弟子的时候常引用孟公绰的德行。朱熹《论语集注》："孟公绰，春秋时期鲁国大夫，孟孙氏家族，清静寡欲，清正廉洁，为孔子所尊敬。"

③卞庄子：卞庄子是鲁国著名的勇士，皇疏说他能够独力与虎格斗。韩诗外传卷十记载，卞庄子是个孝子，他的母亲在世时，他随军作战，三战三败，朋友看不起他，国君羞辱他。及其母死三年，鲁国兴师伐齐，他请求从战，三战三获敌人甲首，以雪昔日败北之耻，最后又冲杀七十人而告阵亡。

二

章句云"三者难而易，中庸易而难"，固已分明作两项说。若云"三者做得恰好，便是中庸"，则三者既难矣，做得恰好抑又加难，当云"中庸难而且难"，何以云易哉？三者之中，随一可焉，中庸不可能也；三者而皆可焉，中庸亦不可能也。张子房①奋击秦始皇而不畏死，佐汉高定天下，已乃谢人闲事，从赤松游，顾于存养省察之心学，尧、舜、文、武三重征民之大道，一未之讲。是三者均可，而中庸不可能之一证。安得谓中庸即在三者之中哉？

【注释】

①张子房：即指张良（约前 250—前 186），字子房，汉族，颍川人（今河南郏县李口镇张店村人），秦末汉初杰出的谋士、大臣，与韩信、萧何并列为"汉初三杰"。张良的祖父、父亲等先辈在韩国的首都阳翟任过五代韩王之相。秦国灭亡了韩国，张良图谋恢复韩国，从事抗暴活动，结交刺客，在博浪沙狙击秦始皇，未成。后更姓换名，亡匿下邳（今江苏睢宁北），遇黄石公，得《太公兵法》，深明韬略，足智多谋。秦末农民战争中，聚众归刘邦，为其主要"智囊"。灞上分封时"为汉王请汉中地"。后韩王成被项羽杀害，复归刘邦，为其重要谋士。曾劝刘邦在鸿门宴上卑辞言和，保存实力，并疏通项羽叔父项伯，使刘邦得以脱身。后又以出色的智谋，协助汉高祖刘邦在楚汉战争中最终夺得天下，被封为留侯。他精通黄老之道。不留恋权位，晚年据说跟随赤松子云游。张良去世后，谥为文成侯。《史记·留侯世家》专门记载了张良的生平。汉高祖刘邦在洛阳南宫评价他说："夫运筹策帷帐之中，决胜于千里之外，吾不如子房。"表现出张良的机智谋划、文韬武略。后世敬其谋略出众，称其为"谋圣"。

《中庸·第十章》

【题解】

这一章主要说明方法与效果的区别。一般来说，道德现象与为学方法是有严格的界限的。因为前者只是表象的事物，而不完全是内在本质的东西。在学理的思辨中是很重视这一点的。如王夫之说："和而不流，中立而不倚，俱就功用说。""君子之所以能为强者在胜欲，而强之可见者，则于和不流、中立不倚征之。"说的就是这种区别。因此，道德为学是不能从表象上去探究的，更不能将这表象认作并替代方法本身。从王夫之的学理辩证中，我们就可以看到理学方法一直是其关注的核心。他说："须知此一节，只写出大勇气象；其所以能为勇者，未尝言也。"就是这个意思。中庸的为学方法，根本还在于存养、省察，中和只是这一方法的功用。所以王夫之说："所以知此中和为德成之用，而非成德之功者；若存养而立本，则不待言不倚；省察而中节，则不待言不流。故择守之外，别无工夫，而唯加之胜欲，以贞二者之用而已。"

【原文】

第十章

"和而不流"，"中立而不倚"，俱就功用说。章句云"非有以自胜其人欲之私，不能择而守"，是推原语。君子之所以能为强者在胜欲，而强之可见者，则于和不流、中立不倚征之。故与下二段一例，用"强哉矫"以赞其德之已成。四段只是一副本领。其能为尔者，则胜欲而守乎理也。就其与物无竞，则见其和。就其行己不失，则见其中立。就其不随物意移，则见其不流。就其不挟私意以为畔岸，则见其不倚。

所以知此中和为德成之用，而非成德之功者：若存养而立本，则不待言不倚；省察而中节，则不待言不流。故择守之外，别无工夫，而唯加之胜欲，以贞二者之用而已。

知、仁是性之全体，勇是气之大用。以知、仁行道者，功在存理。以勇行道者，功在遏欲。至于和不流，中立不倚，则克胜人欲，而使天理得其正也。须知此一节，只写出大勇气象；其所以能为勇者，未尝言也。

《中庸·第十一章·第一节》

【题解】

这一节主要在说为学的原则。王夫之认为中庸之学的为学特点平实。这在思辨中表达为反对索隐。王夫之说："索隐则行必怪。原其索而弋获者非隐之真，则据之为行，固已趋人于僻异矣。"隐是对显而说的："道之隐者，非无在也，如何遥空索去？形而上者隐也，形而下者显也。才说个形而上，早已有一'形'字为可按之迹、可指求之主名，就者上面穷将去，虽深求而亦无不可。唯一概丢抹下者形，笼统向那没边际处去搜索，如释氏之七处征心，全不依物理推侧将去，方是索隐。"这里不仅给出了明确的索隐解释，而且直接以隐和显等分于形上下，就知识上来讲，两者是相互联系的，形而上就着形而下的格知显示，隐就着显而被知，因而索隐不是知识行为。由此可见，王夫之所指的索隐，实际上就是传统学人骛求高明的学风，而求之于显道的为学，则是切实的下学基础，上达也就体现在其中。严格说来，也就是令知及知下的行有个安顿、落实处，而这也就是君子之道。

【原文】

一

小注谓"深求隐僻，如邹衍①推五德，后汉谶纬②之说"，大属未审。章句于"隐"下添一"僻"字，亦赘人。隐对显而言，只人所不易见者是，僻则邪僻而不正矣。五德之推，谶纬之说，僻而不正，不得谓隐。凡言隐者，必实有之而特未发见耳。邹衍一流，直是无故作此妄想，白平撰出，又何所隐？

此"隐"字不可贬剥，与下"费而隐""隐"字亦大略相同，其病自在"索"上。索者，强相搜求之义。如秦皇大索天下，直由他不知椎击者之主名，横空去搜索。若有迹可按，有主名可指求，则虽在伏匿，自可擒捕，不劳索矣。

道之隐者，非无在也，如何遥空索去？形而上者隐也，形而下者显也。才说个形而上，早已有一"形"字为可按之迹、可指求之主名，就者上面穷将去，虽深求而亦无不可。唯一概丢抹下者形，笼统向那没边际处去搜索，如释氏之七处征心，全不依物理推测将去，方是索隐。

又如老氏删下者"可道""可名"的，别去寻个"绵绵若存"。他便说有，我亦无从以证其无；及我谓不然，彼亦无执以证其必有。则如秦皇之索张良，彼张良者，亦未尝不在所索之地界上住，说他索差了不得；究竟索之不获，则其所索者之差已久矣。

下章说到"鸢飞戾天，鱼跃于渊"，可谓妙矣，却也须在天渊、鸢鱼、飞跃上理会。鬼神之德，不见、不闻而不可度，也须在仁人孝子、齐明盛服上遇将去。终不只恁空空窅窅，便观十方世界如掌中，果无数亿佛自他国来也。

道家说"有有者，有未始有者，有未始有夫未始有者"，到第三层，却脱了气，白平去安立寻觅。君子之道，则自于己性上存养者仁义礼知之德，己情中省察者喜怒哀乐之则。天之显道，人之恒性，以达鬼神后圣之知能，皆求之于显以知其隐，则隐者自显。亦非舍隐不知，而特不索耳。

索隐则行必怪。原其索而弋获者非隐之真，则据之为行，固已趋入于僻异矣。若夫邹衍之流，则所索已怪，迨其所行，全无执据，更依附正道以自解免，将有为怪而不得者。故愚定以此为异端佛老之类，而非邹衍之流也。

【注释】

①邹衍：邹衍是战国时期阴阳家学派创始者与代表人物，五行学说创始人，华夏族，战国末期齐国人。生卒年不详，据推断大约生于公元前324年，死于公元前250年，活了70余岁。相传墓地在今山东省章丘市相公庄镇郝庄村。主要学说是五行学说、"五德终始说"和"大九州说"，又是稷下学宫著名学者，因他"尽言天事"，当时人们称他"谈天衍"，又称邹子。他活动的时代后于孟子，与公孙龙、鲁仲连是同时代人。

②谶（chèn）纬：是中国古代谶书和纬书的合称。谶是秦汉间巫师、方士编造的预示吉凶的隐语，纬是汉代附会儒家经义衍生出来的一类书，被汉光武帝刘秀之后的人称为"内学"，而原本的经典反被称为"外学"。谶纬之学也就是对未来的一种政治预言。谶纬之学，中国两汉时期一种把经学神学化的学说。"谶"是一种隐秘的语言，假托神仙圣人，预决吉凶，告人政事。谶书是占验书，"纬"是相对"经"而言的，《四库全书总目提要》说："谶者诡为隐语，预决吉凶"；"纬者经之支流，衍及旁义"。谶与纬作为神学预言，在实质上没有多大区别，但就产生的先后说，则谶先于纬。汉以前在燕齐一带的方士中就造有"谶语"。秦始皇时，方士卢生入海求仙，带回《图录》一书，中有"亡秦者胡也"的谶语。《史记》中也载有《秦谶》。汉武帝以后，独尊儒术，经学地位提高，产生了依傍、比附经义的纬书。纬以配经，故称"经纬"；谶以附经，称为"经谶"；谶纬往往有图，故又叫"图谶"、"图录"、"图纬"；以其有符验，又叫"符谶"；以其是神灵的书，又叫"灵篇"。

《中庸·第十一章·第二节》

【题解】

从本节可以看出，在王夫之的中庸学架构中，知、仁、勇与诚处于中心地位。在知、仁与勇的关系上，王夫之认为为学还是以知、仁为本的，勇只是前者的补充。人道之立是立乎性之上的，而勇与知、仁显然有情与性的区别，乃从气质上说。如王夫之说："知仁以存天理，勇以遏人欲。欲重者，则先胜人欲而后能存理，如以干戈致太平而后文教可修。"知仁、存养、理是相应的，克制、欲、勇是对应的，可见王夫之是主张从正面论述德行品质的。因此，知、仁与勇在道德建构上有正反两面相对的性质。王夫之说："朱子于前数章平叙知、仁、勇之功，到此却删抹下勇而曰'不赖'，才得作圣者功用之浅深，性学之主辅。"所谓"性学之主辅"者，无非是以理为主，以气为辅。由此推理，则是知、仁为主，勇为辅；正面建构为主，反向克制为辅；心性之正为主，情才从之为辅，等等。

【原文】

二

勇带一分气质上的资助，虽原本于性，亦知仁之所生故。而已属人情。中庸全在天理上生节文，故第二十章言"人道敏政"，人道，立人之道，即性也。只说"修道以仁"，说"知天知人"，而不言勇；到后兼困勉，方说到勇去，性有不足而气乃为功也。

知、仁以存天理，勇以遏人欲。欲重者，则先胜人欲而后能存理，如以干戈致太平而后文教可修。若圣者，所性之德已足，于人欲未尝深染，虽有少须克胜处，亦不以之为先务；止存养得知、仁底天德完全充满，而欲自屏除。此如舜之舞干羽而苗自格①，不赖勇而裕如矣。

朱子于前数章平叙知、仁、勇之功，到此却删抹下勇而曰"不赖"，才得作圣者功用之浅深，性学之主辅。许东阳"皆出于自然"之说，恶足以知此！

【注释】

①舜之舞干羽而苗自格：《韩非子·五蠹》："当舜之时，有苗不服，禹将伐之，舜曰：'不可。上德不厚而行武，非道也'乃修教三年，执干戚舞，有苗乃服。"

《中庸·第十二章·第一、二节》

【题解】

王夫之说："愚不肖之与知与能，圣人之不知不能，天地之有憾，皆就君子之道而言。语大、语小，则天下固然之道，而非君子之所已情者也。"这里"知"、"能"等词是从易学中引过来的，主要讲的是知识与实践两者之间的关系。儒家学者在中庸中所探讨的修身养性之道，不包括自然、物理方面的事务在内。也就是所谓的"知能定有不至之域"。中庸的学问显然是有关人伦道德的学问，它不指涉有关自然物的知识，因而也就不是泛泛的知能的东西。这是紧紧围绕"修道之谓教"这一主题的。所以王夫之说："君子之道而圣人有所不知不能者，自修道而言，则以人尽天，便为君子之事。"从中也可看出，儒家学说向来是主要讲人事的："只此亦见君子之道非天地自然之道，而有其实事矣。"

王夫之之所以认为"君子但于存心上体认得此段真理，而以存充周流行、固然之体于心",主要由于中庸之学在他看来就是圣贤心中所体悟和阐释的大学问。自然界的其他事物只是从与圣贤学问的相关性上去定位的。只是圣贤之学所有可能涉及事物的具体表现或说明,从来不享有与之并列的地位。这是船山学问的实质,也是宋明理学思维的主要特征。

【原文】

第十二章

一

愚不肖之与知与能,圣人之不知不能,天地之有憾,皆就君子之道而言。语大、语小,则天下固然之道,而非君子之所已修者也。本文用"故君子"三字作廉隅,章句以"君子之道"冠于节首,俱是吃紧节目,不可略过。

唯君子修明之以俟后圣,故圣人必于此致其知能,而因有不知不能之事。君子修之以位天地,故天地亦有不能如君子所位之时。若夫鸢飞鱼跃,则道之固然而无所待者,日充盈流荡于两闲,而无一成之体,知能定有不至之域,不待言圣人之有所诎矣。

且如"鸢飞戾天,鱼跃于渊",圣人如何能得,而亦何用能之?抑又何有不能飞天跃渊、为鸢为鱼者?道之不遐遗于已然之物也,而既已然矣。故君子但于存心上体认得此段真理,以效之于所当知、所当能之事,则已足配其莫载之大,莫破之小,而经纶满盈;实未须于鸢之飞、鱼之跃,有所致其修也。

道有道之上下,天地有天地之上下,君子有君子之上下。上下者,无尽之词。天地者,有所依之上下也。"察乎天地",已修之道昭著之见功也。故不言察乎上下,而云"察乎天地",亦以人之所亲者为依耳。

察乎天而不必察乎鸢飞之上，察乎地而不必察乎鱼跃之下。认取时不得不极其广大，故不以鸢鱼为外，而以存充周流行、固然之体于心。至其所以经之、纪之者，则或问固云"在人则日用之际，人伦之间"，已分明拣出在天在人之不同矣。此中有一本万殊之辨，而吾儒之与异端迳庭者，正不以虫臂、鼠肝、翠竹、黄花为道也。

二

"君子之道"而圣人有所不知不能者，自修道而言，则以人尽天，便为君子之事。章句以夫子问礼、问官当之，极为精当。少昊①之官，三代之礼，亦非必尽出于圣人之所定，故仅曰君子。知能相因，不知则亦不能矣。或有知而不能，如尧非不知治水之理，而下手处自不及禹是也。只此亦见君子之道非天地自然之道，而有其实事矣。

然到第二十七章，又以此为"圣人之道"，则以言乎圣人之行而明者，以君子所修为则；君子之修而凝者，以圣人之所行所明为则也。因事立词，两义互出，无不通尔。

【注释】

①少昊：少昊（前2598—前2525），又名玄嚣，黄帝长子，是远古时代羲和部落的后裔，华夏部落联盟的首领，同时也是东夷族的首领。中国五帝之首，中华民族的共祖之一，从太昊（一说伏羲，存疑）到少昊的羲和部落再到皋陶、伯益的东夷部落联盟，一直是中国早期华夏族的主干部分，为早期华夏文明奠定了坚实的基础。华夏文化传承自羲和文化，羲和文化是华夏文化的主要源泉。少昊国是凤凰的国度，少昊时期是凤文化繁荣鼎盛时期，凤文化和龙文化是华夏文化的两大支柱。华夏民族既是龙的

传人，又是百鸟之王——凤的传人。

《中庸·第十二章·第三、四、五节》

【题解】

王夫之认为人伦五常之道普遍存在于事物当中，这显然是一种借人事来说天道的思维，即"此亦借在人者以征天地固然之道。"王夫之借助"语小天下莫能破"一句义的内涵来阐释说："以至于一物之细、一事之微……莫不有健顺五常，咸在其中而无所偏遗"。"健顺五常，和成一大料药，随龙一丸，味味俱足，斯则以为天下莫能破也。"在这里，王夫之主要意思在于说明儒教的道理仁义等，普遍存在于每一件细微的小事之中。这是大部分儒家学者都倡导的观点。这说明儒家的德行要求在其实现过程中有一步到位的要求。在此，王夫之所说的知能，就是专指道德知能性："不知道之谓愚，不能行道之谓不肖，非谓其不晓了天下之事而拙钝无能也。"

【原文】

三

"语小，天下莫能破"，言天下之事物莫有能破之者。章句一"内"字极难看。"内"字作中闲空隙处解，谓到极细地位，中闲亦皆灌注扑满，无有空洞处也。以此言天理流行、一实无闲之理，非不深切。然愚意本文言"莫破"，既就天下而言，则似不当作此解。

破者，分析教成两片，一彼一此之谓也。则疑天下之事物，其或得道之此而不得道之彼者有矣。乃君子推而小之，以至于一物之细、一事之微，论其所自来与其所自成，莫非一阴一阳、和剂均平之构撰；论其所体备，莫不有健顺五常，咸在其中而无所偏遗。故欲破此一物为有阴而无阳，彼一物为有阳而无阴，此一事道在仁而不在义，彼一事道在义而不在仁，而俱不可得。

大而大之，道之全者如大海之吞吸，无有堤畔；小而小之，道之全者亦如春霖灌乎百昌，一滴之中也是者阳蒸阴润所交致之雨。则"礼仪三百"，三百之中，随一焉而仁至义尽；"威仪三千"，三千之中，随一焉而仁无不至，义无不尽也。此亦借在人者以征天地固然之道。

故"鸢飞戾天"，疑于阳升，而非无阴降；"鱼跃于渊"，疑于阴降，而非无阳升。健顺五常，和成一大料药，随妆一丸，味味具足，斯则以为天下莫能破也。如此，方得与"天下"亲切。

四

唯是个活底，所以充满天地之闲。若是煞著底，则自然成堆垛。有堆垛则有闲断矣，间断处又是甚来？故知空虚无物之地，者道理密密绵绵地。所以不睹之中，众象胪陈①；不闻之中，群声节奏。

泼泼者，如水泼物，着处皆湿也。在空亦湿空。空不受湿，湿理自在。与"鲦鲦②"字音义俱别。泼，普活切。鲦，北末切。鲦鲦即是活意，泼泼则言其发散充周，无所不活也。

但非有事于存心者，则不见他生而不竭之盛。即如"鸢飞戾天，鱼跃于渊"二语，直恁分明觉得，必非与物交而为物所引蔽，及私意用事索隐于不然之域者，能以此而起兴。程子所谓"必有事，而勿正"，意止如此，不可误作从容自然，变动不居解。于此一错，则老氏所谓"泛兮其可左右"，佛氏所谓"渠今是我，我不是渠"，一例狂解而已。

【注释】

①胪（lú）陈：逐一陈述。

②鱍（bō）鱍：鱼摆尾跳动的样子。

五

"造端乎夫妇"，自是省文，犹云"造端乎夫妇之所知能"也。不知道之谓愚，不能行道之谓不肖，非谓其不晓了天下之事而拙钝无能也。只此与圣人对看，尽他俗情上千伶百俐，勤敏了当，也只是愚不肖。以此知"夫妇"云者，非以居室而言也。

今亦不可谓居室之非道，乃若匹夫匹妇之居室，却说是能知、能行此道不得。况上文原以"君子之道"而言，则固非一阴一阳之道矣。人唤作夫妇，大率是卑下之称，犹俗所谓小男女，非必夫妇具而后云然。论语云"匹夫匹妇……自经沟渎"，亦岂伉俪之谓哉？

易云"一阴一阳之谓道"，是大概须如此说。实则可云三阴三阳之谓道，亦可云六阴六阳之谓道，亦可云百九十二阴、百九十二阳，乃至五千七百六十阴、五千七百六十阳之谓道。而干之纯阳，亦一阳也；坤之纯阴，亦一阴也；夬、姤之五阳，亦一阴也；剥、复之五阴，亦一阳也。师、比、同人、大有①等皆然。所以下云"继之者善也"。"仁者见之谓之仁，知者见之谓之知"，则亦一仁一知之谓道矣。

或问此处夹杂参同契中语。彼唯以配合为道，故其下流缘托"好逑"之义，附会其彼家之邪说。朱子于此辨之不早，履霜坚冰，其弗惧哉！

【注释】

①师、比、同人、大有：周易卦名，同人卦是《易经》六十四卦第十

三卦。同人卦,阐释和同的原则。此卦的主要精神是首先应当破除一家、一族的私见,重视大同,不计较小异,本着大公无私的精神,以道义为基础,于异中求同,积极的广泛与人和同,才能实现大同世界的理想。比卦是《易经》六十四卦之第八卦。比者,辅也,密也。故比象征亲密比辅自然吉祥,但应比辅于守持正固而有德的长者,择善而从。师卦是《易经》六十四卦的第七卦。地水师(师卦)行险而顺。这个卦是异卦(下坎上坤)相叠"师"指军队。坎为水、为险;坤为地、为顺,喻寓兵于农。师卦,阐释由争讼终于演变成战争的用兵原则。军队必须是正义之师,统帅必须中庸、公正,老成持重,不可好战喜功。战争必须得到人民的支持,才能战无不胜。这是师卦的主要精神。大有卦是《易经》六十四卦之第十四卦。大有卦,就是大大的有,是力量、物资、气运充沛的意象。大有,处于君位(五位)的是本卦唯一一个阴爻,群阳近而比之,远而应之。象征着君主善于处下而吸纳天下贤才为我所用。海纳百川,有容乃大。大者宜为下。这就是"大有"真正的含义。

《中庸·第二十章·第一节》

【题解】

在本节当中,主要讲的是仁与诚之间的关系。王夫之说:"道者,学术事功之正者也。学术事功之正,大要在五伦上做去。"又说:"若仁者,则心学之凝夫天理者也,其与三达德之仁,自不相蒙。"这里仁有两个层面的意思:其一,是从德行层面论述,其二是从为学层面论述。修道以仁,就是修身的前提是正心诚意,因此仁与诚相互联系。儒家学说本质上是事功之学,而心学在王夫之这里所框定的范畴就是存执此天理。仁与诚都从天理层面界定,因此,仁与诚不表现为自然人性生成的仁与诚,更高一层,指天理层面的仁与诚。性德之仁与圣学之仁虽作了性与理两个层面的划分,其实其义却很简明,那就是宋明之学的双重言说，这样形成互补，在学理上更坚实。

【原文】

一

"修道以仁"，只陈新安引"志道、据德、依仁"为据，及倪氏"自身上说归心上"之说为了当。"修身以道"，只说得修身边事；"修道以仁"，则修身之必先正心诚意者也。

道者，学术事功之正者也。学术事功之正，大要在五伦上做去。章句以"天下之达道"当之，乃为指出道所奠丽之大者，非竟以"达道"之道释此"道"字。

若仁者，则心学之凝夫天理者也，其与三达德之仁，自不相蒙。彼以当人性中之德而言，故曰"天下之达德"；此以圣贤心学之存主言，故章句云"能仁其身"。必不获已，则可云与下"诚"字相近，然就中须有分别。此仁字之可与诚字通者，择善固执之诚也。三达德之仁言天德，此仁言圣学。亦彼以性言而此以理言也。

《中庸·第二十章·第二、三节》

【题解】

王夫之在本章中所要做的就是确立仁的本体地位。作为道学本位的仁，当然是不能以人生理或自然天性为基础的，因为这"仁"最终是要成为政教、作为教化层面的仁，不是父母天生就爱子女的那种亲情层面的仁。也就是说，王夫之在这里所说的仁是作为一种人道去理解和要求的，而这明显跟自然事实关联不多。仁在这里其实是一种道。因此，"仁者人也"只能作人道上的阐释和认识。如王夫之说："'仁字'说得来深阔，引来归之于人，又引而归之于'亲亲'，乃要归到人道上。"而人道关乎政治是中庸之学的核心："中庸此处，费尽心力写出，关生明切。"显然，"仁者人也"还是从方法层面理解的，而不是像朱子后学那样去作规定上的诠释。

【原文】

二

不意朱门之荑稗^①，乃有如双峰以鬼对人之说！史伯璇讥之，当矣。然双峰岂解能奇，只是傍门求活见地。"仁者人也"，岂可云不仁者鬼乎？夫子谓"鬼神之为德"为"诚之不可掩"，鬼岂是不仁底？双峰引论语"未能事人，焉能事鬼"作话柄，早已失据。在论语，本谓幽明无二理。既无二理，则非人仁而鬼不仁，审矣。

彼似在气上说，生气仁，死气不仁，则以气主理，其悖既甚。而彼意中之所谓死气者，又非消息自然之气，乃夭枉厉害之邪气。使然，则人之有不正而害物者多矣，统云"仁者人也"，不已碍乎？子曰"人之生也直"，于直不直而分死生，且不于之而分人鬼，人鬼自与死生异。而况于仁乎？

圣人斩截说个"仁者人也"，者"人"字内便有彻始彻终、屈伸往来之理。如何把鬼隔开作对垒得？必不获已，则或可以"物"字对。然孟子以"万物皆备"为仁，中庸亦云"尽人之性则能尽物之性"，者"人"字也撇"物"字不下。特可就不仁者之心行而斥之，曰不仁者禽也，为稍近理。要此"仁"字，不与不仁相对，直不消为树此一层藩篱。

"仁者"属人道而言，"人也"属天道而言。盖曰君子之用以修道之仁，即天道之所以立人者也。天道立人，即是人道。则知

传世励志经典

265

"亲亲为大",是推入一层语,非放出一层语。亲亲是天性之仁见端极大处,故章句云"自然便有恻怛②慈爱之意"。此处不是初有事于仁者之能亲切,故曰"深体味之可见",是朱子感动学者令自知人道处。双峰之孟浪,其不足以语此,又何责焉!

【注释】

①莨稗(yí bài):莨、稗为二草名,似禾,实比谷小,亦可食。

②恻怛(cè dá):哀伤。

三

"仁"字说得来深阔,引来归之于人,又引而归之于"亲亲",乃要归到人道上。"亲亲"、"尊贤",自然不可泯灭,与自然不颠倒之节文者,人道也;而尊亲在此,等杀在此,修道修身者以此,故知人道之敏政也。中庸此处,费尽心力写出,关生明切,诸儒全然未省。

《中庸·第二十章·第四节》

【题解】

王夫之在本节的论述中指出,人道之本位在仁义。这种仁义与礼镶嵌在一起,仁与义是首尾呼应的关系。按王夫之的说法,修道以仁这一言说实际上是该礼义而言的,之所以只提仁这一项,是因为仁义之言说涉及知人这一边,而礼贯于仁义之中以生大用却涉及知天这一边,所以说:"若统论之:则知天者,仁、知之品节者也;知人者,知、仁之同流者也。故曰'修道以仁',而不劳曰以义、以礼也。"礼与仁义是一体、合一的,所谓"人道敏政"也就是以礼的仁义。从这里礼生仁义的认识也可以知道，王夫之是以仁义出于理性，而不是生发于自然人性的。但仁义礼与知却又是有明显区别的。知只是人的形质之用，而仁义礼乃天理之实然，享有本然的地位和意义，而知则是后天的行为。实际上，王夫之是考虑到知中可能的非道因素，或者从根本上说是因为，知未被赋予仁、义、礼那样的本体地位。

【原文】

四

"仁者人也"二句，精推夫仁，而见端于天理自然之爱。"义者宜也"，因仁义之并行，推义之所自立，则天理当然之则，于应事接物而吾心固有其不昧者，因以推夫人心秉彝之好，自然有其所必尊而无容苟，则"尊贤"是也。

仁义之相得以立人道，犹阴阳之并行以立天道。故朱子曰"仁便有义，阳便有阴"。非谓阳之中有阴，仁之中有义。如此则亦可云义之中有仁矣。乃天地闲既有阴［阳］，则阳［阴］自生；人道中既有仁，则义自显也。而仁义之施，有其必不容不为之等杀者，则礼所以贯仁义而生起此仁义之大用也。

仁与义如首之应尾，呼之应吸，故下云"思事亲不可以不知人"。礼贯于仁义之中而生仁义之大用，故下云"不可以不知天"。若统论之：则知天者，仁、知之品节者也；知人者，知、仁之同流者也。故曰"修道以仁"，而不劳曰以义、以礼也。

"立人之道曰仁与义"，故曰"人道敏政"者，仁义之谓也。仁义之用，因于礼之体，则礼为仁义之所会通，而天所以其自然之品节以立人道者也。礼生仁义，而仁义以修道，取人为政，咸此具焉，故曰"人道敏政"也。

此言仁义礼者，总以实指人道之目，言天所立人之道而人所率由之道者若是。皆为人道之自然，则皆为天理之实然。与夫知之为德，人以其形其质受天灵明之用，得以为用，应乎众理万事而不适有体者自别。故仁义礼可云道，而知不可云道。双峰眩于"知天"、"知人"两"知"字，而以仁、知分支，则文义既为牵扭割裂，而于理亦悖。

凡此三节，用两"故"字，一顺一逆，俱以发明人道之足以敏政者。但务言人道可以敏政之理，而未及夫所以敏之功。是以下文三达德、三"近"之文，必相继立言，而后意尽。或可以此一段作致知，下四节作力行分，则以明人道之如是，仁义礼。而后有以施吾敏之之功，知仁勇皆所以敏之。亦与知先行后之理相符合。然而有不尽然者。则以此论人道之当然，为知中之知；而下"知斯三者"论人道之能然，能然之道即德也。则固犹为行中之知，必待推其原于一，显其功于豫，立其程于择善固执，而后全乎其为力行之实矣。用其知仁勇者，必用之于学、问、思、辨、笃行①。

或疑如此说，则仁义礼皆天所立人之道，而人得以为道，是自然之辞也。而又何以云知仁勇为天性之德，而仁义礼非以心德言耶？然而有不碍者。则以仁也，义也，仁之亲亲、义之尊贤也，亲亲之杀②、尊贤之等也，皆就君子之修而言也。仁、义之有撰，礼之有体，则就君子之所修者而言也。故新安以依于仁证此。依者修之也，所依之仁所修者也，显然天理之实有此仁义礼，而为人所自立之道。故章句云："仁者天地生物之心，而人得以生，所谓'元者善之长也'。"亦可云：义者天地利物之理，而人得以宜；礼者天地秩物之文，而人得以立。是皆固然之道，而非若知仁勇，二"仁"字不同。人得受于有生之后，乘乎志气仁依志，勇依气，知兼依志气。以为德于人，而人用之以行道者比矣。

故愚前云"心学之存主"，亦谓心学之所存所主，非谓君子之以吾心之仁存之主之也。若夫知仁勇，则人之所用以行道者，而非道之条理，人道有仁，而抑有义礼，是谓条理。与其本原。仁故亲亲，义故尊贤，礼故等杀生焉。是其为道之体与性之用，其相去不紊亦明矣。

【注释】

①学、问、思、辨、笃行：《中庸·第二十章》中的"博学之，审问之，慎思之，明辨之，笃行之。"

②亲亲之杀：杀，等杀或等级的意思。亲亲之杀的意思即是亲戚的亲疏或等级，即亲戚关系的远近。

《中庸·第二十章·第五、六、七节》

【题解】

诚与诚之以及仁义礼与知仁勇是中庸之学的核心概念。如王夫之认为"'诚'为仁义礼之枢，'诚之'为知仁勇之枢，而后分言'诚者天之道'，'诚之者人之道'"。人道敏政，地道敏树，所以人道其实是具备政道性质的。仁义的政道，是儒家治世之道的根本性质。而知仁勇是人用以成就仁义之道的，因此，诚、天道、仁义礼对应在一起，而诚之、人道、知仁勇对应在一起，所规定制立于人的道与人所去践行的道是同一的，只是从学理层面论述过程中从不同的视角展开而产生了些许差别。故而人道就是天道，是从天道这一层面来进行界定的。就像白马与马之间的关系一样，我们不能说天道是从人道这一层面来界定，两种顺序有别，因为儒学在上本质上不是以人作为最终目的的，其最终目的是为政和教化。

【原文】

五

人道有两义，必备举而后其可敏政之理著焉。道也，修身以道。仁也，义也，礼也，此立人之道，人之所当修者。犹地道之于树，必为茎、为叶、为华①、为实者也。仁也，知也，勇也，此成乎其人之道，而人得斯道以为德者。犹地道之于树，有所以生茎、生叶、生华、生实者也。道者，天与人所同也，天所与立而人必由之者也。德者，己所有也，天授之人而人用以行也。然人所得者，亦成其为条理，知以知，仁以守，勇以作。而各有其径术，知入道，仁凝道，勇向道。故达德而亦人道也。以德行道，而所以行之者必一焉，则敏之之事也。故此一章，唯诚为枢纽。

【注释】

①华：即花。

六

"诚"为仁义礼之枢，"诚之"为知仁勇之枢，而后分言"诚者天之道"，"诚之者人之道"。须知天道者，在人之天道，要皆敏政之人道尔。

七

事亲亦须知以知之，仁以守之，勇以作之。知人亦然，知天亦然。如郭公善善而不能用，仁勇不给，则亦无以知人。又事亲亦须好学以明其理，力行以尽其道，知耻以远于非。足知双峰

"三达德便是事亲之仁，知人之知"，牵合失理。又况如陈氏所云"有师友之贤，则亲亲之道益明"，其为肤陋更不待言者乎？况所云"与不肖处，则必辱身以及亲"，乃闾巷①小人朋凶忤逆之所为，曾何足为知天知人之君子道？而于人君有志行文、武之政者，其相去岂止万里也！

释书之大忌，在那移圣贤言语，教庸俗人易讨巴鼻。直将天德王道之微言，作村塾小儿所习明心宝鉴理会，其辱没五经、四子书，不亦酷哉！

【注释】

①闾巷：里巷；乡里，借指民间。

《中庸·第二十章·第八节》

【题解】

王夫之在本节所说的"存主"，就是指存于、主于，其主旨是仁道思想。因为王夫之举例说得很清楚："如苏威之五教，非果有恻怛爱民之心，而徒以强民也。"这是指说，"亦有不以仁修道者"的，但王夫之没有直接用推行仁道、奉行仁道等直接的说法，却只是说修道以仁、以仁存主。"修身以道"一义的情况也是如此："亦有不以道修身者，如文、景之恭俭，而不足与于先王之典礼。"可见"恭俭"这一品德也还不是儒教所欣赏的义、得宜，以恭俭要求自己还不是以道修身，足见儒学所主张的是极为专门的规范。修身以道也只有一个切指含义——用礼教之道去严格要求自己，无论王夫之从义理上如何论说，都离不开这一本质。

【原文】

八

"所以行之者三"，行者，推荡流动之谓，言以身行于五达道之中，而此三者所资以行者也。若"修身以道，修道以仁"，则曰修。修者，品节之谓：以道为准，而使身得所裁成；以仁为依，而使道得所存主也。

亦有不以道修身者，如文、景之恭俭，而不足与于先王之典礼。亦有不以仁修道者，如苏威之五教，非果有恻怛爱民之心，而徒以强民也。若行于五者之闲，而不以知仁勇行之，则世之庸流皆然：正墙面而立，一物不能见，一步不能行矣。二者之辨井然，取之本文而已足。

《中庸·第二十章·第十、十一节》

【题解】

王夫之这两节中提到了心学具体操作性的问题。有些道德之心、道德心性，自己是意识不到的，因此只能从自身知道的、较为浅显的能够意识到的视角去理解。知仁勇是明确以本体而言的。儒学本体，简单来讲就是首先要看它是否是绝对天授人受的，是否是天经地义的有、本有。所谓"心之验于情"的验就是体现于心，依据这发现的，去体验和认识先天的、恒久的心。心是持恒的，而情是变动不安的，由性而心而情，这是一个连环。人道敏政只是政本的思想，与教本原是一体。王夫之没有直接论述，从诚与诚之、固然与能然这样的方式言说，体现了宋明理学的论说习惯。

【原文】

十

章句"未及乎达德"句有病，不如小注所载朱子"恐学者无所从入"一段文字为安。达德者，人之所得于天也，以本体言，以功用言，而不以成德言。非行道而有得于心。如何可云及与未及？

知仁勇之德，或至或曲，固尽人而皆有之。特骤语人以皆有此德，则初学者且不知吾心之中何者为知，何者为仁，何者为勇，自有其德而自忘之久矣。唯是好学、力行、知耻之三心者，人则或至或曲，而莫不见端以给用，莫不有之，而亦各自知此为〔吾〕好学之心，此为吾力行之心，此为吾知耻之心也。则即此三者以求之，天德不远，而所以修身者不患无其具矣。

此犹孟子言"人皆有不忍人之心"，故遇孺子入井而怵惕①、恻隐，心之验于情也。唯有得于知，故遇学知好；唯有得于仁，故于行能力；唯有得于勇，故可耻必知：性之验于心也。唯达德之充满具足于中，故虽在蔽蚀，而斯三者之见端也不泯。尽其心则知其性，虽在圣人，未尝不于斯致功，而修身治物之道毕致焉。岂得谓其"未及乎达德"而仅为"勇之次"哉？

舜之好问好察，亦其知之发端于好学。回之拳拳服膺，亦其仁之发端于力行。君子之至死不变，亦其勇之发端于知耻。性为天德，不识不知，而合于帝则。心为思官，有发有征，而见于人事。天德远而人用迩，涉于用非尽本体。而资乎气，不但为性。故谓之"三近"。从所近以通其真，故曰"从入"，曰"由是以求之"，曰"入德"。朱子此说，其善达圣言而有功于初学者极大，章句顾不取之，何也？

【注释】

①怵惕 (chù tì)：戒惧，惊惧。

一一

既云"修身以道"，抑云"思修身不可以不事亲"，此又云"知斯三者则知所以修身"，说若庞杂，此中庸之所以不易读也。唯熟绎本文，以求其条理，则自得之。云"以道"、云"不可不事亲"者，言修身之事也；云"知斯三者"，言修身之功也。事则互相待而统于成，故可云"思修身不可以不事亲"，抑可云"顺亲有道，反身不诚，不顺乎亲"；功则有所循以为资，故知"三近"，而后修身之所以者不迷也。舍其从入之资，则亦茫然无所用以为修矣。

人道之固然其诚者，身之理著于道；人道之能诚之者，德之几见于心也。固然与能然者，而一合乎诚，则亦同乎所性而不悖，故统之曰"人道敏政"。"修身以道"者，太极之有其阴阳也。"知斯三者，知所以修身"，阴阳之有其变合也。阴阳，质也；变合，几也：皆人之所以为人道也。君子修之吉，修此者也。呜呼！微矣。君子之道斯以为托体于隐，而岂云峰逆推顺推，肤蔓之说所得而知！

《中庸·第二十章·第十二、十三、十四节》

【题解】

在这几节中，王夫之所主要关注的是政教尚同，他说"是道德一而风俗同"，就是尚同的原则。"'先立其诚'，则'先'者，立于未有事物之前也，是物外有诚，事外有诚。"在这里主要意思是说所谓诚者是天然就是如此，无所谓假定的。也就是说

"诚"乃本来固然，是不能用假定去理解和论说的，本然与假定还是有一定区别的。"一乎诚，则尽人道以合天德，而察至乎其极。豫乎明，则储天德以敬人道，而已大明于其始。"这里明确地说明了诚与明的关系。所谓诚还是主要规定于善之上的，而明显然是属于"诚之"层面的人为假定。因此，王夫之讲诚（包括明）主要目的就是善的确立，当然这善乃系事善，人事之善，因此是较为浅显层面的。由此可见，王夫之的辩证是以论述打破经典的基本体系为原则的，只是在解说中再去加入自己的理解和认识。

【原文】

一二

"修身则道立"，云峰以为"道即天下之达道"。字义相肖，辄以类从，此说书之最陋者也。朱子引书"皇建其有极"以释此，极为典核。洪范说"皇极"，则是"无有作好，无有作恶，无偏无党①，无反无侧"，其与"达道"岂有交涉？下云"齐明②盛服，非礼不动"，止在君身之正直上做工夫，而以天下之无奇邪者为效验。然则章句所云"道成于己而可为民表"，正谓君之身修，而可为斯民不修之身示之则也。

修身自有修身之事，尽伦自有尽伦之事。"亲亲"以下，乃五达道事。理虽相因，而事自殊致。无有私好，而天下无偏党反侧之好；无有私恶，而天下无偏党反侧之恶：则所谓"上见意而表异，上见欲而姑息"，与夫"宫中好高髻，城中高一尺"之弊，可无虑矣。是道德一而风俗同也。

若五达道之事，则"亲亲"为尽父子兄弟之伦，"敬大臣"、"体群臣"、"子庶民"为尽君臣之伦，"尊贤"、"怀诸侯"为尽朋友之伦。事各有施，效各有当。君于尽伦之外，自有建极之德；

民于明伦之外，亦自有会极之猷。且如陈之奢而无节、魏之俭而已褊者，夫亦何损于父子、昆弟、夫妇、朋友之恩义？而其君为失道之君，国为无道之国，则唯君之好恶不裁于礼而无可遵之道也。云峰既不知此，乃云"以下八者，皆道立之效"。其因蔽而陷，因陷而离，盖不待辨而自明矣。

【注释】

①无偏无党：不偏私，不阿党。

②齐明：整齐而严明。

一三

所谓"宾旅①"者，宾以诸侯大夫之来觐问者言之，旅则他国之使修好于邻而假道者。又如失位之寓公，与出亡之羁臣，皆旅也。唯其然，故须"嘉善而矜不能"。

当时礼际极重一言一动之失得，而所以待之者即异矣。然善自宜嘉，而不能者亦当以其漂泊而矜之。以重耳②之贤，而曹人裸而观之③，不能嘉善也。周人掠栾盈之财④，而不念其先人之功，非以矜不能也。若孟子所言"行旅"，则兼游说之士将适他国者说。传易者以孔子为旅人，亦此类也。

【注释】

①宾旅：客卿，羁旅之人。

②重耳：即晋文公。晋文公（《左传》载前671—前628；《史记》载前697—前628），汉族，姬姓，名重耳。初为公子，谦而好学，善交贤能智士。后受迫害离开晋国，游历诸侯。漂泊19年后终复国，杀怀公而立。文公执政期间，对内拔擢贤能，晋民各执其业；吏各司其职。晋国由此大

治。对外联秦合齐，保宋制郑，尊王攘楚。作三军六卿，勤王事于洛邑、败楚师于城濮，盟诸侯于践土，开创晋国长达百年的霸业。文治武功，昭明后世，显达千秋，与齐桓公并称"齐桓晋文"，是春秋五霸中第二个称霸的霸主，亦为后世儒家、法家等学派称道。

③曹人裸而观之：重耳在逃难到曹国时，曹共公听说重耳身有生理缺陷，竟然在重耳沐浴之时，在窗帘外偷窥，看看重耳的骈肋到底长得什么样。

④栾盈之财：栾盈（？—前550），姬姓，栾氏，名盈，一作"逞"。春秋时晋国人。晋国下卿，谥怀，称栾怀子。栾黡之子，栾书之孙，晋平公即位，与范鞅（即士鞅）同为公族大夫。因为范鞅曾被栾黡逼迫投奔秦国，所以与栾盈不和。平公三年（前555）为下军之佐，晋伐齐。与魏绛率下军克郫（今山东平阴）。平公六年，其母栾祁（范宣子之女，范鞅之姐，故栾盈为范宣子外孙、范鞅之甥）与人私通，诬告栾盈作乱，由范鞅作证。栾盈为范宣子所逐，被迫奔楚。不久，又奔齐。平公八年，齐庄公借送媵妾的机会，把他及随从送进晋的曲沃（今山西闻喜东北），曲沃原为栾氏的封邑。他率部族袭击绛（今山西曲沃西南）失败，还奔曲沃，被围，被杀，一族被灭，只有一个叫栾鲂的逃到宋国。

一四

"豫"①之为义，自与"一"不同。一者，诚也；诚者，约天下之理而无不尽，贯万事之中而无不通也。豫则凡事有凡事之豫，而不啻一矣；素定一而以临事，将无为异端之执一耶？一者，彻乎始终而莫不一。豫者，修乎始而后遂利用之也。一与豫既不可比而同之，则横渠之说为不可易矣。

横渠之所云"精义入神"者，则明善是已。夫朱子其能不以明善为豫乎？章句云"以在下位者推言素定之意"，则是该治民以上，至于明善，而统以引伸素定之功也。是朱子固不容不以明善为豫，而或问又驳之，以为张子之私言，则愚所不解。

夫明善，则择之乎未执之先也，所谓素定者也。诚则成物之始，而必以成物之终也。不息则久，悠久而乃以成物，纯亦不已，而非但取其素定者而即可以立事。是诚不以豫为功，犹夫明善之不得以一为功，而陷于异端之执一也。故以前定言诚，则事既有所不能，而理尤见其不合。浸云"先立其诚"，则"先"者，立于未有事物之前也，是物外有诚，事外有诚。斯亦游于虚以待物之用，而岂一实无闲之理哉？

言诚者曰："外有事亲之礼，而内有爱敬之实。"则爱敬与事亲之礼而同将，岂其于未尝事亲之先，而豫立其爱敬乎？且亦将以何一日者为未尝事亲之日耶？抑知慎终追远，诚也。虽当承欢之日，而终所以慎，远所以追，不可不学问思辨以求其理，是则可豫也。若慎之诚乎慎，追之诚乎追，斯岂可前定而以待用者哉？

又曰"表里皆仁义，而无一毫之不仁不义"，则亦初终皆仁义，而无一刻之不仁不义矣。无一刻之可不仁不义，则随时求尽而无前后之分也。明一善而可以给终身之用，立一诚而不足以及他物之感。如不顺乎亲，固不信乎友。然使顺乎亲矣，而为卖友之事，则友其信之耶？故君子之诚之，必致曲而无所不尽焉。

唯学问思辨之功，则未有此事而理自可以预择。择之既素，则由此而执之，可使所明者之必践，而善以至。故曰"凡事豫则立"。事之立者诚也，豫者明也。明则诚，诚则立也。

一乎诚，则尽人道以合天德，而察至乎其极。豫乎明，则储天德以敏人道，而已大明于其始。虽诚之为理不待物有，诚之功不于静废；而彻有者不殊其彻乎未有，存养于其静者尤省察于其动。安得如明善之功，事未至而可早尽其理，事至则取诸素定者以顺应之而不劳哉？

若云存诚主敬，养之于静以待动；夫所谓养之于静者，初非为待动计也。此处一差，则亦老子所谓"执大象，天下往"，"冲，而用之或不盈"之邪说，而贼道甚矣。

夫朱子之以诚为豫者，则以中庸以诚为枢纽，故不得不以诚为先务。而枢纽之与先务，正自不妨异也。以天道言，则唯有一诚，而明非其本原。以人道言，则必明善而后诚身，而明以为基，诚之者择善而固执之。是明善乃立诚之豫图，审矣。

后此言天道，则诚以统明，而曰"至诚之道，可以前知"，曰"知天地之化育"，有如诚前而明后。然在天道之固然，则亦何前何后，何豫何不豫，何立何废之有？

言"豫"言"立"者，为人道之当然而设也。故二十五章云"是故君子诚之为贵"，"诚之者，择善而固执之也"；二十七章云"道问学"，道者，所取涂以尊德性之谓。曰"既明且哲，以保其身"；二十九章云"知天"、"知人"。盖无有不以明为先者也。

道一乎诚，故曰"所以行之者一"。学始乎明，故曰"凡事豫则立"。若以诚为豫，而诚身者必因乎明善焉，则岂豫之前而更有豫哉？"诚则明"者一也，不言豫也。"明则诚"者豫也，而乃以一也。此自然之分，不容紊①者也。

中庸详言诚而略言明，则以其为明道之书，而略于言学。然当其言学，则必前明而后诚。即至末章，以动察静存为圣功之归宿，而其语"入德"也，则在知几。入德者，豫之事也。

张子显以明善为豫，正开示学者入德之要，而求之全篇，求之本文，无往不合。朱子虽不取其说，而亦无以折正其非，理之至者不可得而易也。

【注释】

①豫：豫卦是《易经》六十四卦之第十六卦，豫卦阐述了干任何事情只有由于豫备才大有益处的"由豫，大有得"，以及由于豫备，一个国家才能永远不会灭亡的"恒不死"。最后又阐述了由于某些豫备就绪之后，还可以改变与某些国家原来签署的盟约的"渝"盟，并申述了这种"渝"盟行为无罪无祸的"无咎"。

《中庸·第二十章·第十七节》

【题解】

诚在用上确立和体现，"用"是中庸学的核心理念。所以，诚作为流行之用，本身就是中体的体现，天道人道只是一般，也就是同样的道理。因此诚作为中庸之学的中心内容，根本上是与中、与用相同一的。所以说："道者天之大用所流行，其必由之路也。""其实天道之诚，亦必动而始有。无动则亦无诚。"之所以主言动，就是本以用的思想主旨，因为用必定是要发动的。从这一小节的论说中我们可以看出船山学问本身的实用性。

【原文】

一七

中庸一部书，大纲在用上说。即有言体者，亦用之体也。乃至言天，亦言天之用；即言天体，亦天用之体。大率圣贤言天，必不舍用，与后儒所谓"太虚"者不同。若未有用之体，则不可言"诚者天之道"矣。舍此化育流行之外，别问窅窅空空之太虚，虽未尝有妄，而亦无所谓诚。佛、老二家，都向那畔去说，所以尽着钻研，只是捏谎。

或问"一元之气"、"天下之物"二段，扎住气化上立义，正是人鬼关头分界语。所以中庸劈头言天，便言命。命者，令也。令犹政也。末尾言天，必言载。载者，事也。此在天之天道，亦未尝遗乎人物而别有其体。易言"天行健"，吃紧拈出"行"来说。又曰"大哉乾元，万物资始，乃统天"，只此万物之资始者，便足以统尽乎天，此外亦无有天也。况乎在人之天道，其显诸仁者尤切，藏诸用者尤密乎？

　　天道之以用言，只在"天"字上见，不在"道"字上始显。道者天之大用所流行，其必繇^①之路也。周子言诚，以为静无而动有，朱子谓为言人道。其实天道之诚，亦必动而始有。无动则亦无诚，而抑未可以道言矣。

【注释】

　　①繇：古同"由"，从，自。

《中庸·第二十章·第十八节》

【题解】

　　王夫之认为性与命之间的关系，就是天人授受关系。关于"诚之"王夫之则是从才上去论述的。之所以"诚之"从才上说，是因为通过才这一"媒介"可达到学，而道是作路说的。实际上，诚还是规定层面上的，只有诚之才进到为学层面。王夫之说："若知仁勇，则虽为性之德，亦诚之发见"，"故行知仁勇者以一，而不藉知仁勇以存诚。"知、仁、勇规定为诚之体现，严格说应属诚之的行这一层面。最终为学只能是建立在预定性的基础上，这从明与诚的统一关系就能得到说明："繇明而诚者，诚之者也。明则诚者，人之道也。惟尽己以实，而明乃无不用，则诚乃可得而执。是以统天下之道于一，而要人事于豫也。豫斯诚也。"

【原文】

一八

北溪分"天道之本然"与"在人之天道",极为精细。其以孩提之知爱、稍长之知敬为在人之天道,尤切。知此,则知"诚者天之道",尽人而皆有之。故曰"造端乎夫妇",以夫妇之亦具天道也。只此不思不勉,是夫妇与圣人合撰处,岂非天哉?

北溪虽是恁样分别疏明,然学者仍不可将在人之天道与天道之本然,判为二物。如两闲固有之火,与传之于薪之火,原无异火。特丽之于器者,气聚而加著耳。乃此所云"诚者天之道",未尝不原本于天道之本然,而以其聚而加著者言之,则在人之天道也。

天道之本然是命,在人之天道是性。性者命也,命不仅性也。若夫所谓"诚之者人之道",则以才而言。才者性之才也,性不仅才也。惟有才,故可学。"择善而固执之",学也。其以择善而善可得而择,固执而善可得而执者,才也。此人道敏政之极致。有是性固有是才,有是才则可以有是学,人之非无路以合乎天也。有是才必有是学,而后能尽其才,人之所当率循是路以合乎天也。

人之可以尽其才而至于诚者,则北溪所谓忠信。其开示蕴奥,可谓深切著明矣。择善固执者,诚之之事。忠信者,所以尽其择执之功。弗能弗措,而己百己千,则尽己以实之功也。虽愚,而于忠信则无有愚;虽柔,而于忠信则无有柔者。故曰:"十室之邑,必有如夫子者焉。"人道本于天故。而君子之学,必此为主。三达德以此行故。

若知仁勇,则虽为性之德,亦诚之发见,而须俟之愚明柔强之余,始得以给吾之用。故行知仁勇者以一,而不藉知仁勇以存诚。双峰、云峰之说，徒为葛藤而丧其本矣。

繇明而诚者，诚之者也。明则诚者，人之道也。惟尽己以实，而明乃无不用，则诚乃可得而执。是以统天下之道于一，而要人事于豫也。豫斯诚也。

《中庸·第二十章·第十九节》

【题解】

从本节的论述可知，王夫之所讲的政道，其主导思想还是所谓忠信之道这一理论的。他说："人道惟忠信为咸具，而于用尤无不通，敏政者全在此。"这里的忠信主要讲的就是政教忠信。又说："北溪显天德、圣功、王道之要于二字之中，呜呼至矣哉！"从这里我们可以看到王夫之人文思维的老化与僵持，仁义礼、知仁勇、善诚等全都可以在忠信之道中找到相应的位置。此外，王夫之所说的忠信主要是君子之道的忠信，从中我们可以看到儒家关于政治信用的一些思维火花。

【原文】

一九

仁义礼是善，善者一诚之显道也，天之道也。唯人为有仁义礼之必修，在人之天道也，则亦人道也。知仁勇，所以至于善而诚其身也。"诚乎身"之诚，是天人合一之功效。所以能行此知之所知、仁之所守、勇之所作于五伦九经者，忠信也，人之道也。人于知仁勇，有愚明、柔强之分，而忠信无弗具焉，人道之率于天者也。

人道惟忠信为咸具，而于用尤无不通。土寄王四行，而为其王。雒书中宫之五，一六、二七、三八、四九所同资，无非此理。敏政者全在此。其见德也为知仁勇。其所至之善为仁义礼。其用之也于学、问、思、辨、行，而以博、以审、以慎、以明、以笃，则知仁勇可行焉，仁义礼可修焉，故曰"人道敏政"。朱子所云"表里皆仁义，而无一毫不仁不义"，及云"外有事亲之文，内尽爱敬之实"，皆忠信之谓，特引而未发。北溪显天德、圣功、王道之要于二字之中，呜呼至矣哉！

《中庸·第二十章·第二十节》

【题解】

从本节的论述中可知，理论上王夫之是承认人天生的资质差别的。普通人必须努力学习才能择善而中，而圣人则是自然中道的。当然，这并不意味着王夫之对圣人的唯一崇拜，也不意味着普通人就不能成圣，否则为学就失去了人通过修养和学习而达到极致的可能。这些是圣人观的必要补充。王夫之强调不能以天道言圣人，其中一个主要用意就是不思不勉非圣人所独有，因为天道是无私的，人皆有不思不勉者。他说："不思而得、不勉而中，人皆有其一端。""圣人可以言诚者，而不可以言天道。非谓圣人之不能如天道，亦以天道之不尽于圣人也。"因为天道流行还包含有万物成就性在内，所以天道与圣人不同。应该说诚本身包含有自然命义，即确实是如此，不假人为用功，即自然流行之义。人道之流行，仅只是天道的一部分。天道包含自然界在内，本身并不仅仅限于人本身。以上两个层面同时并存，即天道包括自然界在内，自然流行亦非圣人之所独有，所谓圣者，仅只是境地程度与普通人有所不同罢了。

【原文】

二十

圣人可以言诚者，而不可以言天道。非谓圣人之不能如天道，亦以天道之不尽于圣人也。

"不思而得，不勉而中"，人皆有其一端，即或问所谓恻隐羞恶之发者，皆不假于思勉。特在中人以下，则为忮害贪昧之所杂，而违天者多矣。乃其藉择执之功，已千已百而后得者，必于私欲之发，力相遏閟，使之出而无所施于外，入而无所藏于中，如此迫切用功，方与道中。若圣人，则人之所不学虑而知能者，既咸备而无杂，于以择执，亦无劳其理欲交战之功，则从容而中道矣。

其然，则此一诚无妄之理，在圣人形器之中，与其在天而为化育者无殊。表里融彻，形色皆性，斯亦与天道同名为诚者，而要在圣人则终为人道之极致。故章句云"则亦天之道"，语意自有分寸，不得竟以天道言圣人审矣。

二一

"不思而得，不勉而中"，在人之天道所发见，而非为圣人之所独得。"择善而固执"，君子之所学圣，而非圣人之所不用。所以然者，则以圣人之德合乎天道，而君子之学依乎圣功也。

故自此以后十三章，皆言圣合天，贤合圣，天人一理，圣贤一致之旨。使不思不勉者为圣人之所独得，则不可名为天道；天无私，凡物皆天道所成。使君子之择善固执为圣人之所不用，则君子终不能循此以至于圣人之域矣。而下云"明则诚"，云"曲能有诚"以至于化，云"性之德也"，"时措之宜也"，又岂因他涂而底圣境哉？

　　且所谓圣人者，尧、舜、文王、孔子而已矣。尧、舜之"惟精"，择善也；"惟一"，固执也；"问察"，择善也；"用中"，固执也。文王之"缉熙"，择善也；"不回"，固执也。孔子之"学而不厌"，择善也；"默而识之"，固执也。特于所谓己百己千者，则从容可中，无事此耳。而弗能弗措，己百己千，为学、利、困、勉者之同功，非学知、利行之必不须尔。此自体验而知之，非可徒于文字求支派也。

　　截分三品，推高圣人，既非中庸之本旨。且求诸本文，顺势趋下，又初未尝为之界断。章句于是不能无训诂气矣。

《中庸·第二十章·第二十二节》

【题解】

　　这一节当中王夫之的圣人之说，反映了其学理论述的内部结构。就好比石头丢到水面泛起的涟漪。圣人是最外面最大的那一圈，完满无缺，无所不包，而君子、贤人只是涟漪中小于最大圈的各个小圈。儒家学者所做学问就是尽最大努力把小圈逐步拉大，一步步向最大的圈靠近。其主要运思理路都建立在对圣人学说的认同性上。君子和贤人所遵循的都是圣人所建立的真理。并且王夫之还认为，只有圣人是耳顺的，君子、贤人还不能完全做到这一点。而所谓耳顺，也就是不为异端邪说所惑，所以儒教的根性还是尚同的。王夫之所反复论述的诚与诚之，都是表达的这种水面涟漪中大圈与小圈的关系，大圈与小圈是一环一环、一个一个互相套过来的。所以说诚与诚之之说无论怎样变转，其宗旨都离不开、不曾脱出圣人所确立的学术范畴。

【原文】

二二

修道，圣人之事，而非君子之事，章句已言之明矣。既须修道，则有择有执。君子者，择圣人之所择，执圣人之所执而已。即如博学审问，岂圣人之不事？但圣人则问礼于老聃，问官于郯子①，贤不贤而焉不学？君子则须就圣人而学问之，不然，则不能隐其恶，扬其善，执两端而用其中，而反为之惑矣。耳顺不顺之分也。

圣人不废择执，唯圣人而后能尽人道。若天道之诚，则圣人固有所不能，而夫妇之愚不肖可以与知与能者也。圣人体天道之诚，合天，而要不可谓之天道。君子凝圣人之道，尽人，而要不可曰圣人。然尽人，则德几圣矣；合天，则道皆天矣。此又后十三章所以明一致之旨也。

读者须于此两"诚者"两"诚之者"，合处得分，分处得合，认他语意联贯之妙。儱侗②割裂，皆为失之。

【注释】

①郯子（生卒年月不详）：己姓，子爵，春秋时期郯国国君。约公元前11世纪，少昊（姓已，名挚，字青阳，建都穷桑，故号为穷桑氏，也称金天氏）后裔中的炎族首领就封于炎地，称炎国。属人方。炎，古音亦读谈，春秋前后，国名多加"邑"字，从而炎国演化为郯国。

②儱侗（lǒng tǒng）：浑然无分别；模糊而不具体。《朱子全书》卷三七："然这天理本是儱侗一直下来，圣人就其中立箇界限，分成段子。"

《中庸·第二十章·第二十四节》

【题解】

王夫之认为中庸学的主要目的在于践行。对于古代的士人来说，践行中庸的学问最直接的就是"从政"。"而方学问思辨之时，遇著当行，便一力急于行去，不可曰吾学问思辨之不至，而俟之异日。"由此可知，在王夫之看来，"行"不仅是中庸学问最终目的，还是促进学问思辨的方法之一。

【原文】

二四

学、问、思、辨、行，章句言目而不言序。目者若网之有目，千目齐用；又如人之有目，两目同明。故存程子废一不可之说以证之。或问言序，则为初学者一向全未理会，故不得不缓议行，而以学为始。其于诚之者择执之全功，固无当也。

朱子语录有云"无先后而有缓急"，差足通或问之穷。乃以学为急，行为缓，亦但为全未理会者言尔。实则学之弗能，则急须辨；问之弗知，则急须思；思之弗得，则又须学；辨之弗明，仍须问；行之弗笃，则当更以学问思辨养其力；而方学问思辨之时，遇著当行，便一力急于行去，不可曰吾学问思辨之不至，而俟之异日。

若论五者第一不容缓，则莫如行，故曰"行有余力，则以学文"。弟子尚然，而况君子之以其诚行于五达道之闲，人君一日万几而求敏其政者哉？

《中庸·第二十五章·第一节》

【题解】

王夫之所说的"诚"主要是从心上言而不是从性上言的。他说："仁义礼知，性也，有成体而莫之流行者也。诚，心也，无定体而行其性者也。"性与心有体、用之别，同时，心和性都是在"行"这一层面上来建立联系。由此可以推出诚与仁义礼知的关系，即诚是仁义礼知得以流行的必要条件。此外，在王夫之的中庸学中，诚与知仁勇是处于核心地位的。知仁勇三者，其实主要是以知仁为主干。在这里，知仁与诚的统一关系表述得十分明了。从成己成物的关系上看，显然是以仁为主体的，知乃是在这一限定下开出来的用，这很能表现道德学的思维习惯，以至于后来的学者仍然沿着这一思路探究。

【原文】

第二十五章

一

此章本文，良自清顺，而诸儒之言，故为纷纠，徒俾歧路亡羊。总以此等区处，一字不审，则入迷津。如第一句，章句下个"物"字，第二句下个"人"字，止为道理须是如此说，不容于诚则遗夫物而以道委之物。实则两"自"字，却是一般，皆指当人身上说。故或问复取程子"至诚事亲则成人子，至诚事君则成人臣"之说，以为之归。

由章句言，则该乎物而论其本然。由程子之言，则归乎当人之身而论其能然。两说岂不自相矛盾？须知章句于此下一"物"字，是尽著道体说，教圆满，而所取程子之说，则以距游、杨① "无待"之言误以"自"为"自然"之自，而大谬于归其事于人之旨也。故章句又云"诚以心言"。曰"心"，则非在天之成万物者可知矣。

乃此所云心，又与或问解第二节以实理、实心分者不同。或问所云实心者，人之以实心行道者也。章句所云心者，谓天予人以诚而人得之以为心也。

此"心"字与"性"字大略相近。然不可言性，而但可言心，则以性为天所命之体，心为天所授之用。仁义礼知，性也，有成体而莫之流行者也。诚，心也，无定体而行其性者也。心统性，故诚贯四德，而四德分一，不足以尽诚。性与生俱，而心由性发。故诚必托乎仁义礼知以著其用，而仁义礼知静处以待诚而行。是以胡、史②诸儒竟以诚为性者，不如章句之言心也。

乃所谓心，则亦自人固有之心备万物于我者而言之。其与或问所云"实心"，固大别也。知此，则程子之以能然言者，一章句之说为本然者也。

抑所谓以心言、以理言者，为"诚者""而道"四字释耳，非以释夫"自成""自道"也。若本文之旨，则"诚"与"道"皆以其固然之体言之，又皆兼人物而言之。"自成""自道"，则皆当然而务致其功之词，而略物以归之当人之身。若曰：天所命物以诚而我得之以为心者，乃我之所以成其德也；天所命我以性而人率之为道者，乃我之所必自行焉而后得为道也。以诚自成，而后天道之诚不虚；自道夫道，而后率性之道不离。诚丽乎物以见功，物得夫诚以为干。万物皆备之诚心，乃万物大成之终始。诚不至而物不备于我，物不备则无物矣。

故君子知人心固有其诚，而非自成之，则于物无以为之终始而无物；则吾诚之之功，所以凝其诚而行乎道，其所为"自成""自道"者，一皆天道之诚、率性之道之所见功。是其以体天而复性者，诚可贵也。而又非恃天之畀我以诚，显我以道，遂可因任而自得之为贵。则所贵者，必在己之"自成"而"自道"也，惟君子之能诚之也。诚之，则有其诚矣。有其诚，则非但"成己"，而亦以成物矣。从此以下，理事双显。

以此，诚也者，原足以成己，而无不足于成物，则诚之而底于成，其必成物审矣。成己者，仁之体也。成物者，知之用也。天命之性，固有之德也；而能成己焉，则是仁之体立也；能成物焉，则是知之用行也。仁、知咸得，则是复其性之德也。统乎一诚，而己、物胥成焉，则同此一道，而外内固合焉，道本无不宜也。性乎诚而仁、知尽焉，准诸道而合外内焉，斯以时措之而宜也。君子诚之之功，其能有诚也如此。

是其自成者即诚也，人而天者也；自道者即道也，身而性焉。惟天道不息之妙，必因人道而成能，故人事自尽之极，合诸天道而不贰。此由教人道者所以明则诚焉，而成功一也。此章大旨，不过如此。以是考诸儒之失得，庶不差矣。

【注释】

①游、杨：游酢，字定夫，建州建阳人。初与兄醇俱以文行知名，所交皆天下士。程颐见之京师，谓其资可以进道。程颢兴扶沟学，招使肄业，尽弃故所习而学焉。第进士，调萧山尉，近臣荐其贤，召为太学录，迁博士，以奉亲不便求知河清县。范纯仁守颍昌府，辟府教授，纯仁入相，复为博士，签书齐州、泉州判官，召还为监察御史。历知汉阳军、和、濠三州而卒。杨时（1044—1130）北宋学者、官吏。字中立，号龟山，祖籍弘农华阴（今陕西华阴东），南剑西镛州龙池团（今属福建将乐县古镛镇龙池社区）人。杨时少年时，聪颖好学，善诗文，人称"神童"。29岁那年前往河南颍昌，拜程颢为师，勤奋好问，学习成绩优异，与游酢、伊熔、谢良佐并称"程门高弟"。后来，杨时学成回归之时，程颢目送他远去，感慨地说："吾道南矣。"程去世后，杨时又一次北上求学，师从程颢之弟程颐，他不仅学习勤勉，而且非常尊敬老师。有一次与游酢去拜见程颐，见老师正在厅堂上打瞌睡，不忍惊动，便静静地站在门廊下等候。这时，天空正纷纷扬扬下着大雪，待程颐醒来，门外的积雪已经下得很厚很厚了，成语"程门立雪"讲的就是杨时这种好学精神和尊师重道的

故事。

②胡、史：胡，指胡五峰；史，指史博璇。

《中庸·第二十五章·第二节》

【题解】

从这一小节中我们可以看出王夫之儒学思想的思维特征即道德社会性。所谓"成己成物"或"不诚无物"等论说中的"物"字都不是泛指任何事物，而是具有专门的指向，那就是待人接物所言的社会道德和伦理中的人或者事。这才是物的本质含义，而不是什么自然物理。在这种论说中，个体的德行修养是根本。王夫之认为诚是一定强调终始性的，"程子以彻头彻尾言终始，则如有头有尾，共成一鱼，有始有终，共成一物。其可以头为有，尾为无乎？"这是典型的儒家终始之道的思维。诚与道本是一体的，只是在名言义理分析上有不同的指向，这种差别只是名实上的区别，与为学上的一体性本来是不同的。诚只能从心言，从船山的中庸学理来看，关于诚、诚之等概念含有"自成"等义理的内容。

【原文】

二

此章之大迷，在数字互混上。朱子为分析之以启其迷，乃后来诸儒又执所析以成迷，此训诂之学所以愈繁而愈离也。

"自成""自"字，与"己"字不同。己，对物之词，专乎吾身之事而言也。自，则摄物归己之谓也。朱子恐人以"自成"为专成夫己，将有如双峰之误者，故于章句兼物为言。乃迷者执此，而以为物之成也，固有天成之，而不因乎人者矣，遂举"自

"成"而一属之天理之自然，则又暗中游、杨"无待"之妄而不觉。

乃本文之旨，则谓天道之诚，此无待。我可以自成其心而始可有夫物也。此有待。故"诚"之为言，兼乎物之理，而"自成"则专乎己之功。诚者，己之所成，物之所成；而成之者，己固自我成之，物亦自我成之也。

又言"诚"而更言"道"，前云"诚者天之道"，此双峰之所由迷也。不知道者率乎性，诚者成乎心，心性固非有二，而性为体，心为用，心涵性，性丽心，故朱子以心言诚，以理言道，章句已云"性即理也"。则道为性所赅存之体，诚为心所流行之用。赅用存故可云费，流行故可云无息。诸儒不察，乃以性言诚，则双峰既不知朱子异中之异，而诸儒抑不知朱子同中之异也。

又章中四"物"字，前二"物"字兼己与物而言，兼物与事而言，则或下逮于草木禽兽者有之。然君子之诚之也，自以处人接事为本务。如小注所云"视不明、听不聪，则不闻是物、不见是物，而同于无物"，不闻不见者，同于己之无耳无目也；不闻是物、不见是物者，同于己之未视是物、未听是物也。然要必为己所当有事者，而其终始之条理，乃不可略。若飞鸟之啼我侧，流萤之过我前，即不明不聪，而亦何有于大害哉？"诚者物之终始"，不择于我之能有是物与否而皆固然，则可下泊于鸟兽草木而为言；若夫"不诚无物"，固已舍草木鸟兽而专言人事矣。

顾此"无物"字，则犹兼己而言，而不如下"成物""物"字之与"己"为对设之词。盖"无物"之物，大要作"事"字解，或问言之极详；特不可以"事"字易之，则如杨氏无君之非不忠，墨氏无父之非不孝也。言筌之易堕，有倚则偏，故北溪引季氏跛倚以祭，虽为切当，而末云"与不祭何异"，语终有疵，不如云"与无鬼神何异"或云"与无祭主何异"之为当也。

又"物之终始"一"终"字，与下"无物"一"无"字，相去天渊。无者无始也，并无终也。始者固有始也，而终者亦有终也。程子以彻头彻尾言终始，则如有头有尾，共成一鱼，有始有终，共成一物。其可以头为有，尾为无乎？

小注中"向于有"、"向于无"之云，乃偏自天之所以赋物者而言，而不该乎人之所受于天之诚。须知"诚者天之道"，大段以在人之天为言，而在天之天，则人所无事，而特不可谓其非以诚为道耳。

乃"向于无"一"无"字，止当"死"字看，与本文"无"字不同。即在天而言，如生一赵姓者为始，赵姓者之死为终，其生之也向于有，其死之也向于无。若夫诚所不至而无此物，则如天下原无此赵姓之人，既已不生，何得有死？况于在人之天而兼乎理与事矣，则始者事之初也，终者事之成也，尤非始有而终无也。若以生死而言，则必全而生之，全而归之，而后为诚之终。若泛然之人，气尽神离而死也，则其不诚固已久矣，而又何得谓之终哉？

《中庸·第二十六章》

【题解】

这一章王夫之主要说的是贯穿在诚的思维中的，始终有一个古代人文固有的对应思维的传统。简而言之，所谓对应思维是指一种可以等价代换或者置换的对称性。比如说天这一边如何，人这一边也就同样怎么样。天这一边无诚则万物无由生成，那么同样，人这一边不诚也是诸事无由生成。王夫之说："天之所以为天者不可见，由其博厚、高明、悠久而生物不测也，则可以知其诚之不贰。至诚之所存者非夫人之易知，唯圣知之。"所以说至诚不贰，单从自然物理这一边来说，就是直接的万物生成。同样如此，从人事这一边来讲，如果有半点不诚，那么事也无由成就，正如同物一样。即便成就，也不是擂教所期求的事。这里的思维，从物转换对应到事，既简单又明晓，形成一种传统。（好比日用生活中，我作假拿到学位，那么学成这一桩事就没有成就）。所以诚的归宿并不是内心修养，而是事功价值，即成就性。"至诚者，以其表里皆实言也。无息者，以其初终不闲言也。表里皆实者，抑以初终无闲，故曰'至诚无息'，而不曰至诚则不息。"

【原文】

第二十六章

一

天之所以为天者不可见，由其博厚、高明、悠久而生物不测也，则可以知其诚之不贰。至诚之所存者非夫人之易知，唯圣知之。由其博厚、高明、悠久之见于所征者，则可以知其诚之不息。此自用而察识其体。中庸确然有以知之，而曰"故至诚无息"，"故"字须涵泳始见。

章句以其非大义所关而略之。饶、胡智不足以知此，乃云"承上章而言"。上章末已云"故时措之宜也"，连用两"故"字，岂成文理？朱子业已分章矣，犹如此葛藤，何也？

二

所谓征者，即二十二章尽人物之性之事，亦即二十七章发育峻极、礼仪威仪之事，亦即三十一章见而敬、言而信、行而说之事。悠远、博厚、高明，即以状彼之德被于人物者，无大小久暂而无不然也；则至诚之一言一动一行，皆其悠远之征。文王之时，周道未成，而德之纯也，已与天同其不已。北溪"唯尧、舜为能然"之说，是以年寿论悠久也，其亦末矣。

三

一二者数也，壹贰者非数也。壹，专壹也。贰，闲贰也。游氏得一之说，不特意犯异端，而字义亦失。老氏云："天得一以清，地得一以宁。"其所谓一者，生二生三之一，即道失而后有德、德失而后有仁义之旨。"玄之又玄"、"冲而不盈"者曰一。有德，则与道为二矣。有仁义，则终二而不一矣。得一者，无二之谓。必无仁无义，而后其一不失也。维摩经所言"不二法门"者，亦即此旨。是岂非邪说之宗耶？

若中庸之言"不贰"也，则"元亨利贞"，"时乘六龙"而"大明终始"，固无所不诚，而岂但二哉？二亦不贰，三亦不贰，即千万无算而亦不贰也。彼言一粒粟中藏世界，而此言"同归而殊涂，一致而百虑"，岂相涉哉？

且诚之不至而有贰焉者，以不诚闲乎诚也。若夫天，则其化无穷，而无有不诚之时，无有不诚之处，化育生杀，日新无已，而莫有止息焉；为元、为亨、为利、为贞，德无不有，行无不健，而元亦不贰，亨、利、贞亦无弗不贰。岂孤建一元，而遂无亨、利、贞以与为对待之谓乎？故至诚之合天也，仁亦不贰，义亦不贰，三百三千，森然无闲，而洗心于密。又岂如老氏所云"得一以为天下贞"哉？得一则必不可为天下贞。如得南则不正乎东，得仁则不正乎义。故曰："所恶于执一者，为其贼道，举一而废百也。"

若其云"可一言而尽"者，则与第二十章所云"所以行之者一也"一例，不斥言诚，而姑为引而不发之词；非谓一言可尽，而二言即不可尽也。犹夫子之言"一以贯之"，而不容斥指其所贯之一。曾子以"忠恕"答门人，则犹章句之实一以诚也。圣人于此等处，非不欲显，而修辞立诚，不能予人以易知而煞为之说，以致铢絫①之戾于理。由忠恕者，曾子之所得于一，而圣人非执忠恕以为一。天地之道，可以在人之诚配，而天地则无不诚，而不可以诚言也。云"诚者天之道"，以在人之天言耳。

乃天地之所以"生物不测"者，惟其一言可尽之道；"为物不贰"者，即在至诚之所谓诚。至诚之所以必征为博厚、高明、悠久者，惟其得乎天地一言可尽之道，以诚至而无息。一言而尽，配以圣人之至诚；为物不贰，配以圣人之无息。非谓一言之居要而无待于二，审矣。

无息也，不贰也，不已也，其义一也。章句云"诚故不息"，明以"不息"代"不贰"。蔡节斋②为引伸之，尤极分晓。陈氏不察，乃混不贰与诚为一，而以一与不贰作对，则甚矣其惑也！

天地之不贰，惟其终古而无一息之闲。若其无妄之流行，并育并行，川流而万殊者，何尝有一之可得？诸儒不察，乃以主一不杂之说，强入而为之证，岂天地之化，以行日则不复行月，方生柳则不复生桃也哉？

至诚者，以其表里皆实言也。无息者，以其初终不闲言也。表里皆实者，抑以初终无闲，故曰"至诚无息"，而不曰至诚则不息。"可一言而尽"者，天载之藏无妄也。"其为物不贰"者，天行之健不息也。藏诸用而无妄者，显诸仁而抑不息，故曰道可一言而尽而为物不息。道以干物，物以行道，道者化之实，物者化之用。不曰道不杂二而生物不测也。道者本也，物者体也，化也。道统天，体位天，而化行天也。呜呼！言圣、言天，其亦难为辞矣，而更益之妄乎？

【注释】

①铢累（zhū lěi）：一铢一累，比喻微小之物。

②蔡节斋：蔡渊（1156—1236）南宋理学家、教育家，字伯静，号节斋，建州建阳（今属福建）人，蔡元定长子。生而聪明，其质纯粹，穷天地之理，尽人物之性，博通五经，遍览子史，内师其父，外师朱熹，先后在朱熹的武夷精舍、建阳沧州精舍从学。